AF601924

JOSÉ MARÍA ARGUEDAS A TRAVÉS DE SUS CARTAS

GABRIELA NÚÑEZ MURILLO

José María ARGUEDAS a través de sus cartas

LATINOAMERICANA EDITORES

CENTRO DE ESTUDIOS LITERARIOS ANTONIO CORNEJO POLAR

Núñez Murillo, Gabriela
José María Arguedas a través de sus cartas. 1ª ed. Lima: CELACP, Latinoamericana Editores, 2018.
242 pp.
ISBN: 978-612-47310-7-5
JOSÉ MARÍA ARGUEDAS / GÉNERO EPISTOLAR / ESCRITORES PERUANOS SIGLO XX / ESTUDIOS ARGUEDIANOS / PERÚ

José María Arguedas a través de sus cartas

© **Latinoamericana Editores**
Av. Benavides 3074, Miraflores
Lima 18, Perú

© **Centro de Estudios Literarios Antonio Cornejo Polar - CELACP**
Av. Benavides 3074, Miraflores
Lima 18, Perú
+51.1 449.0331
www.celacp.org

Cuidado de edición	: Dante Gonzalez Rosales
Diagramación y diseño de interiores	: Pakarina Ediciones
Diseño de carátula	: Dante Gonzalez Rosales
En la carátula	: *Autoretrato (pintando a Arguedas)*, de Francisco Izquierdo López. Oleo 70x57 cm

Primera edición: setiembre de 2018

ISBN: 978-612-47310-7-5

ÍNDICE

A mis padres

AGRADECIMIENTOS

Agradezco de todo corazón a las personas que han hecho posible la publicación de este libro. En primer lugar, a Isabel Bastos, quien ha tenido a su cargo la traducción y edición en español, ya que originalmente mi tesis, que es la base de este libro, fue escrita en inglés. Isabel no solamente ha logrado una traducción fluida y cohesiva, sino que ha tenido la paciencia de esperar el tiempo que toma todo el proceso de publicación. Agradezco también al Departamento de Comunicaciones y a la Oficina de Dirección de Investigación de la Pontificia Universidad Católica por ser auspiciadores de la presente publicación. Igualmente, al Centro de Estudios Literarios Antonio Cornejo Polar, en la persona de Gonzalo Cornejo Soto, quien tuvo la amabilidad de evaluar el manuscrito de este libro tanto en inglés como en español. Un especial agradecimiento al profesor Ronald Zboray del Departamento de Comunicaciones de la Universidad de Pittsburgh y a los amigos que me han acompañado y animado en diferentes etapas de este proyecto: Gonzalo Portocarrero, Eileen Rizo-Patrón, Arlette de Jesús, Martha Mantilla, Julio Noriega, Dante Gonzalez, y a Carmen María Pinilla, principal impulsora de la publicación de las cartas de José María Arguedas. Finalmente, mi infinita gratitud para la Dra. Mercedes López-Baralt por haber tenido la generosidad de prologar este libro.

¡KACHKANIRAQMI!
LA PERVIVENCIA DE UN CLÁSICO PERUANO

Prólogo al libro de Gabriela Núñez Murillo: *José María Arguedas a través de sus cartas*

He comenzado cediéndole desde el título la palabra a Arguedas, porque su famosa frase sintetiza y confirma el propósito del libro que con entusiasmo prologo hoy. Es decir: "¡Sigo siendo!" Estoy presente; *me voy, me voy, me voy, pero me quedo*, por citar los versos del poeta oriolano Miguel Hernández. Como escritor que forma parte de la trilogía de autores que emblematizan al Perú (los otros dos son el Inca Garcilaso y César Vallejo), Arguedas es cada día más actual y más necesario.

Ahora bien, ¿qué es un clásico? Según el ensayo ya canónico de T. S. Eliot, un clásico debe ser ambiciosamente inclusivo, totalizador: en él late el genio de un pueblo y una lengua, por lo que apela a un público amplio. Pero si traspasa fronteras, con la recepción gozosa de otras literaturas, ya es universal. Para Pedro Salinas, "los clásicos son los escogidos por el sufragio implícito de las generaciones y de los siglos, por tribunales que nadie nombra ni a nadie obligan, en verdad, pero cuya autoridad, por venir de tan lejos y de tan arriba, se acata gustosamente". Italo Calvino comienza su libro póstumo *Por qué leer los clásicos* proponiendo nada menos que catorce definiciones del término; me quedo con dos de ellas:

> Un clásico es un libro que nunca termina de decir lo que tiene que decir.
>
> Llámase clásico a un libro que se configura como equivalente del universo, a semejanza de los antiguos talismanes.

Sin emplear la palabra "clásico", Carlos Bousoño contribuye a su definición, cuando en un ensayo sobre Miguel Hernández precisa que la grandeza de un poeta está en correlación directa con la cantidad de tradición que su obra, desde su novedad, salva.

Arguedas reúne y a veces supera los requisitos del clásico: su obra es totalizadora, reconocida nacional e internacionalmente, siempre nos depara sorpresas, rescata la tradición oral y mítica andina y celebra no uno, sino dos mundos; es decir, dos lenguas y dos culturas en un diálogo secular.

Porque si constituirse en un clásico es difícil en cualquier circunstancia, en el Perú lo es todavía más. Por la complejidad de un país en el que la geografía se convierte en tríada de sierra, costa y selva. Complejidad no solo geográfica, sino étnica y cultural. Lo que movió a Luis Alberto Sánchez a afirmar, en 1939, "no hay un solo Perú; hay varios Perúes". En sus *Siete ensayos de interpretación de la realidad peruana*, Mariátegui habló de la "dualidad de raza, de lengua y de sentimiento, nacida de la invasión y conquista del Perú autóctono por una raza extranjera que no ha conseguido fusionarse con la raza indígena ni absorberla". Arguedas mismo afirma en 1968 que el hecho capital que decide el destino del Perú es "la división del país en dos universos, en dos mundos totalmente distintos".

Esta multiplicidad étnica, lingüística, cultural, ecológica y geográfica repercute, claro está, en la literatura. Pero casi siempre de manera parcial. Vargas Llosa, quien expresó su ambición totalizadora para la novela en *García Márquez: Historia de un deicidio*, optó por dedicar distintas novelas a cada zona del Perú. Arguedas, sin embargo, vivió la diversidad desde dentro. Como poeta, narrador, etnólogo, asumió la difícil misión de erigirse en puente vivo y agónico entre dos culturas, en una encarnación del *tinku* que en palabras de Franklin Pease expresa la totalidad resultante del conflicto entre fuerzas opuestas. Diversidad que plasma a partir de la dualidad andina de *hanan* (sierra) y *hurin* (costa), que culmina literariamente en su novela póstuma, *El zorro de arriba y el zorro de abajo.*

Por llevar la otredad dentro de sí, su mirada pudo dibujar los contornos de un país plural y mestizo. Bien lo comprendió Vargas Llosa; por ello le dedicó varios trabajos, desde su discurso inaugural en la Academia de la Lengua Española del Perú, hasta su libro *La utopía arcaica: José María Arguedas y las ficciones del indigenismo.* En las páginas liminares de dicho libro, tituladas "Una relación entrañable", el laureado novelista explica que su fascinación con Arguedas se debe a que

> en un país escindido entre dos lenguas, dos culturas, dos tradiciones históricas, a él le fue dado conocer ambas realidades íntimamente, en sus miserias y grandezas, y, por lo tanto, tuvo una perspectiva mucho más amplia que la mía y que la de la mayor parte de los escritores peruanos sobre nuestro país.

Estamos ante un clásico que se singulariza por el compromiso con la otredad oprimida del Perú. Este hecho lo inserta en una tradición de autores canónicos que hicieron de la solidaridad el eje de sus obras: Cervantes, Victor Hugo, Dostoievski, Galdós, Vallejo y Walt Whitman. Entre estos gigantes literarios, Arguedas reconoce a tres como objeto de su devoción; lo cita Gabriela Núñez Murillo: "El primer libro que me conmovió, revelándome el poder de la literatura, fue *Los miserables* de Victor Hugo [...] Yo creo que desde aquellos días concebí la ilusión de escribir relatos". A Whitman, con quien se identifica, lo cita emocionado: "Tremenda y deslumbrante la aurora me mataría si yo no tuviera otra Aurora dentro de mí". Y en el último diario de *Los zorros*, sentencia rotundo: "Vallejo era el principio y el fin".

El libro que nos ocupa hoy es pionero, en tanto estudia el corpus íntegro de las cartas de Arguedas, deteniéndose en dos temas apasionantes: la conciencia del oficio de un autor enamorado de su patria plural, y las manifestaciones de la pulsión que late como el motor de su obra y a la vez detona sus cúspides: el afecto. Su autora lo divide en cinco partes: Introducción, Las cartas de Arguedas, La construcción de sí mismo, Arguedas en su mundo y Conclusiones, además de Apéndices con poemas, un relato y varias cartas de Arguedas y la Bibliografía.

Desde la Introducción, Gabriela Núñez Murillo comienza reconociendo que la figura de Arguedas ha sido asediada desde múltiples perspectivas: literatura, antropología, sociología, educación y folklore. Y da cuenta de las aportaciones de sus principales exégetas: Sara Castro-Klarén, Antonio Cornejo Polar, Ángel Rama, William Rowe, Martin Lienhard, Alberto Escobar y Roland Forgues. Sin embargo, afirma que va a seguir los pasos de Julio Ortega, el único que hasta este momento había estudiado su personalidad y su obra desde el campo de la comunicación. También advierte que entrevistó a amigos, estudiantes, académicos y familiares de Arguedas para conocerlo y contextualizarlo mejor.

Pero siempre poniendo el acento en sus cartas, que revelan de a poco el complejo modelo de intercomunicación cultural que propone Arguedas, construyéndose a sí mismo como puente. Para ello asume la voz silente del mundo andino para revelarlo a la otra mitad del país, asumida como blanca. Y lo hace anticipando el concepto del *tercer espacio* de Homi Bhabha, quien ha rechazado el enfoque occidental de la interacción cultural como un fenómeno simple de dicotomía: el choque entre mundos opuestos. Bhabha propone un espacio liminar, insterstícial entre dos mundos que se contaminan y cambian con el contacto. Porque no se trata de una relación binaria, sino dialéctica. Y Arguedas, sobre todo en *El zorro de arriba y el zorro de abajo*, al narrar el proceso de migración del puerto industrializado y caótico de Chimbote, nos revela una comunicación conflictiva que produce identidades irresueltas. Núñez Murillo cita oportunamente a Antonio Cornejo Polar, quien ha visto cómo el escritor y etnólogo anunció el futuro del Perú en su novela póstuma, al adelantarse a las consecuencias del proceso migratorio de sierra a costa, con su intensificación del mestizaje; más que biológico, cultural. Y quien entiende la muerte del escritor peruano como el verdadero final de la citada novela; el narrador debe callar para que los peruanos tomen entonces las riendas de la historia del Perú. El mismo Arguedas lo sugiere en *Los zorros*: "Quizá conmigo empieza a cerrarse un ciclo y abrirse otro en el Perú". Nuestra autora también cita a Rowe, que percibe en la polifonía bajtiniana del discurso narrativo de Arguedas una ética de la tolerancia de la diversidad.

Hasta ahora se han publicado trece volúmenes de cartas del autor de *Los ríos profundos*, además de algunas sueltas que han salido en revistas y diarios. Sus destinatarios han sido familiares (entre ellos, sus hermanos Nellly y Arístides), amigos (Manuel Moreno Jimeno, José Ortiz Reyes, Alejandro Ortiz Rescaniere, Emilio Barrantes, Emilio Adolfo Westphalen, Pierre Duviols, Hugo Blanco y John Murra), su primera esposa (Celia Bustamente), dos de sus editores (Juan Mejía Baca y Pedro Lastra) y su psicoanalista (Lola Hoffman). Núñez Murillo parte de la premisa de que de algún modo el epistolario de Arguedas forma parte de su corpus literario, no solo por su frecuente vuelo poético, su intensidad emotiva y "el potente núcleo semántico" de la niñez que comparten, sino porque en él, Arguedas construye su propia imagen a la vez que describe su mundo.[1]

Estos dos temas, esenciales en sus cartas, nos evocan la sabia sentencia de Ortega y Gasset, "Yo soy yo y mi circunstancia", y constituyen el meollo del libro que nos ocupa. El primero es fascinante, pues revela a Arguedas en busca de un espejo que le devuelva su rostro. Y ese espejo no es otro que su epistolario. Las imágenes se suceden, convertidas en autorretratos que va develando Núñez Murillo. Y se inauguran con lo que hoy reconocemos como el pilar de su escritura: su imagen como *wakcha*

1 En mi calidad de editora (en colaboración con John V. Murra) de unas 84 cartas de Arguedas a Murra y a su psicoanalista, la Dra. Lola Hoffmann, quisiera dejar constancia aquí de mi alegría al reconocer, en el libro que estoy comentando, la utilidad del que edité con el celebrado andinista, pese a ser calificado en su momento como "controversial". Desde la certeza de que los grandes seres que cambian la historia pertenecen al mundo, y con sus luces y sus sombras nos iluminan, mi maestro Murra y yo nos negamos a censurar el epistolario que teníamos en nuestras manos.

o huérfano andino, forastero y desposeído de bienes y de afectos, que recorre toda su obra, desde *Los ríos profundos* y "El sueño del pongo" hasta *El zorro de arriba y el zorro de abajo*. El niño rechazado por su madrastra cuenta cómo convierte su dolor en un amor inmenso por los indios, a los que nombra en quechua como *runas*. Y recuerda que dormía en la cocina en la falda de doña Cayetana, y contemplaba a los trabajadores de la hacienda, Felipe Maywa y Victor Pusa, "como a una especie de árboles misteriosamente protectores".[2] Estos autorretratos de Arguedas culminan en su mesiánica "personificación de la nación", para emplear la atinada frase de nuestra autora. Y lo sitúan como heredero de la tradición de autores que fueron proclamados como bardos nacionales, desde Dante y Cervantes, hasta Goethe, Walter Scott y Walt Whitman. El "pensamiento fronterizo" de Arguedas (la frase es de Walter Mignolo), propone una nueva versión de la noción de *otredad*, al llamar *barbarie* al maltrato recibido por su madrastra y las crueldades violentas de su hermanastro. Desde tiempos coloniales, dicha palabra se empleó para nombrar a los indígenas de América, pero en su epistolario Arguedas la resignifica para calificar el abuso sufrido por estos en manos de los hacendados blancos. Al hacerlo, se identifica como andino.

La misión de Arguedas como bardo nacional queda explícita en sus cartas, y Núñez Murillo le sigue el rastro. Hacia 1940 dice:

> Me siento realmente dispuesto, cuando escribo, tengo la conciencia y la convicción, de que vive en mí, con la suficiente pasión y verdad, este mundo del Perú, tan hermoso, tan pleno de dolor y de lucha, tan grande y noble para ser descrito en una novela.

Ya en 1968 está consciente del carácter mesiánico de su gesta:

> Hay gente formidable en todas partes, y este país necesita mucho de sus pocas buenas personas. Yo creo ser una de ellas. Necesito recuperarme; estoy obligado a hacerlo. El Dr. Viñar me ha contestado generosamente también. A los neuróticos algo mesiánicos suelen amarnos, a veces más de lo que merecemos.

A pesar de su compromiso con el mundo andino y de su simpatía por los ideales comunistas, Arguedas no militó en ningún partido político. Y explica por qué: "Ambos partidos —APRA y comunismo— eran entonces y

---

2 Sobre el tema del *wakcha* en la obra de Arguedas ver Mercedes López-Baralt: "Wakcha, pachakuti y tinku: tres llaves andinas para acceder a la escritura de Arguedas", en: Las cartas de Arguedas (edición de John V. Murra y Mercedes López-Baralt, Lima, Pontificia Universidad Católica del Perú, 1996:299-330).

ahora, uno de ellos lo es más aún, eran rígidos, excluyentes y tan implacables como sus persecutores: pero luchaban por la justicia social; estaban embriagados de mesianismo excluyente. Los amaba y les temía a ambos". Fue, sobre todo, como lo ve Edmundo Murrugarra, un militante cultural. Su meta era la de contribuir a la creación de una sociedad peruana más integrada. Para lo cual debía difundir la cultura quechua. De ahí que traduzca los mitos de Huarochiri recogidos por el extirpador de idolatría Francisco de Ávila hacia 1608 con el propósito de desprestigiar la cultura andina. Y que defienda el trabajo antropológico como uno con "visos de heroico y de misional. Un poco como lo que hizo Ávila, pero al revés". Su mesianismo culmina en un momento predecible, cuando la revolución cubana impacta a muchos escritores latinoamericanos y su mujer se acerca a Sendero Luminoso, militancia por la que sufriría cárcel. En su carta de 1969 al líder trotskista Hugo Blanco, dice Arguedas: "Yo, hermano, sólo sé llorar lágrimas de fuego: pero con ese fuego he purificado algo la cabeza y el corazón de Lima". En otra de ese mismo año dirigida a la Dra. Hoffmann, describe su legado en clave mítica: "he hecho una vida completa, pura, fecunda, ejemplar: he revelado un mundo que veo ahora, como un dios pequeñito antiguo, lo veo desarrollarse, incontenible, generoso y resplandeciente".

Arguedas siempre supo que su vocación, más que la etnología, era la literatura. En la primera, reconoce que es "un trabajador de nivel medio"; de la segunda, afirma satisfecho que "sin duda tengo algunas cualidades sobresalientes". Que la autenticidad es una de ellas lo confiesa el mismo autor: "Cuando he releído con temor las pocas cosas que he escrito, he tenido la convicción, la felicidad indefinible de saber que eso que he dicho es absolutamente la verdad".

También se ve a sí mismo como escritor que entiende profundamente y desde adentro la naturaleza de los seres y las cosas. Núñez Murillo advierte que en ello se aleja de la separación moderna entre sujeto y objeto y de lo que él llama "los escritores profesionales", racionales y disciplinados, que miran a América muchas veces desde lejos, entre ellos Carpentier, Cortázar y Vargas Llosa. Intuitivo por naturaleza, se identifica con Vallejo, Rulfo y García Márquez, que como él, escriben "por amor". Y lo explica así: "Fui un niño y adolescente muy sensible, al punto que no he dejado de ser ni el uno ni el otro. Escribí porque deseaba dejar testimonio del mundo que tan intensamente conocía: un mundo injusto de atroz crueldad".

Arguedas era un lector voraz, con una amplia cultura literaria, como lo revelan sus cartas. También su narrativa: nuestra autora nos recuerda que "cada nueva obra era un desafío y un punto de quiebre en su estilo literario". Y Rowe, a quien cita, afirma con mucha razón que el logro artístico más importante de su obra está en lograr expresar las sutilezas del quechua mediante otra lengua, el español. Aunque se describa como "un narrador sin ilustración", Núñez Murillo nos advierte que Arguedas se contradice. Pese a sus reiteradas declaraciones de que su meta no era otra que describir la realidad social, no deja de experimentar con las dos lenguas que trabaja, el español y el quechua, y de corregir lo que escribe. Y no es ajeno a las novedades literarias: alaba con entusiasmo la poesía vanguardista de Lorca en *Poeta en Nueva York*: "Es un García Lorca completamente nuevo para mí, y acaso más profundo y más poeta, estos deben ser *sus versos*", más que los del *Romancero gitano* y los *Poemas del cante jondo.*

Pero en sus cartas Arguedas también mira su entorno desde el prisma del amor. Núñez Murillo entra en el tema de la mano de Fernando Rivera, quien en *Dar la palabra: ética, política y poética de la escritura de Arguedas* propone que su obra (y ello incluye sus cartas) se caracteriza por un flujo de afecto. Exceso emotivo causado por una carencia a su vez generadora de una demanda de afecto. Y regulado por la lógica de uno de los valores más importantes de la cultura andina, el *ayni* o la reciprocidad. Se trata de una práctica no obligatoria, sino natural: cualquier favor o servicio prestado entre los miembros de una comunidad produce a su vez otro servicio. Rivera entiende que como huérfano y adulto incomprendido, Arguedas daba todo el amor que necesitaba recibir. Él mismo lo confiesa en una carta a dos amigos: "Queridos hermanos, ya ustedes saben que soy un sentimental, y que a veces muy difícilmente puedo contener mis emociones".

Tras una mirada al afecto de Arguedas por sus semejantes, desde el conflictivo amor por sus esposas, en las que desde su orfandad siempre buscó a una madre (lo que proyecta a su propia psicoanalista), hasta el cariño por sus amigos, expresado a menudo, desde su desvalidez, en los elocuentes verbos de *proteger* y *amparar*, Núñez Murillo asedia su relación con el espacio. Y nos advierte que su manquedad psíquica lo convierte en perpetuo forastero (otra de las características del *wakcha*), al que Cornejo Polar nombra como *sujeto migrante*. De ahí que el desafecto se imponga en su relación no solo con Lima, pues siempre se ha sentido serrano, sino con muchos de los países que visita, con la gran excepción de Chile, que ve como un paraíso, ya que allí habita su madre arquetípica, la Dra. Hoffmann.

Pero más allá de la madre anhelada y los amigos protectores, la naturaleza y la música son los recipientes mayores de su afecto. A la música la considera la más alta forma de la poesía, que vence al logos occidental de la razón. Y la considera como fuente de su escritura. A su sicoanalista le confiesa: "¡Yo siempre he escrito algo mientras todo mi espíritu nadaba en la luz de estas canciones quechuas!" A la naturaleza la ve desde el panteísmo andino, personificando sus elementos; valgan dos oportunas citas de sus cartas: "La Sierra te hará un bien que no sospechas" y "Ayer navegué sobre el Rhin. Hubiera deseado hacerlo de rodillas. Era un dios, un dios grande. Todo lo que la civilización ha hecho por encubrir no ha logrado sino exaltar su aire, su profundidad mítica. Es un dios como el Apurimac o el Wilcamayo". Incluso a la ciudad de Nueva York la trata como a un ser palpitante que no encuentra cómo acariciar: "Y buscaba cómo, en qué parte de la ciudad, podía depositar mi mano para acariciar la ciudad".

En entrevista con nuestra autora, el poeta chileno Pedro Lastra, editor y amigo de Arguedas, cuenta que en una visita al campo, lo ve bajar hacia un riachuelo junto al que se erguía un enorme sauce. Se detiene, lo mira, y transido, exclama: "Este árbol es un dios". Lastra declara que esta pulsión de amor panteísta a la naturaleza no solo proviene de su experiencia andina, sino de su condición de poeta. Núñez Murillo asiente. Tienen toda la razón. Y es que el mejor autorretrato del gran peruano es el que permea no solo su obra, sino sus cartas: el de Arguedas poeta.[3] Enhorabuena, Gabriela, por esta mirada certera al gran clásico peruano.

Mercedes López-Baralt

Profesora Emeritus
de la Universidad de Puerto Rico
Profesora Honoraria
de la Universidad de San Marcos

3 Siempre he leído a Arguedas como un poeta que optó por narrar. Tres de sus poemas más hermosos e intensos están en sus novelas: el pasaje del zumbayllu (*Los ríos profundos*) y los pasajes del nionena y del pino de Arequipa (*El zorro de arriba y el zorro de abajo*), que examino en mi ensayo "La otredad puertas adentro: Arguedas y la construcción poética de la identidad" (En: *Arguedas y el Perú de hoy*. Edición de Carmen María Pinilla, Lima Sur: Casa de Estudios del Socialismo, 2005:355-362).

Con la amistad de José María, sin darme cuenta,
la explotación me dolía, la tiranía me dolía.

Hildebrando Ibáñez

PREFACIO

La obra José María Arguedas (1911-1969) es muestra de la capacidad del escritor peruano de construir puentes entre diferentes grupos culturales y sociales. Es probable que la confluencia de una serie de factores históricos, sociológicos y emocionales durante su vida, lo hiciera capaz de dialogar con diferentes estratos culturales de su sociedad. La aptitud arguediana de tender puentes interculturales está presente en todas sus prácticas comunicativas, creativas y no creativas. Su obra literaria (cuentos, novelas y poemas) ha sido estudiada a fondo; sin embargo, otras formas de comunicación no lo han sido. El propósito de este libro es examinar la manera en que Arguedas construye su voz a través de sus cartas y, al hacerlo, cómo produce estrategias experimentales para ofrecerse en calidad de eslabón para que la sociedad peruana pueda llegar a comprenderse mejor.

El libro se divide en dos partes. La primera se centra en la construcción de la imagen de sí mismo que Arguedas logra en sus cartas. La segunda se dedica a analizar cómo el escritor describe su mundo. El lenguaje afectivo presente en su correspondencia es un elemento clave entretejido en las dos partes, tratando de determinar las diferentes estrategias comunicativas que permitieron a Arguedas construir su voz. Modelando así su persona, revela su habilidad de presentarse como una plataforma verbal maleable entre las culturas de los andes peruanos y la costa occidentalizada. Hoy en día se entiende mejor que antes esta excepcional capacidad de vinculación, puesto que el escritor anunció lo que iba a pasar en el futuro.

El texto en inglés de este libro fue la tesis que defendí para obtener el doctorado en comunicación. Comencé a trabajar en la correspondencia de

Arguedas el 2008 cuando gané una beca de investigación de verano del Centro de Estudios Latinoamericanos de la Universidad de Pittsburgh.

Esta beca me permitió acceder por primera vez, y por ello estoy muy agradecida, a la Colección de José María Arguedas en la Pontificia Universidad Católica del Perú, y a Carmen María Pinilla, la principal editora de la publicación de las cartas de Arguedas y en ese entonces encargada de la colección. Esta beca también hizo posible que viajara a Andahuaylas, lugar de nacimiento del escritor, donde pude apreciar cómo este llegó a transformarse, con el paso de los años, en el héroe, en términos culturales, de la ciudad.

Cuando empecé a investigar, existían ocho libros sobre las cartas de Arguedas; ahora son trece. Al leer su correspondencia me di cuenta de la fuente inagotable de material que constituye la vida y obra de este escritor. Mi plan original era estudiar no solo las cartas, sino los artículos de prensa y ensayos; también, la recepción de su obra. Sin embargo, cuanto más profundizaba en la investigación, mayor era mi certeza de que cada una de estas fuentes primarias constituyen por sí mismas el corpus de un libro diferente.

Acercarme a la vida del escritor a través de sus cartas me permitió también entrevistar a muchas personas que lo habían conocido; a través de ellas, aprendí no solo más sobre Arguedas sino sobre el Perú, probablemente porque el escritor fue un reflejo conmovedor y fiel del país. Agradezco a todos los amigos de Arguedas a los que entrevisté, pero atesoro el recuerdo de Hildebrando Ibáñez, amigo de su infancia, quien tenía 100 años en el momento de la entrevista. Escucharlo me hizo sentir más cerca a Arguedas. Ibáñez fue mi primer entrevistado e iluminó el resto de mi investigación. Mi último entrevistado, por el que guardo especial gratitud es el poeta chileno Pedro Lastra. En ambos encontré la nobleza de espíritu que parece caracterizar a los amigos cercanos de Arguedas. Un futuro estudio podría indagar con más profundidad en estas historias orales.

INTRODUCCIÓN: ENTRE DOS MUNDOS

José María Arguedas es un modelo de comunicación intercultural en el contexto específico del Perú. El escritor representa la intersección de diferentes tradiciones culturales e intelectuales de este país. Su caso es paradigmático porque cuando niño, a comienzos del siglo XX, se nutrió de la cultura oral andina, rico recurso que luego plasmará en su literatura. La interacción con la gente indígena no solo influyó en su vida; fue en verdad determinante. Mientras crecía entre ellos aprendió el quechua y se arraigó en él la cultura andina. A tal punto se sensibilizó por el mundo del Ande que se consideraba uno de sus habitantes. Arguedas, sin embargo, pertenecía a una familia blanca de clase media de la sierra, de esas que por lo general trataban a la población indígena solo como fuerza laboral y con quien no compartían las mismas tradiciones culturales.[1] Estas circunstancias hicieron de él un caso particular, tal vez único en el Perú. Su madre murió cuando José María tenía tres años; su padre viajaba constantemente y lo dejaba con su madrastra que a menudo lo "castigaba" haciéndole vivir con los sirvientes indígenas; dormía con ellos, comía con ellos, sufría con ellos, cantaba con ellos.[2] Esto le dio la oportunidad de compartir su vida más con estos que con la gente blanca.[3] Esta inusual

1 No obstante, a comienzos del siglo XX, era común que las familias de clase media de las regiones andinas hablaran castellano y quechua. De hecho, Arguedas se sentía más cómodo hablando en quechua cuando era pequeño. Solo después, alrededor de los ocho años, comenzó a hablar castellano con soltura.

2 José María Arguedas, "Yo soy hechura de mi madrastra", *Martín Revista de Artes y Letras* 10 y 11 (2004): 195-198.

3 Félix Roberto Ochoa Salazar transcribe una presentación autobiográfica que hizo Arguedas en el Primer Encuentro de Narradores Peruanos en 1965. Félix Roberto Ochoa Salazar, *José María Arguedas, el retorno del peregrino* (Andahuaylas: Ediciones Gritos del Sol, 2004), 60-70.

crianza entre dos culturas dispares dio forma a la visión que Arguedas tenía de la sociedad. Su caso no es común porque no existe otro escritor peruano que sea al mismo tiempo blanco[4] y esté inmerso en el mundo indígena desde su infancia sin haber sido separado de su propia cultura y que, en este proceso, se identifique con ambas culturas.[5]

El trabajo multidisciplinario de Arguedas, su compleja personalidad y su identidad dual como peruano blanco que creció entre indios constituye una fuente de oportunidades de investigación. La obra del escritor ha sido estudiada de múltiples perspectivas y desde una serie de campos académicos: literatura, antropología, sociología, educación y folclore. No obstante, no había sido estudiada adecuadamente en el campo de la comunicación.[6]

Una variedad de factores históricos, sociológicos y emocionales que se cruzaron en la vida de Arguedas fue probablemente lo que le dio la capacidad de comunicarse con diferentes grupos culturales de la sociedad peruana. Esta capacidad de vinculación permitió que el escritor y su obra funcionaran como un modelo complejo de comunicación intercultural, que resulta tan relevante ahora como lo fue en su propio tiempo. Que el escritor haya sido capaz de construir puentes de comunicación se entiende mejor hoy, porque comprendió antes que sus contemporáneos, los cambios significativos que la sociedad peruana estaba experimentando con el incremento de la migración interna. Como dijo Gustavo Gutiérrez,

4 Cuando digo "blanco" o "indígena" me refiero, como Arguedas lo hacía, a la cultura y no al color de la piel, aunque en este caso, era racialmente "blanco".

5 Escritores peruanos como Ciro Alegría (1909-1967) o anteriores como Clorinda Matos de Turner (1852-1909), que pertenecían a la cultura criolla, fueron sensibles a las culturas indígenas y presentaron una imagen positiva de los indios en sus novelas. Empero, ninguno de estos autores vivió con ellos como Arguedas, ni compartió sus creencias y tradiciones.

6 El único autor que trata la obra de Arguedas desde una perspectiva comunicativa es el crítico literario Julio Ortega. No obstante, su análisis comunicacional se centra específicamente en la novela Los *ríos profundos* y es un análisis literario/semiótico de la narrativa de esta novela. Julio Ortega, *Texto, comunicación y cultura en* Los ríos profundos *de José María Arguedas* (Lima: Centro de Estudios para el Desarrollo y la Participación, 1982); Julio Ortega, "The Plural Narrator and the Quandary of Multiple Communication in Arguedas's *Deep Rivers*", en *José María Arguedas: Reconsiderations for Latin American Studies*, ed. Ciro A. Sandoval & Sandra M. Boschetto-Sandoval (Ohio: Ohio University, Center for International Studies, 1998), 199-207. Fernando Rivera ha publicado un libro que contiene un capítulo con una aproximación para comprender la comunicación sensorial en la literatura de Arguedas. Fernando Rivera, *Dar la palabra. ética, política y poética de la escritura en Arguedas* (Madrid: Iberoamericana, 2011).

Arguedas se sitúa más en nuestro futuro que en nuestro pasado; un futuro que se forma de manera continua a manos de los peruanos.[7]

La capacidad del escritor para construir puentes interculturales es evidente en sus textos (literarios y antropológicos), sin embargo, sus cartas no han sido tan estudiadas. La mayoría de los especialistas en Arguedas no se centran en estas prácticas discursivas de manera sistemática, tal vez porque su correspondencia ha sido publicada hace poco. Roland Forgues, el primer editor en publicar las cartas, usó algunas de ellas para analizar la producción literaria del autor.[8] Puesto que la correspondencia es ahora accesible, los lectores de Arguedas tienen una nueva perspectiva de los estudios arguedianos.[9]

El análisis de su correspondencia muestra cómo Arguedas respondía a la naturaleza específica de un medio que interpela a una audiencia mucho más acotada que la convocada por sus obras literarias o antropológicas, ofreciendo así una mejor visión de sus estrategias comunicativas.

Arguedas y el contexto cultural peruano

Desde la conquista, el Perú estuvo dividido en dos grupos culturales y socio-económicos: los pueblos indígenas y la elite criolla. Aunque esta división se fue desdibujando de manera significativa en Lima y otras ciudades de la costa, todavía forma parte de la estructura política de todo el país. Al analizar las estrategias de Arguedas para comunicarse con diversos grupos sociales, podríamos descubrir una senda clave a ser emulada para confrontar los conflictos sociales irresueltos que existen en la sociedad peruana contemporánea.

Sendero Luminoso,[10] el grupo terrorista que asoló la vida social y política peruana por dos décadas, surgió en parte, como consecuencia de

7 Gustavo Gutiérrez, *Entre las calandrias* (Lima: CEP, 2011), 106.

8 Roland Forgues en *José María Arguedas. Del pensamiento dialéctico al pensamiento trágico: historia de una amistad*, usa las cartas que Arguedas escribió a su amigo, Manuel Moreno Jimeno.

9 Ver, por ejemplo: Cecilia Esparza, "Un niño con ojos y oídos de adulto: autorrepresentación en la obra epistolar de José María Arguedas", en *Arguedas: la dinámica de los encuentros culturales* (Lima: Fondo Editorial de la Pontificia Universidad Católica del Perú, 2013), 69-80.

10 Sendero Luminoso fue una facción del Partido Comunista del Perú (PCP), que se organizó en la Universidad Nacional de San Cristóbal de Huamanga a finales de 1960. Su líder fue el entonces profesor y filósofo Abimael Guzmán. Sin embargo, el grupo comenzó a ser visible por sus acciones violentas a comienzos de 1980. Los escritos de José Carlos Mariátegui, influyente intelectual y fundador del Partido Socialista

la injusticia social que sufrían las poblaciones indígenas de las regiones andinas del país. A los peruanos blancos o mestizos que vivían en las ciudades no les importaban las víctimas indígenas del terrorismo en la sierra. Incluso ahora, después de que la Comisión de Verdad y Reconciliación del Perú entregara su informe final en el año 2003, y de la creación del "Lugar de la Memoria, Tolerancia y la Inclusión social" (LUM) en el año 2015, continúa la falta de interés, por parte de los ciudadanos y de la prensa, de reivindicar los derechos de las víctimas de la violencia, la mayoría de las cuales son indígenas. La sociedad peruana no quiere recordar; más bien, prefiere olvidar lo que considera no conveniente guardar en la memoria. De manera similar, en tiempos de Arguedas, a mediados del siglo XX, los peruanos no reconocían la injusticia que sufrían los pueblos indígenas desde la colonia. Los que sustentaban el poder aceptaban este sufrimiento como parte del sistema. Arguedas se rebeló en contra de esta indiferencia y denunció las injusticias en su escritura. Hizo, además, un esfuerzo por reconstruir la memoria peruana en la totalidad de su obra mostrando una imagen realista de la evolución de su sociedad y confrontándola con la que la elite aristocrática había creado. En este proceso, tendió puentes interculturales y se constituyó, él mismo, en puente. Por una parte, Arguedas permitió que los grupos dominantes conocieran al indio "invisible" a través de su obra; por otra parte, su propia vida fue muestra de que un hombre blanco sufre y disfruta de la misma manera que sus coetáneos indígenas. En él, y a través de él, estos encontraron una voz.

En la década de 1960, cuando apareció la última novela de Arguedas, aumentó la migración interna produciendo una interacción importante entre grupos diferentes del país. Desde entonces, las clases sociales, etnias, tradiciones y lenguas coexisten en una interacción dinámica con el pasado y el presente. El escritor fue capaz de cruzar las fronteras de diferencias nacionales antes de que se incrementara de manera significativa el proceso de migración interna. Durante su vida, Arguedas develó el mundo andino original que había permanecido "oculto" a la elite blanca y reveló las consecuencias del mestizaje.

Arguedas entendía el mestizaje como un concepto cultural y no biológico. Citado por Elena Aibar Ray, el escritor consideraba que al usar el vocablo mestizo "hablamos en términos de cultura; no tenemos en cuenta para nada el concepto de raza. Quienquiera puede ver en el Perú indios de

del Perú, dio nombre al grupo pues se le adjudica la frase "el marxismo-leninismo abrirá el sendero luminoso a la revolución". El nombre completo de Sendero Luminoso es Partido Comunista del Perú por el Sendero Luminoso de Mariátegui.

raza blanca y sujetos de piel cobriza, occidentales por su conducta".[11] Él mismo era mestizo, una persona entre dos culturas, independientemente del color de su piel, y no creía en la recuperación de una cultura indígena "pura". Al respecto, Silvia Spitta afirma que "los estudios etnográficos de Arguedas muestran que las culturas andinas han ido continuamente adaptándose y transformándose desde la conquista";[12] y que el término "indio" solo sirve como un indicador que se refiere a la persona más cercana a la cultura quechua original que a la mestiza.

Perú, como muchos otros países colonizados de América Latina, fue resultado de la interacción entre los indígenas locales y las culturas europeas. Esta dicotomía, empero, no fue nunca estática; en el proceso de encuentro cultural hubo una compleja interacción que produjo diversidad de identidades. En todos sus viajes por las ciudades andinas y la costa del Perú, el propio Arguedas experimentó este proceso dinámico.

En una carta a su editor, Gonzalo Losada, Arguedas expresó los cambios que él mismo había sufrido durante la transformación de la sociedad peruana. Le dice: "Yo en cincuenta y seis años, he cambiado don Gonzalo, desde el puro mito, desde lo mágico casi total, hasta lo que parece ser el siglo XXI. No es fácil sobrevivir a un cambio, a un proceso de cambio tan feroz".[13] De hecho, Arguedas se movió de un extremo a otro de la cultura peruana, aunque no podamos decir que recorrió todo el país.

Autores como Homi Bhabha han rechazado el enfoque occidental de la interacción intercultural como si se tratara de un fenómeno binario. En *The Location of Culture* [El lugar de la cultura], Bhabha expresa que mantener un sistema binario para comprender la interrelación de culturas no da margen para un proceso más complejo de transgresión y de hibridez entre culturas.[14] El estudioso sostiene: "Un rasgo importante del discurso colonial es su dependencia al concepto de 'fijación' en la construcción ideológica de la otredad. La fijación, como signo de diferencia cultural/histórica/racial en el discurso del colonialismo, es un modo paradójico

11 Elena Aibar Ray, *Identidad y resistencia cultural en las obras de José María Arguedas* (Lima: Pontificia Universidad Católica del Perú, 1992), 43.

12 "Arguedas' ethnographic studies show that Andean cultures had been continually adapting and transforming themselves since the Conquest". Silvia Spitta, *Between Two Waters: Narratives of Transculturation in Latin America* (Houston, TX: Rice University Press), 142.

13 José María Arguedas a Gonzalo Losada, Lima, 21 de diciembre de 1967, citado por Alberto Flores Galindo, en *Dos ensayos sobre José María Arguedas* (Lima: SUR, 1992), 26.

14 Homi K. Bhabha, *The Location of Culture* (NY: Routledge, 1994).

de representación: connota rigidez y un orden inalterable, así como desorden, degeneración y repetición demoniaca".[15] Sin embargo, en países colonizados como el Perú, un sistema económico feudal/binario fue el punto de partida de las interacciones sociales que todavía existían en los primeros años republicanos.

El sistema económico peruano, basado en la tenencia de la tierra, reforzó las diferencias culturales entre blancos y pueblos originarios. Desde tiempos coloniales, la elite blanca sustentaba el poder sobre la población indígena.[16] Arguedas experimentó esta dicotomía y luego la representó en sus primeras novelas. A través de su experiencia vital, y por sus estudios etnográficos, se dio cuenta de que la sociedad peruana estaba cambiando y que no podía ser representada como pura dicotomía. El escritor mostró esta transformación en creaciones literarias posteriores. Con todo, Arguedas no estaba seguro del resultado final de estos cambios en la sociedad. En su última novela, *El zorro de arriba y el zorro de abajo*, donde describe el proceso de migración de los Andes a la costa, no tiene todas las respuestas para entender el complejo proceso de interacción intercultural, fruto de la migración interna, y deja estos asuntos abiertos para generaciones futuras. Recién en 1969, el mismo año de su muerte, el régimen militar del presidente Juan Velasco Alvarado decreta la Reforma Agraria en el Perú[17] afectando el sistema económico y las interacciones culturales, y favoreciendo la migración de la sierra a la costa. Es claro que el escritor tuvo la intuición de adelantarse a las consecuencias del proceso de migración interna que se desencadenó entonces.

Alberto Flores Galindo señala que hay una conexión entre la literatura de Arguedas y la evolución de la sociedad peruana. En su primer libro de cuentos, *Agua*, la obra del escritor se centraba en un pueblito andino en el que la división entre la cultura blanca y la indígena estaba más definida; luego, en *El zorro de arriba y el zorro de abajo*, se concentró en un puerto caótico e industrializado de la costa donde los procesos de interacción

15 "An important feature of colonial discourse is its dependence on the concept of 'fixity' in the ideological construction of otherness. Fixity, as the sign of cultural/historical/racial difference in the discourse of colonialism, is a paradoxical mode of representation: it connotes rigidity and an unchanging order as well as disorder, degeneracy and daemonic repetition". Ibíd., 66.

16 José Carlos Mariátegui, *7 Ensayos de interpretación de la realidad peruana* (Lima: Biblioteca Amauta, 2005).

17 Mariano Alvarado, "Movimiento campesino y la Reforma Agraria en el Perú". *Nueva Sociedad* 35 (1978): 103-113.

cultural, resultado de la migración, crearon una comunicación conflictiva entre culturas y produjeron identidades irresueltas.[18]

La dificultad de las culturas peruanas para comunicarse entre ellas, se refleja en la vida y obra de Arguedas; por ello su comprensión puede ayudar a explicar, incluso más que antes, las condiciones sociales del país. Hoy por hoy, la conciencia del significado del escritor pareciera estar en aumento en el Perú y no solo los académicos, sino la gente común, se dan cuenta —aunque no hayan leído toda su obra— de la importancia de su vida, al punto de que en su ciudad natal hay parques, calles y bibliotecas públicas que llevan su nombre. Andahuaylas ha construido un conjunto escultórico en su memoria donde descansan sus restos, trasladados desde Lima en el año 2004, sin permiso de su viuda, Sybila Arredondo. El traslado produjo una controversia acerca de quién tiene derecho sobre los restos de Arguedas, si el pueblo o la familia, y generó, como atestiguan los medios, mucho debate con los intelectuales.[19] Irónicamente, el escritor y su obra no fueron tan bien recibidos en el pasado. Arguedas fue muchas veces mal interpretado y su obra no fue reconocida como lo es hoy.[20]

En el año 2011 se celebró el centenario del nacimiento de Arguedas y se organizaron con éxito muchos eventos académicos, artísticos y populares en diferentes ciudades del país. Sin embargo, a pesar de la demanda popular de proclamar ese año como el "Año del centenario de José María Arguedas", el gobierno decretó más bien el "Año del centenario de Macchu Picchu para el mundo", mostrando así que incluso en nuestros días, el discurso oficial prefiere resaltar un destino turístico y mantener invisible la demanda arguediana de igualdad social.

La vida y obra de Arguedas se encuentran entre los Andes y la costa, la literatura y la antropología, la cultura popular y la elite intelectual, la oralidad y la escritura. Esta posición "intermedia" de alteridad, marginalidad e hibridez hizo que el escritor fuera, por una parte, más sensible a diferentes grupos culturales; pero, por otra, reforzó también en él un conflicto interno que no pudo resolver nunca por completo. De hecho, esta lucha interna lo llevó al suicidio que, como veremos más adelante, él mismo construyó como metáfora del fin de un ciclo en la historia

18 Alberto Flores Galindo, *Dos ensayos sobre José María Arguedas* (Lima: Sur, 1992), 15.

19 Félix Roberto Ochoa Salazar, *José María Arguedas: el retorno del peregrino* (Andahuaylas: Ediciones Gritos del Sol, 2004).

20 Alberto Flores Galindo, *Dos ensayos*, 5.

peruana.[21] Mientras estuvo vivo, Arguedas nunca dejó de escribir, aún en los momentos de gran angustia; incluso antes de morir escribió una última carta que finalmente se publicó como epílogo de *El zorro de arriba y el zorro de abajo*. Por eso, en esta novela se fusionan en una sola obra su vida, su escritura y su muerte.[22]

En términos profesionales, Arguedas siempre tuvo un pie en la literatura y otro en la antropología. El escritor hizo uso de la literatura como herramienta para expresar sus descubrimientos antropológicos.[23] Estudiosos de ambos campos han malinterpretado su obra, siendo el ejemplo más famoso el debate intelectual que se dio con la publicación en 1964 de su novela *Todas las sangres*.[24] Participaron en este debate críticos literarios (Alberto Escobar, José Miguel Oviedo, y Sebastián Salazar Bondy), un etno-sociólogo (Henri Favre), un sociólogo (Aníbal Quijano), un economista (Jorge Bravo Bresani) y un antropólogo (José Matos Mar). Todos ellos compartían el interés de relacionar la creación literaria y las ciencias sociales en el Perú. Aunque *Todas las sangres* es una novela, el único que se centró en sus elementos literarios fue Alberto Escobar; los otros participantes adoptaron un enfoque científico rígido de corte sociológico/antropológico, examinando esta obra creativa como si fuese un trabajo científico y afirmando que la novela de Arguedas no reflejaba la realidad peruana de entonces por su descripción errónea de la misma. El escritor quedó desolado con esta afirmación, pues sintió que, al haber escrito algo que él mismo había vivido y que en ese debate se critica duramente, no había

21 José María Arguedas se suicidó en 1969, a la edad de 58 años. Algunos intelectuales han usado su suicidio como indicador de la imposibilidad de negociación entre la cultura andina y el capitalismo occidental. Esta relación debería tratarse con cuidado.

22 Se ha especulado mucho sobre el suicidio de Arguedas: su tan sensible personalidad, sus intensas jaquecas y sus problemas de sueño. El detonante de su predisposición a la depresión, que marcó su estilo de escritura, fue probablemente una combinación de circunstancias sociales, personales, y los traumas de su infancia (la muerte de su madre, la ausencia frecuente del padre, la mala relación con la familia de su madrastra). Santiago Stucchi, "La depresión de José María Arguedas", *Revista de Neuro-Psiquiatría* 66, 3 (Sep. 2003): 171-184.

23 Hay otros escritores latinoamericanos como los cubanos Lydia Cabrera o Miguel Barnet, que se valieron también de la etnografía como fuente de información en su escritura creativa. No obstante, como dijimos antes, Arguedas aprendió e internalizó creencias indígenas en su propia experiencia vital con ellos, antes de convertirse en etnógrafo. Esta disciplina solo le proporcionó la metodología para ordenar la información sobre un mundo que ya conocía; esto no fue el caso de los escritores cubanos.

24 El debate tuvo lugar en el Instituto de Estudios Peruanos en Lima, el 23 de junio de 1965.

vivido o había vivido en vano.[25] De hecho, él consideraba que su novela, aunque de creación literaria, también constituía un testimonio basado en su experiencia de vida y sus estudios etnográficos. Tras este infortunado episodio, Arguedas escribió un discurso titulado "No soy un aculturado", que leyó en el acto de entrega del premio "Inca Garcilaso de la Vega" que ganó en 1968 (el discurso se incluyó como prefacio de su novela *El zorro de arriba y el zorro de abajo*). En esta presentación, el escritor sostiene que se había formado en una cultura mixta, pero no por ello menos legítima, que le permitió una profunda percepción de dos culturas aparentemente dispares, la indígena y la criolla/blanca del Perú. Arguedas se describe como un "demonio feliz" que habla en cristiano y en indio, en español y en quechua. Autores como Appadurai[26] interpretarían fácilmente esta expresión como hibridez o negociación; sin embargo, el autor subraya en sus novelas, y en su propia vida, que la diferencia entre estas dos culturas se mantiene y que su coexistencia es una interrelación dinámica, no una negociación completa.

Visto desde las teorías postcoloniales, que consideran a los escritores postcoloniales como aquellos que interactúan con el discurso colonial dominante y al mismo tiempo tratan de subvertirlo, se podría sostener que Arguedas trató de representar al pueblo indígena, sin ser él mismo indio. Bhabha y Spivak han centrado sus estudios en cómo —y quiénes— representan a las culturas subalternas.[27] El problema de la representación, empero, debería ser manejado con cuidado en el caso del autor que nos ocupa. Como dijimos antes, el escritor tuvo un pie en dos culturas desde niño. En su infancia la identificación con los indios fue mucho más cercana; culturalmente, era uno de ellos. Por tanto, cuando los representa, está representando también a su propia cultura. No obstante, el acceso de Arguedas a la cultura hegemónica y al sistema dominante hace imposible que se lo considere subalterno. En cualquier caso, ser parte de la cultura indígena le permitió representarla con más exactitud a pesar de no ser él mismo subalterno. Así, el escritor dijo que lo que lo había motivado a escribir sus primeros cuentos (*Agua*) fue el hecho de que otros escritores peruanos como López Albújar y Ventura García Calderón no habían

25 Guillermo Rochabrún, ed., *La Mesa Redonda sobre Todas las sangres* (Lima: Instituto de Estudios Peruanos, 2000), 38.

26 Arjun Appadurai, *Modernity at Large* (Minnesota: University of Minnesota Press, 2003).

27 Gayatri Spivak, "Can the Subaltern Speak?", en *Colonial Discourses and Post-Colonial Theory: A Reader*, Patrick Williams & Laura Chrisman, ed. (NY: Columbia University Press, 1994); Homi Bhaba, ed., *The Location of Culture* (NY: Routledge, 1994), 66-111.

representado correctamente la sensibilidad y cultura indígena. Es más, se sintió provocado después de leer a estos autores y se dijo: "No, yo lo tengo que escribir tal cual es, porque yo lo he gozado, yo lo he sufrido".[28] La pertenencia a dos culturas dispares al mismo tiempo se refleja en su obra y brinda incluso a los peruanos de hoy la posibilidad de conectarse no solo con Arguedas sino también a través de él, en su condición de puente, con los otros.

Silvia Spitta postula que Arguedas resolvió el problema de la representación en su novela *Los ríos profundos*, a través del uso de un lenguaje transculturado.[29] Considerándose un mestizo cuya lengua materna no era el español,[30] se esforzó por escribir un español que sonara como quechua. De esta manera, recreó un modo indígena de hablar español para dar la impresión a los lectores que estaban leyendo quechua. Spitta señala que "Arguedas claramente indigenizó el castellano, situándose así en el lugar de aquellos que se sentían extraños y distanciados de un idioma que habían sido forzados a asumir como propio".[31] Sin embargo, el escritor no se situaba a sí mismo en el lugar del "otro" porque él también era el "otro".

Si bien es cierto, la semantización quechua del castellano en la obra temprana de Arguedas es reconocida por los académicos arguedianos más importantes (Escobar, William Rowe, Sara Castro Klarén)[32], esta no es tan abiertamente aceptada a partir de *Los ríos profundos*, ya que es el mismo Arguedas quien en su ensayo "La novela y el problema de la

28 José María Arguedas, "Yo soy hechura de mi madrastra", *Martín Revista de Artes y Letras* 10/11 (2004): 197.

29 Spitta, *Between Two Waters*, 166.

30 Existe una controversia sobre esto. Ronald Forgues señala que el propio Arguedas creó un mito acerca de su infancia como hablante monolingüe de quechua. El estudioso considera que José María se mete de lleno en la cultura quechua recién cuando los sirvientes indígenas lo protegen de su madrastra. En sus primeros tres años de vida, el escritor perteneció a una familia blanca que hablaba español. Ronald Forgues, ed., *Arguedas y* Los ríos profundos (Grenoble: Presses Universitaires Du Mirail, 2004), 23-48.

31 "Arguedas clearly indigenized Spanish, thus situating himself in the place of those who feel strange and estranged from a language that they have been forced to assume their own". Spitta, *Between Two Waters*, 166.

32 Alberto Escobar caracteriza la escritura del primer Arguedas como un estilo en el que la semántica quechua está presente, aunque se escriba en español. (Alberto Escobar, *Arguedas o la utopía de la lengua*. Lima: IEP, 1984), 72. William Rowe, sostiene que antes de escribir *Los ríos profundos*, Arguedas trató de crear lo que era casi un tercer idioma -ni quechua ni castellano- sino algo que combinase ambos (Rowe, 1979, p. 60-61). Sara Castro Klarén, encuentra tres niveles de lenguaje en *Yawar Fiesta*: 1) La traducción literal quechua al español, 2) El uso del español común que incluye la narrativa, y 3) el español alterado, lleno de palabras y de sintaxis quechuas que el narrador emplea a veces. (Castro Klarén, 1973, p.51).

expresión literaria", considera que su esfuerzo de experimentación con el lenguaje había llegado a su fin en *Los ríos profundos*; pues "uno solo podía ser el fin: el castellano como medio de expresión legitimo del mundo peruano".[33] Pero, más allá de la construcción sintáctica del castellano con el que escribe Arguedas en todas sus obras, incluida *Los ríos profundos*, lo importante es que el escritor logra transmitir la sensibilidad y visión del mundo andino. Es por ello que concuerdo con Dorian Espezúa quien afirma: "Que Arguedas asuma que el castellano debe ser el idioma base en la expresión literaria peruana no implica necesariamente que opte un tipo de castellanización que anule a las lenguas nativas".[34]

Estudios arguedianos

Dada la naturaleza interdisciplinaria de la obra de Arguedas, para el análisis de las cartas, haré uso de estudios arguedianos que incluyen fuentes literarias, antropológicas, sociológicas y comunicativas.

La obra arguediana puede ser comparada a un prisma de muchas caras. Sus facetas literaria y antropológica han sido exhaustivamente estudiadas; sin embargo, como dijimos antes, no hay una bibliografía significativa con un enfoque comunicativo. Los dos estudios que encontré desde la perspectiva comunicacional, son el de Julio Ortega, que aborda la relación entre comunicación y cultura en *Los ríos profundos*[35] y el de Fernando Rivera,[36] que estudia la comunicación sensorial en la literatura de Arguedas, tomando en consideración no solo las palabras sino también los sonidos de los animales o de la naturaleza, cargados de significado en las novelas. Ortega se centra en la manera en que los diálogos de diferentes personajes en *Los ríos profundos* revelan un acto de habla múltiple. Según él, en esta novela el acto de habla se produce no solo a través de los personajes sino también entre estos y los objetos, los cuales, por sí mismos, hablan. Por ejemplo, Ernesto, el protagonista de la novela, cree que las antiguas piedras incas hablan; pregunta a su padre: "¿Cantan de noche las piedras?" y su padre le responde: "Es posible".[37] Ortega señala

33 José María Arguedas. "La novela y el problema de la expresión literaria en el Perú". En: Dora Sales, *José María Arguedas: Qepa Wiñaq...: siempre literatura y antropología.* (Madrid: Iberoamericana; Frankfurt am Main: Vervuert, 2009), 160.

34 Dorian Espezúa Salmón, "El proyecto arguediano de construir una lengua literaria nacional". *Letras* 82, 117, (2011):30.

35 Ortega, *Texto, comunicación y cultura.*

36 Rivera, *Dar la palabra. Ética, política y poética de la escritura en Arguedas.*

37 José María Arguedas, *Los ríos profundos* (Editorial Horizonte, 2001), 17.

a propósito de *Los ríos profundos*: "La cultura como información, y como fuente de la información, es capaz de reordenar y restituir una plenitud del sentido en el acto mismo de la comunicación".[38] El estudioso analiza los diálogos entre los personajes de la novela como un acto de habla, siguiendo el esquema básico de la teoría de Roman Jakobson.[39] Ortega es uno de los más importantes especialistas en Arguedas; los otros son: Sara Castro-Klarén, Antonio Cornejo Polar, Ángel Rama, William Rowe, Martin Lienhard, Alberto Escobar y Roland Forgues. Todos ellos son críticos literarios que analizaron su producción creativa en detalle; todos escribieron libros sobre Arguedas que son considerados clásicos. En el presente libro, aunque no abordo directamente su obra creativa, incluyo a los estudiosos de esta importante tradición literaria sobre Arguedas, pues me ayudarán en el análisis de sus textos y su posición entre dos mundos.

El primer estudio crítico de la obra arguediana es el libro de Sara Castro-Klarén, *El mundo mágico de José María Arguedas*. En la introducción de este libro se señala que para comprender la vida y obra de este escritor es imposible negar la presencia constante de la realidad nacional peruana en toda su producción. Castro-Klarén dice: "Arguedas ausculta el pasado y el presente para construir una imagen fidedigna del mundo".[40] Estas palabras describen con precisión la obra de Arguedas. Sus novelas están arraigadas en el presente de entonces, pero operan al mismo tiempo como premoniciones del futuro. La estudiosa reconoce el valor artístico de la obra arguediana; no obstante, considera que su última novela *El zorro de arriba y el zorro de abajo*, no solo es un trabajo inacabado sino una novela menor.[41] En nuestros días se la valora como una novela vanguardista que rompe con la escritura tradicional para abordar el candente tema de la interacción intercultural, fruto de la migración interna. Castro-Klarén publicó su libro a comienzos de los años 1970, cuando la obra de Arguedas no había sido completamente comprendida. Hoy, casi medio siglo después, no es posible decir que *El zorro de arriba y el zorro de abajo* sea una novela menor. En todo caso, el principal punto de este

---

38 Julio Ortega, *Texto, comunicación y cultura*, 24.

39 El modelo de la teoría de la comunicación de Jakobson implica seis factores constitutivos. El *emisor* emite un mensaje que recibe el *receptor;* el *mensaje* tiene un *contexto* y usa un *código* (una lengua conocida por ambos) y se vale de un canal para ser transmitido, por ejemplo, el lenguaje hablado o escrito. Cada uno de estos factores tiene una función lingüística en el proceso de la comunicación. Roman Jackobson, *Ensayos de lingüística general* (Barcelona: Seix Barral, 1981), 87-88.

40 Sara Castro Klarén, *El mundo mágico de José María Arguedas* (Lima: Instituto de Estudios Peruanos, 1973), 13.

41 Ibíd., 199.

libro es la extraordinaria sensibilidad que tuvo Arguedas para intuir la realidad histórica peruana de su tiempo y la del futuro.[42] De esta manera, la crítica reconoce el valor antropológico de la obra literaria arguediana que se expresa a través del lenguaje artístico. Su libro me ayudó a aproximarme a la posición de Arguedas entre la antropología y la literatura.

Otro estudio indispensable para acercarse a la obra literaria arguediana es *Los universos narrativos de José María Arguedas* de Antonio Cornejo Polar. En él, el crítico literario analiza en detalle sus principales novelas y refuerza la idea de que Arguedas anunció el futuro. Este libro se escribió veinte años después del de Castro-Klarén; por tanto, su interpretación de la última novela de Arguedas es más completa. En relación a esta, el estudioso afirma: "Lo no escrito resulta ser una dimensión del sentido de *El zorro...* y no la de menor importancia: allí reside la significación del silencio de la muerte".[43] Lo que Cornejo Polar dice es que la muerte del escritor peruano constituye también el final de su última novela; el narrador se calla para permitir que los peruanos completen la historia con sus propias vidas. Arguedas trata de describir en esta novela la historia futura de la sociedad peruana, una historia que solo los peruanos pueden narrar; luego, calla. El crítico afirma que "en *El zorro...* morir y amanecer aparecen entramados. El mundo íntegro, aprisionado en Chimbote, se ve como un fermento, como una informe fuerza genética cuya realidad y su sentido solo se dará en el futuro".[44] El acercamiento del estudioso es sutil; se da cuenta de que la "efervescencia" cultural descrita en *El zorro de arriba y el zorro de abajo* es como el caos que precede a la creación. Las interacciones culturales en el puerto de Chimbote, durante la década de 1960, descritas por Arguedas en su última novela, anticipan lo complejo y difícil que serán estas interacciones en la sociedad peruana del futuro. Analizar la evolución de la realidad social del país tal como Arguedas lo expresó en sus novelas es el aporte de Cornejo Polar.

Por su parte, el inglés William Rowe con su libro *Ensayos arguedianos,* nos ayuda a analizar la relación entre oralidad y lo que él llama la "civilización de la imprenta" o escritura en la obra literaria del escritor. Uno de los principales aspectos que resalta en su estudio es el papel que juegan la música y los sonidos en la escritura Arguediana. Afirma Rowe: "En toda la obra de Arguedas, la música suministra un modelo de conocimiento en

42 Ibíd., 206.

43 Antonio Cornejo Polar, *Los universos narrativos de José María Arguedas* (Lima: Editorial Horizonte, 1997), 228.

44 Ibíd., 246.

que no se separan sujeto y objeto".[45] De hecho, es posible sentir la sonoridad de sus novelas, sobre todo en *El zorro de arriba y el zorro de abajo*, que es de naturaleza dialógica. El estudioso sostiene que las novelas del escritor no pueden ser leídas solo con la vista; es necesario "leer" su obra con todos los sentidos, en especial con el oído. Arguedas grabó su escritura en la oralidad dando voz a la naturaleza[46] y a los sonidos de la cultura andina a través de la recreación de canciones folclóricas, instrumentos y bailes, y el frecuente uso de diálogos. El libro de Rowe es por tanto útil para la comprensión del papel del sonido en la obra arguediana.

Sobre la relación entre oralidad y escritura en Arguedas, Rowe cita a autores como Walter Ong,[47] Marshall McLuhan[48] y Jack Goody,[49] los cuales consideran que las culturas orales usan más la sinestesia que aquellas que se basan en la escritura. Aunque una nueva generación de antropólogos y sociolingüistas[50] han considerado a estos autores como parte de la "gran división", son de verdad útiles para comprender el discurso polifónico y las características de la cultura oral que describe Arguedas en sus novelas.[51] Resulta también útil Mijail Bajtin para el análisis del dialogismo y la polifonía en las novelas de este escritor. Este estudioso desarrolló la idea de que pueden coexistir diversas voces en un discurso. Según Bajtin, la polifonía es la tercera edad en la historia de la humanidad, después del monologismo y el dialogismo. La polifonía implica la aceptación y

45 William Rowe, *Ensayos arguedianos* (Lima: SUR, 1996), 119.

46 El libro de R. Murray Schafer, *El paisaje sonoro y la afinación del mundo*, presta atención a los diferentes sonidos de nuestro medio ambiente y estudia cómo han evolucionado. El autor usa el término "paisaje sonoro" para expresar la similitud y la diferencia con el simple "paisaje". En inglés esto es más llamativo porque paisaje es *landscape* y la palabra que acuña para paisaje sonoro es *soundscape*. La primera parte de este libro trata del sonido de la naturaleza y pudo haber ayudado a Rowe a leer la obra literaria de Arguedas. Schaffer, R. Murray, *El paisaje sonoro y la afinación del mundo*. Barcelona: Intermedio, 2013. Vanesa G. Cazorla, trad.

47 Walter Ong, *Orality and Literacy: The Technologizing of the Word* (Londres; NY: Methuen, 1982).

48 Marshal McLuhan, *The Gutenberg Galaxy: The Making of Typographic Man* (NY: The American Library, 1969).

49 Jack Goody, *The Interface Between the Written and the Oral* (NY: Cambridge University Press, 1987).

50 Los "nuevos estudios sobre la alfabetización" consideran que McLuhan, Ong y Goody, entre otros, hacen generalizaciones incorrectas sobre las culturas orales y las que conocen la escritura, manteniendo una línea divisoria innecesaria entre oralidad y alfabetización. Dos libros importantes sobre los nuevos estudios sobre la alfabetización son los de Sylvia Scribner y Michael Cole, *The Psychology of Literacy* (NY: Harvard University Press, 1991) y el de Brian Street, ed., *Cross-Cultural Approaches to Literacy* (NY: Cambridge UP, 1983).

51 Para una revisión sobre las teorías de oralidad y escritura ver: Gabriela Núñez, *Culturas Orales y Culturas Escritas* (Lima: PUCP, 2015).

comprensión de las diferentes voces en un discurso, y es más que la hibridez y la heterogeneidad; es una ética de la tolerancia de la diversidad, tal como Arguedas trata de expresar en su obra.[52]

Martin Lienhard es otro autor que nos puede ayudar a analizar la naturaleza oral de la producción literaria de Arguedas, puesto que refuerza la idea de su discurso polifónico, lo cual representa un desafío a las estructuras narrativas tradicionales. Según este peruanista suizo, en su escritura creativa cercana a la palabra hablada, el escritor peruano crea también una oralidad ficcional que permite a los lectores capturar el lenguaje oral de la escritura.[53] Como dijimos antes, en novelas como *Los ríos profundos*, el autor usa el español con una estructura quechua, produciendo la sensación en los lectores de habla hispana una mejor familiarización con el mundo andino. Lienhard señala que, en el caso de *El zorro de arriba y el zorro de abajo*, Arguedas no mezcla el español con el quechua, sino que representa los diferentes socio-dialectos hablados en la costa peruana como resultado de la migración interna y mantiene una estructura dialógica con un fuerte componente oral.

En su libro, *Voices from the Fuente Viva* [Voces de la fuente viva], Amy Nauss Millay estudia a una serie de escritores con un fuerte componente oral en su estilo, incluyendo a Arguedas. En uno de sus ensayos, "Echoes from *Los rios profundos*" [Ecos de *Los ríos profundos*] se dedica a analizar esta novela y compara a Arguedas con Lydia Cabrera, escritora cubana, pues sus búsquedas personales son similares. De acuerdo a Millay, Arguedas y Cabrera se enfrentan al mismo dilema, es decir, "escribían en el marco de una cultura literaria occidental que ambos creían amenazaba las tradiciones orales".[54] Sin embargo, a diferencia de Cabrera, el escritor peruano tenía la posición privilegiada de ser al mismo tiempo informante e intérprete, y de vivir como etnógrafo en la cultura que estaba describiendo. Tanto el libro de Millay como el de Lienhard ayudan a conectar a los teóricos de la oralidad con los críticos literarios. El aporte de Millay permite analizar la posición de Arguedas entre la antropología y la literatura.

52 Mijail Bajtin, *The Dialogic Imagination: Four Essays* (Austin: University of Texas Press, 1981); Mijail Bajtin, *Problems of Dostoevsky's Poetics*, (Minneapolis: University of Minnesota Press, 1984).

53 Martin Lienhard, *Cultura andina y forma novelesca* (Lima: Editorial Horizonte, 1990), 109.

54 "...both wrote from within a Western literate culture that they believed threatened oral traditions". Amy Nauss Millay, *Voices from the Fuente Viva* (Lewisburg, Pa.: Bucknell University Press, 2005), 81.

Ángel Rama se aproxima a la obra arguediana tomando el término "transculturación" del campo antropológico[55] y llevándolo al literario en una de sus obras principales, *Transculturación narrativa en América Latina*. Rama estaba interesado en las posibilidades de resistencia de cada cultura cuando se enfrenta a un proceso de transculturación. Considera que escritores como Arguedas son vehículos o mediadores entre las culturas indígenas tradicionales de América Latina y la modernización. No obstante, el modelo de transculturación y resistencia propuesto por Ángel Rama no es suficiente para plasmar la realidad que describe Arguedas en su última novela, que está más allá de cualquier proceso de transculturación de novelas anteriores, menos conflictivas, como *Los ríos profundos*.[56]

Antonio Cornejo Polar considera que la "transculturación implicaría, a largo plazo, la construcción de un plano sincrético que finalmente incorpora en una totalidad más o menos no problemática dos o más idiomas, dos o más identidades étnicas, dos o más códigos estéticos y experiencias históricas".[57] Dado que la transculturación no hace hincapié en la tensión y el conflicto presentes en las interacciones interculturales, ofrece más bien una alternativa al concepto, la "heterogeneidad"; esta trataría del conflicto intercultural y expresaría la idea de que en un proceso de interacción cultural, las culturas permanecen separadas y mantienen sus diferencias, a pesar de coexistir. A diferencia de la transculturación, la heterogeneidad no acepta la noción de que la modernidad homogeniza las culturas; por el contrario, resalta su resistencia. Sin embargo, el problema con el concepto de heterogeneidad es que se va al otro extremo y dificulta la conceptualización de cualquier proceso de negociación que, aunque incompleto y conflictivo, existe en la obra arguediana.

Otros enfoques teóricos provenientes del campo de la comunicación intercultural podrían ser útiles como punto de partida para el análisis de la vida y obra de Arguedas, en especial el libro de Rico Lie, *Spaces of*

55 El concepto de "transculturación" tiene origen caribeño. El sociólogo cubano Fernando Ortiz acuñó el término en la década de 1940 en su libro *Contrapunteo cubano del tabaco y el azúcar*. Los etnógrafos han usado este término para describir cómo los grupos subordinados o marginales escogen e inventan a partir de los materiales que una cultura dominante o metropolitana les transmite.

56 Ángel Rama, *Transculturación narrativa en América Latina* (México, DF: Siglo XXI Editores, 2004).

57 "Transculturation would imply, in the long run, the construction of a syncretic plane that finally incorporates in a more or less unproblematic totality two or more languages, two or more ethnic identities, two or more aesthetic codes and historical experiences". Antonio Cornejo Polar, "Mestizaje, Transculturation, Heterogeneity", en *The Latin American Cultural Studies Reader*, Ana del Sarto, Alicia Ríos & Abril Trigo, ed. (Durham, NC: Duke University Press, 2004), 117.

Intercultural Communication [Espacios de comunicación intercultural]. En este, el autor trata algunos conceptos que se pueden relacionar a la arguediana posición "intermedia" (oralidad/escritura, campo/ciudad, indios/criollos, cultura popular/cultura de elites) debida a su visión de la migración interna en el Perú. Por ejemplo, en el cuarto capítulo, Lie explica los diferentes conceptos teóricos que expresan la mezcla cultural y afirma que estos parecen haber reemplazado a conceptos "antiguos", como aculturación, asimilación, integración, adaptación e interculturalidad.[58] Uno de estos "nuevos" conceptos de mezcla cultural a los que se refiere Lie es el de "zonas de contacto", desarrollado por James Clifford para explicar las interacciones culturales que se producen cuando la gente viaja. Dice Lie: "La esencia del viaje y del turismo es que des-colocan a la gente por un periodo de tiempo enmarcado".[59] Dentro de las zonas de contacto creadas por los viajes, no se considera como pasaba antes que las culturas fuesen entidades fijadas a un lugar específico. La migración produce también zonas de contacto; pero, en este caso, los periodos de tiempo 'enmarcados' son más largos que cuando se viaja o se va de turista a algún lado. Además, la migración produce un cambio de residencia, lo que implica territorialización, desterritorialización y reterritorialización. Después de considerar los diferentes conceptos latinoamericanos que tratan de la mezcla cultural, tales como mestizaje, criollización, transculturación e hibridez, Lie concluye que independientemente de los términos, lo importante es la idea de mezcla cultural a través de un proceso de encuentro y negociación. El autor afirma: "La mezcla no es solo entre culturas, sino también entre lo que hemos llamado lo global y lo local, o los procesos de globalización cultural y localización cultural".[60] Rico Lie describe la condición migrante de estar des-centrado usando el concepto de "no lugar" desarrollado por Marc Auge. El no-lugar es un espacio que no puede ser definido como relacional o histórico o preocupado por la identidad; se aplica al contexto cultural global-local.[61] Además, Lie cita a Michel de Certeau, quien sostiene que el espacio y el lugar no son lo mismo. Para él, el espacio es un lugar vivido que se crea por la interacción. Distinguiendo entre espacio y lugar, Lie considera que los procesos de globalización y localización están vinculados a la comunicación de espacios.

58 Lie, *Spaces of Intercultural Communication* (Cresskill, NJ: Hampton Press, 2003), 83.

59 "The essence of travel and tourism is that they de-locate people for a framed period of time". Lie, 83.

60 "The mix is not only in-between cultures, but also in-between what we now have termed the global and the local, or the processes of cultural globalization and cultural localization". Lie, 88.

61 Lie, 121.

Es interesante que Rico Lie asocie la idea del no-lugar con los conceptos de liminalidad y los espacios liminoides de comunicación de Victor Turner. La liminaridad, según Turner, es el lugar de la cultura donde se podrían introducir elementos y reglas combinatorias nuevas. En la liminaridad, las personas juegan con elementos familiares y los desfamiliarizan.[62] Lie sostiene que la diferencia principal entre zonas de cultura liminares y liminoides es que encontramos espacios liminares en las rutinas diarias, mientras que los liminoides se generan continuamente y se encuentran fuera de la liminaridad cotidiana.[63] Al analizar la relación entre lo global y lo local, el autor se interesa más por los espacios liminoides, donde es posible encontrar interacción entre el pasado y el presente, lo global y lo local; los espacios liminoides son "espacios de comunicación intercultural" o "zonas de transculturas", en las que se fragmentan las identidades y donde el tiempo es un "tiempo entre las actividades". El estudioso afirma que "las zonas liminoides —caracterizadas por la coexistencia cultural, la negociación cultural y la transformación cultural entre lo global y lo local— dan una sensación de alienación".[64] Existen diferentes posibilidades de interacción en estas zonas liminoides. Primero, se produce coexistencia cuando elementos de culturas diferentes no interactúan de manera significativa, incluso si comparten el mismo espacio liminar/limonoide; segundo, se da una transculturalidad homogeneizada cuando una cultura se impone sobre otras y todos los espacios liminares/limonoides desarrollan una cultura y espacio similar; y finalmente, la transculturalidad híbrida ocurre cuando hay una negociación ideal entre las diferentes culturas. Manuel Larrú, haciendo referencia al carácter liminal de las obras de Arguedas, señala que "este tránsito o periodo liminal se ha consumado claramente, luego de *Los ríos profundos,* en sus últimas obras como *La agonía de Rasu Ñiti*, *Todas las sangres*, *El zorro de arriba y el zorro de abajo*; pero comienza a producirse en los textos previos".[65]

La descripción de Lie acerca de las interacciones culturales que produce la migración parece ser el enfoque más cercano que podríamos tener de las mismas interacciones que experimentó Arguedas y describió luego en *El zorro de arriba y el zorro de abajo.* Sin embargo, esta novela excede

62 Ibíd., 124.

63 "Out-of-daily-life-liminality". Ibíd., 127.

64 "...liminoid zones, characterized by cultural coexistence, cultural negotiation, and cultural transformation in-between the global and the local, provide a feeling of alienation". Ibíd., 128.

65 Manuel Larrú, "De una visión indigenista a una visión andina en la obra de José María Arguedas", *Con Textos Revista Crítica de Literatura*, 1 (2010): 19.

también estas explicaciones teóricas porque en los espacios liminoides de *El zorro de arriba y el zorro de abajo* se da más que una simple coexistencia de culturas; la interacción entre los diferentes elementos culturales es conflictiva, y no es posible ni una transculturalidad homogeneizada ni una negociación ideal. La realidad peruana —y otras latinoamericanas— que se refleja en la última novela arguediana pone en cuestión los paradigmas de interacción intercultural que circulan en estos días. Incluso, aunque suene contradictorio, podríamos decir que, en la sociedad peruana, las interacciones culturales producidas por la migración (interna y externa) han generado una hibridez no resuelta o en tensión, por lo que la negociación entre culturas heterogéneas no es nunca completa. Por tanto, enfoques teóricos como el de Arjun Appadurai en su libro *Modernity at Large* [Modernidad en general] o el de Néstor García Canclini, *Hybrid Cultures* [Culturas híbridas], que resaltan el proceso de negociación con la llegada de la modernidad, son también insuficientes para explicar las interacciones culturales en las novelas del escritor que nos ocupa.[66] No obstante, Arguedas, en tanto individuo, se podía mover en la relación intercultural conflictiva que existía entre diferentes grupos culturales de la sociedad de su tiempo. Era, como dije antes, una excepción, y tal vez —con problemas psicológicos irresueltos desde la niñez— pagó las consecuencias de esta "efervescencia cultural" con su propia vida.

Otro elemento que se toma en cuenta en el presente libro se refiere al concepto de migración de Cornejo Polar. El estudioso afirma que, al contrario de los que dicen que los migrantes se desterritorializan, él considera que "el desplazamiento migratorio duplica (o más) el territorio del sujeto y le ofrece o lo condena a hablar desde más de un lugar". El crítico entiende por "lugar" la representación simbólica internalizada por los migrantes y no como un lugar físico. El sujeto migrante es, por tanto, un sujeto descentrado.[67] Un migrante como Arguedas, por ejemplo, no tiene un territorio identificable al que pertenece; un migrante no tiene una pertenencia específica a un lugar sino que se identifica con muchos lugares.

Desde una perspectiva feminista, la "teoría del punto de vista" ofrece también una nueva lógica de conocimiento. Así, la epistemología del

66 Arjun Appadurai, *Modernity at Large: Cultural Dimensions of Globalization* (Minneapolis: University of Minnesota Press, 1996); Néstor García Canclini, *Hybrid Cultures: Strategies for Entering and Leaving Modernity* (Minneapolis: U. of Minnesota Press, 1995).

67 Antonio Cornejo Polar, "Una heterogeneidad no dialéctica: sujeto y discurso migrantes en el Perú moderno", *Revista Iberoamericana* LXII.176-177 (1996):837-44. Cita en pág. 841.

punto de vista tiene que ver con cómo las concepciones tradicionales del conocimiento perjudican a las mujeres y a otros grupos poco representados, y por ello se necesita cambiar el aprendizaje para llegar a un mejor conocimiento que no privilegie ninguna posición de poder. Joyce Nielsen afirma que la teoría del punto de vista comienza "con la idea de que los miembros menos poderosos de la sociedad tienen más potencial de tener una visión de la realidad social más completa que otros, precisamente por su posición desfavorecida".[68] Es posible argumentar que Arguedas, que pertenecía a una cultura poco representada y, al mismo tiempo, había incorporado los medios de expresión de la cultura occidental, tuvo una visión más completa de la realidad social peruana y la capacidad de presentarla a la elite intelectual.

Como sugiero aquí, hay un vasto corpus de publicaciones académicas de todo tipo de disciplinas, más allá de la comunicación, que puede servir en la formulación de un enfoque teórico para estudiar la obra de Arguedas en general, y sus cartas, en particular. Una perspectiva multidisciplinaria debería abordar la riqueza de la producción de nuestro escritor, porque su obra pone en cuestión de manera clara cualquier paradigma teórico. Tal vez deberíamos simplemente permitirle que hable, y escuchar. Así, sus cartas podrían constituir por sí mismas una propuesta teórica expresada con un lenguaje único.

68 "...with the idea that less powerful members of society have the potential for a more complete view of social reality than others, precisely because of their disadvantaged position". Joyce Nielsen, ed., *Feminist Research Methods: Exemplary Readings in the Social Sciences* (Boulder, CO: Westview Press. 1990), 10.

LAS CARTAS DE ARGUEDAS

Las cartas son un medio de comunicación y, según el contexto histórico y social en donde se producen, admiten variaciones en el proceso de escritura y lectura del mensaje. Por un lado, el acto de escribir una carta puede ser una experiencia comunicativa privada, de carácter íntimo; el escritor expresa sus sentimientos hacia el receptor con más libertad de lo que sería posible en presencia de este, sobre todo en el caso de las cartas de amor.[1] Por otro lado, escritas o no en la intimidad, las cartas pueden ser leídas en voz alta en frente de un grupo de personas.[2] En cualquier caso, la correspondencia es un medio que crea un proceso de comunicación en el que hay una inmediatez imaginaria entre el emisor y el receptor, a pesar de la distancia física entre ambos.[3]

1 Sin embargo, hay estudios que muestran que con la existencia de un amanuense, las cartas y la escritura de cartas "se relacionarían más con la individualidad que con la interioridad". Ver Keith Breckenridge, "Love Letters and Amanuenses: Beginning the Cultural History of the Working Class Private Sphere in Southern Africa, 1900-1933", *Journal of Southern African Studies* 26, 2 (June 2000): 337-48.

2 Por ejemplo, "En el siglo XVIII, había aún expectativa de que las cartas fuesen leídas en voz alta a la familia, amigos y conocidos, y de mostrarlas para que todos tengan algo de qué hablar". Eve Tavor Bannet, *Empire of Letters: Letter Manuals and Transatlantic Correspondence, 1688-1820* (NY: Cambridge University Press, 2005), 47.

3 "Aunque una gran parte de la comunicación epistolar ha estado relacionada a los negocios y ha sido relativamente impersonal, las cartas están inevitablemente asociadas a la intimidad. Tal vez la ficción más fundamental de la escritura de cartas es que el enunciado epistolar, a pesar de la ausencia del emisor frente a su destinatario, o quizá precisamente por esa ausencia, habla con una inmediatez e intimidad que no están disponibles en la conversación cara a cara que la escritura de cartas suele tomar como modelo. Tal intimidad comúnmente asume la existencia de una cierta confidencialidad como la condición que permite este tipo de comunicación". William Decker, *Epistolary Practices: Letter Writing in America before Telecommunications* (Chapel Hill: University of North Carolina Press, 1998), 5.

Deborah Tannen en su libro *Spoken and Written Language* [Lenguaje hablado y escrito], propone que el género epistolar constituye un puente entre el discurso oral y el escrito, sobre todo en el caso de las cartas informales. El género epistolar permite al autor ser contradictorio y mostrar facetas que normalmente no se revelan en otros géneros literarios.[4] Como señala Bannet: "el vínculo entre la escritura epistolar y el lenguaje corriente, y entre la correspondencia y las conversaciones cotidianas, no puede ser abandonado porque en la práctica, con el respeto que me merece Derrida, las cartas son el lugar donde el habla y la escritura están constantemente intercambiando el lugar de cada uno".[5] De manera más metafórica, y teniendo en cuenta solo los tiempos actuales, el narrador Julio Ramón Ribeyro sostiene que hay algunas similitudes entre las cartas y los diarios íntimos: "Exagerando un poco podría decirse que las páginas de un diario son cartas que el autor se dirige a sí mismo y que las cartas son páginas de un diario que se dirigen a una persona".[6] Sin embargo, la relación entre cartas y diarios se puede ver desde una perspectiva diferente, tal como lo hicieron Ronald y Mary S. Zboray en un estudio de los habitantes de Nueva Inglaterra antes de la guerra civil norteamericana. Estos autores consideran que "las cartas generalmente denotaban una comunicación permanente con personas específicas, mientras que los diarios mantenían la ilusión de privacidad. Las cartas, al esperar una respuesta, se leen como un lado de una conversación, sin embargo, por lo general contienen respuestas a una carta anterior que se recibió, junto con, quizás, ecos de varios intercambios anteriores. Las cartas eran por lo tanto determinadas interpersonalmente, no de manera individual".[7] En el caso de Arguedas, la frontera entre cartas y diarios no está clara porque sus diarios fueron escritos intencionalmente para hacer frente a un público y concebidos como parte de su última novela *El zorro de arriba y el zorro de abajo*. Además, sus cartas constituyen no

4 Deborah Tannen, *Spoken and Written Language: Exploring Orality and Literacy* (Norwood, NJ: Ablex Publishing Corporation, 1982).

5 "...the link between epistolary writing and ordinary speech, and between correspondence and everyday conversation, could not be abandoned because in practice, pace Derrida, letters were a site where speech and writing were constantly rotating into each other's places". Bannet, *Empire of Letters*, 46.

6 Julio Ramón Ribeyro, *La caza sutil* (Lima: Editorial Milla Batres, 1976), 10.

7 "...letters usually bespoke ongoing communication with specific people, whereas diaries maintained the illusion of privacy. Letters expecting an answer read like one side of a discussion, yet usually contain responses to a previous letter received, along with, perhaps, echoes of several earlier exchanges. Letters were thus interpersonally, not individually, determined". Ronald J. Zboray & Mary Saracino Zboray, *Everyday Ideas: Socioliterary Experience among Antebellum New Englanders* (Knoxville: University of Tennessee Press, 2006), 17.

solo un medio instrumental de comunicación, sino también la posibilidad de expresar sus sentimientos más íntimos —como si fueran entradas de un diario; a veces funcionan también como una herramienta para repensar sus proyectos literarios. A través de ellas, Arguedas comparte sus preocupaciones e intereses con un amigo, un familiar o un compañero de trabajo.

Una característica de la escritura arguediana es que se la asocia con una intencionalidad del autor de representar la realidad. Como se mencionó anteriormente, en un debate acerca de *Todas las sangres*, algunos sociólogos criticaron la novela diciendo que no representaba de manera apropiada las jerarquías de la sociedad peruana. Arguedas podía haber dicho en su defensa que la novela es ficción y que no tiene sentido criticar su representación de la realidad. En cambio, el escritor dijo que era su testimonio y que si lo que él estaba diciendo en la novela no era verdad, había vivido en vano.[8] El escritor resaltó siempre el valor de sus experiencias y la importancia de contar a otros todo lo que había aprendido en estas.

Al igual que en su escritura literaria, Arguedas revela también en sus cartas la intención de representar y comprender la realidad. Por esto, en el curso de mi investigación, intenté buscar una figura retórica que me permitiera descodificar su escritura. Fue así que me valí del uso que hace Decker de la metonimia cuando, siguiendo a Jakobson, dice: si la "metonimia es la tendencia determinante del lenguaje en la literatura realista, entonces la escritura de cartas familiares es un discurso intensamente metonímico dado que por lo general abunda en el registro de minucias 'realistas' cotidianas, las cuales se vuelven más o menos explícitamente significativas con relación a la ausencia del destinatario (motivo de la composición de la carta)".[9] Como las cartas de Arguedas son realistas y tienen un estilo de escritura familiar, esperaba encontrar un uso constante de metonimias. Sin embargo, encontré un uso más significativo de metáforas, probablemente debido al estilo emocional, dramático, intenso y poético de su correspondencia. Un ejemplo de metáfora en sus cartas que revela su naturaleza poética lo hallamos cuando escribe a su hermano:

8 Guillermo Rochabrún, ed. *La Mesa Redonda sobre* Todas las sangres *del 23 de junio de 1965* (Lima: IEP, 2000), 38.

9 "...metonymy is the determining tendency of language in realistic literature, then familiar letter writing is an intensely metonymic discourse inasmuch as it typically abounds in the registry of quotidian 'realist' minutiae that become more or less explicitly significant in reference to the addressee's absence (the occasion of the letter's composition)". Decker, 15.

"el fuego que tiene el hombre llamado por el arte no se apaga ni en la agonía".[10] La metáfora del "fuego" representa la inspiración y el impulso creativo de un artista como él.

Arguedas tuvo la oportunidad de interactuar en diversos ámbitos sociales y culturales, no solo en el Perú sino en otros países; su correspondencia es testimonio de ello. El escritor fue un corresponsal prolífico: escribió cartas a sus amigos, a sus editores, a su psicoanalista y a su familia. Aunque algunas de sus cartas a colegas o a sus editores acusan cierta formalidad, en la mayoría de ellas es posible sentir el fuerte tono afectivo. Trataba a sus destinatarios como si estuvieran muy cerca, a pesar de la distancia. Hay una espontaneidad en ellas que es mucho más común en la comunicación oral. Esta capacidad de expresividad y de búsqueda de afecto es uno de los ejes sobre los cuales podemos aproximarnos a las cartas; el segundo capítulo de este libro se dedica con más detalle a ello.

Además, tenemos que prestar atención a la manera en que Arguedas construye una imagen de sí mismo a través de sus cartas, y cómo tanto su rol como autor y el contexto social influyen en este autorretrato. Como Ezell señala: "La red dinámica de escritor y lector que en mi opinión caracteriza la cultura literaria manuscrita y la autoría social se crea en el proceso de ser un autor más que en la producción de un texto único".[11] La correspondencia de Arguedas es una parte crucial de su autoría y muchas personas que no eran destinatarios deliberados la leen hoy en día.

Ahora que la mayoría de las cartas de Arguedas se han publicado, podemos considerarlas como parte de su corpus literario. Dado que muchas de estas cartas son de reciente publicación, todavía no se han estudiado

10 José María Arguedas, Lima, a Arístides Arguedas, Caraz, 31 de enero de 1944, en Carmen María Pinilla, ed., *Arguedas en familia. Cartas de José María Arguedas a Arístides y Nelly Arguedas, a Rosa Pozo Navarro y Yolanda López Pozo* (Lima: Fondo Editorial de la Pontificia Universidad Católica del Perú, 1999), 173.

11 "The dynamic network of writer and reader that in my view characterizes manuscript literary culture and social authorship is created by the process of being an author rather than by the production of a single text". Margaret Ezell, *Social Authorship and the Advent of Print* (Baltimore: Johns Hopkins University Press, 1999), 40.

adecuadamente. Hasta el momento existen trece libros que contienen sus cartas,[12] y varias han aparecido en revistas y diarios.[13]

Probablemente uno de los libros más significativos de la correspondencia arguediana es el primero, porque revela un lado íntimo del escritor que no se conocía. Apareció en 1993 y Roland Forgues fue el editor.[14] Este libro incluye las cartas de Arguedas a su mejor amigo, Manuel Moreno Jimeno. Luego, en 1996 se publicó un controversial libro de cartas que contiene correspondencia dirigida a su amigo, el antropólogo John Murra y también algunas cartas que mandó a su psicoanalista chilena, Lola Hofmann.[15] Este libro fue polémico ya que podría decirse que hacer públicas las cartas de Arguedas como paciente psiquiátrico viola el principio de ética médica. Por ejemplo, por una parte, Pedro Lastra, el poeta chileno que era también editor y amigo de Arguedas, dice en su testimonio que las cartas de Arguedas a Hoffman lo perturbaron porque revelan

---

12 Roland Forgues, ed., *José María Arguedas: la letra inmortal: correspondencia con Manuel Moreno Jimeno* (Lima: Ediciones de los Ríos Profundos, 1993); John Murra y Mercedes López Baralt, eds., *Las cartas de Arguedas* (Lima: Fondo Editorial de la Pontificia Universidad Católica del Perú, 1996); Alejandro Ortiz Rescaniere, ed., *José María Arguedas, recuerdos de una amistad* (Lima: Fondo Editorial de la PUCP, 1996); Edgar O'Hara, ed., *Cartas de José María Arguedas a Pedro Lastra* (Santiago de Chile: LOM Ediciones, 1997); Carmen María Pinilla, ed., *Arguedas en Familia: cartas de José María Arguedas a Arístides y Nelly Arguedas, a Rosa Pozo Navarro y Yolanda López Pozo* (Lima: Fondo Editorial de la PUCP, 1999); Carmen María Pinilla, ed., *Arguedas en el Valle del Mantaro* (Lima: Fondo Editorial de la PUCP, 2004); Carmen María Pinilla, ed., *Correspondencia entre José María Arguedas y Juan Mejía Baca en la Biblioteca Nacional* (Lima: Fondo Editorial de la Biblioteca Nacional del Perú, 2005); Carmen María Pinilla, ed. *Apuntes Inéditos: Celia y Alicia en la vida de José María Arguedas* (Lima: Fondo Editorial de la PUCP, 2007). Carmen María Pinilla, ed., *Itinerarios epistolares: la amistad de José María Arguedas y Pierre Duviols en dieciséis cartas* (Lima: Fondo Editorial de la PUCP, 2011); Enrique Camacho, *Misión en Chimbote y mi encuentro con Arguedas* (Lima: Centro de Estudios y Publicaciones, 2011); Inés Westphalen Ortiz, *El río y el mar. Correspondencia José María Arguedas/Emilio Adolfo Westphalen* (México: Fondo de Cultura Económica, 2011); Carmen María Pinilla, ed. *Arguedas y Barrantes, dos amautas* (Lima, Fondo Editorial de la Academia Peruana de la Lengua, 2013). Jaime Gonzales Triana, ed. *Cubapaq A Cuba, José María Arguedas* (Cuzco, Perú: Dirección de Cultura del Cuzco, 2013).

13 "Correspondencia entre Hugo Blanco y José María Arguedas", *Amaru Revista de Artes y Ciencias* no. 11 (Dic. 1969): 12-29; Raúl Adanaqué Velásquez, "Correspondencia entre José María Arguedas y Luis E. Valcárcel", *La Casa de Cartón, Revista de Cultura* no. 21 (Invierno-primavera del 2000): 1-18; "Correspondencia entre Hugo Blanco y José María Arguedas", *Cuadernos Arguedianos* no. 3 (2000): 79-86; Raquel García, ed., "Las cartas de José María Arguedas a Ángel Rama," *Fórnix* no. II (Ene-junio 2000): 9-26; Carmen María Pinilla, ed., "Cartas del archivo José María Arguedas de la Pontificia Universidad Católica del Perú: donaciones recientes de Fernando de Szyszlo, Blanca Varela, Mario Vargas Llosa, Duccio Bonavia, Haydeé Castagnola y German Garrido Klinge", *Antropológica* no. 20 (2002): 121-176.

14 Roland Forgues, ed., *José María Arguedas. La letra inmortal: correspondencia con Manuel Moreno Jimeno.*

15 John V. Murra y Mercedes López-Baralt, eds., *Las cartas de Arguedas.*

episodios privados de su vida que nunca debieron ser ventilados. Lastra considera que debe haber siempre un límite de respeto a la vida privada.[16] Por otra parte, Carmen Maria Pinilla piensa que es imposible defender el argumento de protección de la privacidad en el caso de sujetos históricos como Arguedas, en especial cuando el interés en su compleja obra continúa creciendo.[17] En todo caso, podríamos decir que una figura como la de Arguedas requiere perspectivas de análisis diversas y que las cartas proporcionan un enfoque más íntimo del hombre y su obra, siempre entretejidos. Estas cartas permiten también a los estudiosos dilucidar el proceso de creación arguediana incluso en medio de una intensa enfermedad psicológica.

He revisado un total de 350 cartas publicadas en libros y revistas especializadas. De este corpus inicial, seleccioné para estudiar con más detalle las cartas a amigos y familiares, a uno de sus psicoanalistas y unas cuantas a sus editores. En todas encontré información relevante acerca de Arguedas en tanto comunicador de la diferencia social. He escogido fragmentos de estas cartas para analizarlas en profundidad y citar de ellas. Después de leerlas, así como los testimonios de algunos de sus destinatarios, identifiqué los principales temas que aparecen en estos textos epistolares. Al hacer esto, pude examinar las principales preocupaciones de Arguedas mientras trabajaba como escritor, antropólogo, maestro y promotor de música folclórica. Mi criterio de selección de los destinatarios fue la cercanía de Arguedas hacia ellos, profesional o personal. Siguiendo un orden cronológico, releí y analicé las cartas a familiares, las que escribió a algunos de los amigos cercanos que conoció en la década de 1930 (Manuel Moreno Jimeno, José Ortiz Reyes y el hijo de este, Alejandro Ortiz). También revisé cartas más personales (a su primera esposa, Celia Bustamante y a una de sus amantes, Vilma Ponce). Finalmente me dediqué a las cartas a sus dos editores (Juan Mejía Baca y Pedro Lastra), a su psicoanalista (Lola Hoffman), a los amigos que conoció en los años 1940 (Emilio Barrantes, Emilio Adolfo Westphalen y Pierre Duvois) y a los dos amigos de los años 1960 (el mencionado antropólogo John Murra y el activista de izquierda, Hugo Blanco).

Los temas abordados con sus diferentes destinatarios pueden variar, pero su estilo comunicativo afectuoso, emotivo, intenso y a veces melodramático es el mismo, y resalta en toda su correspondencia. Pareciera

16 O'Hara, *Cartas de José María Arguedas a Pedro Lastra*, 113.

17 Pinilla, ed., *Arguedas en el valle del Mantaro*, 25.

que Arguedas hace un esfuerzo por mostrar en sus cartas autenticidad y realismo,[18] aunque podría ser posible que hubiera construido una especie de "personaje" de sí mismo en estas cartas. Es difícil establecer dónde acaba el "verdadero" Arguedas y dónde comienza el personaje. No obstante, cuando leemos las cartas, encontramos evidencia de un estilo predominante de comunicación que se vale de sentimientos para conmover a su receptor a través de la intensificación de sus emociones; esto vale para cualquiera de sus destinatarios. Tenemos que tomar en cuenta, por supuesto, que la mayoría de los receptores analizados le son muy cercanos; Arguedas consideraba que incluso los editores, colegas o su psicoanalista eran sus amigos. En el caso de que el escritor estuviera creando un personaje, podríamos pensar que en sus cartas Arguedas crea una persona y que esta persona, según Edwin Black, es una "segunda persona" o un "oyente implícito".[19] Pero, ¿quién podría ser esta "segunda persona" implícita? ¿Podríamos decir que Arguedas era tan consciente de su rol en la sociedad peruana que escribía cartas a sus lectores del futuro? Parece una afirmación aventurada. Mejor sería decir que su estilo epistolar era más informal, afectuoso o genuino con la gente cercana a él porque usaba un "estilo oral" de comunicación en sus cartas. Si ese es el caso, podemos afirmar que el concepto de realismo de Auerbach coincidiría con la escritura de sus cartas porque el escritor perteneció en su niñez a una comunidad andina y se empapó de la oralidad del quechua y, como dijimos en la nota de pie de página anterior, para el filólogo el realismo tiene que ver con la lengua de la gente común.

Puesto que escribí inicialmente este texto para un público académico en Estados Unidos, tuve que resaltar el hecho de que en el contexto de ese país era difícil de creer que quien escribiera cartas no utilizara

18 Es importante señalar aquí el concepto de realismo que Auerbach propone. Según Terry Eagleton: "*Mímesis*, de Auerbach, es una de las grandes obras de erudición literaria, fue escrita entre 1942 y 1945 en Estambul [...] Auerbach abarca los imponentes monumentos de la literatura occidental, desde Homero, el romance medieval, Dante y Rabelais hasta Montaigne, Cervantes, Goethe, Stendhal y muchos buenos autores, examinando rápidamente la obra de estos en búsqueda de síntomas de realismo. Su criterio de selección, no obstante, es más político que formal o epistemológico. La cuestión es saber si podemos encontrar, oculto en el lenguaje de un texto dado, la animada vida cotidiana de la gente común y corriente. Para Auerbach así como para Mikhail Bakhtin, que escribe su clásica obra sobre Rabelais y el realismo más o menos al mismo tiempo que Auerbach, refugiado y casi sin libros en Estambul, el realismo es en su sentido más amplio, un asunto de la lengua de la gente común". Reseña del libro *Mimesis: The Representation of Reality in Western Literature* de Erich Auerbach en *London Review of Books,* http://www.lrb.co.uk/v25/n20/terry-eagleton/pork-chops-and-pineapples

19 Edwin Black, "The Second Persona", *Quarterly of Journal Speech* 56 (April 1970): 2.

diferentes estilos para dirigirse a sus diferentes receptores. En América del Norte existe una tradición de escritura epistolar que implica seguir una serie de reglas que se explicitan en manuales. En el libro *A Fictive People* [Un pueblo ficticio], por ejemplo, se afirma que en el siglo XIX los estadounidenses estaban entrenados a escribir de manera distinta a diferentes destinatarios, haciendo la distinción entre parientes o amigos. El autor del mencionado libro dice: "Algo de la formalidad que se ve en las cartas personales de este periodo sin duda se derivan de los modelos aprendidos en la escuela o que se leían en libros o publicaciones periódicas. Los años prebélicos generaron un género completo de libros que ofrecían modelos epistolares para todas las ocasiones importantes y para las diversas personas significativas en la vida de un individuo".[20] Aunque no es el caso en el Perú, por supuesto se espera que se respeten ciertas reglas de cordialidad y formalismo, dependiendo del nivel de confianza del escritor hacia el destinatario y del propósito de la carta. Dejando de lado los manuales epistolares, Arguedas puede ser un caso especial debido a su personalidad afectuosa y al hecho de que la mayor parte de sus destinatarios a los que escribía regularmente le eran cercanos. En muchas de sus cartas, el escritor muestra su pasión por escribir, su educación y su comprensión de la sociedad peruana; también se revelan en ellas sus ansiedades y esperanzas.

Para recopilar información sobre la figura de Arguedas, entrevisté a una serie de personas familiarizadas con su vida y con el tiempo en que vivió. Esto me permitió recabar historias orales de amigos, estudiantes, académicos, familiares y destinatarios de sus cartas. Así obtuve también información de cómo fue recibida su obra en vida del escritor.[21] Para conducir las entrevistas, seguí la guía de Valerie Raleigh Yow, *Recording Oral History* [Grabando la historia oral].[22] Durante las entrevistas tomé nota del lenguaje verbal y no verbal complementario para comprender el contenido de las respuestas grabadas. Cualquier entrevista es un proceso subjetivo

20 "Some of the formality seen in personal letters of the period doubtlessly derived from models learned in school or read in books or periodicals. The antebellum years spawned a whole genre of books that provided models for letters written on all important occasions and to the different significant people in an individual's life". Ronald J. Zboray, *A Fictive People: Antebellum Economic Development and the American Reading Public* (NY: Oxford University Press, 1993), 114-15.

21 En mis estudios doctorales recibí capacitación en técnicas de historia oral en el curso COMMRC 2040 "Voices of Remembrance: Oral History Method, Theory, and Interpretation" [Voces del recuerdo: método de la historia oral, teoría e interpretación].

22 Yow, Valerie Raleigh, *Recording Oral History: A Guide for the Humanities and Social Sciences* (Walnut Creek, Calif.: Altamira, 2005).

en el cual el entrevistador de manera inevitable interpreta las respuestas a través de su propio marco de referencia. Para reducir en lo posible esto, siempre traté de crear un clima de respeto y sensibilidad para que el entrevistado se sintiera a gusto. Además de la guía mencionada, hice uso de otras recomendaciones metodológicas de la historia oral.[23] Aunque realicé 16 entrevistas de historia oral desde que comencé mi investigación en el año 2008, para este libro solo he usado las más relacionadas al contenido de las cartas de Arguedas.

El libro se divide en dos partes. La primera se centra en la manera en que Arguedas construye una imagen de sí mismo a través de sus cartas y consta de tres capítulos: el primero explora sus memorias de infancia; el segundo analiza cómo el escritor personifica a la nación, y el tercero estudia la representación de su ser en tanto autor. La segunda parte del libro se dedica al análisis de la descripción del mundo según Arguedas. Tiene dos capítulos: el cuarto se detiene en la relación del escritor con la gente que lo rodeaba y el quinto, describe su relación con el entorno. Este capítulo final se centra en dos aspectos principales: su condición de migrante en diferentes países y la comunicación sinestésica presente en sus cartas a través de su relación con la naturaleza y la música. El lenguaje epistolar afectivo es un elemento clave que se entreteje en diferentes secciones, en un intento de encontrar las diferentes estrategias comunicativas que permitieron a Arguedas la construcción de su voz. En las conclusiones, presentaré los principales aportes de este libro y mencionaré lo que todavía se necesita hacer en el futuro en relación a la vida y obra de este notable escritor peruano.

23 Paula Hamilton, "The Oral Historian as Memorist", *Oral History Review* 32.1 (Winter/Spring 2005): 11-18; Neal Norrick, "Talking About Remembering and Forgetfulness in Oral History Interviews", *Oral History Review* 32.2 (Summer /Fall 2005): 1-20; Katherine Martin & Charles Martin, "Transcription Style: Choices and Variables at the Appalachian Oral History Project", *International Journal of Oral History* 6.2 (1985): 126-28; Carl Wilmser, "For the Record: Editing and the Production of Meaning in Oral History", *Oral History Review* 28.1 (Winter/Spring 2001): 65-85.

PARTE I: LA CONSTRUCCIÓN DE SÍ MISMO

Arguedas, el escritor, se ocupa de construir facetas diferentes de la compleja representación de sí mismo en el vasto corpus de cartas que intercambió con familiares, con figuras de la escena cultural del momento y con gente cercana a sus afectos. Aunque no tuvo la intención de que el conjunto de su correspondencia fuese una narrativa retrospectiva que diera sentido a su vida, estos textos se pueden analizar como "autorretratos" del escritor. Como señala Michel Beaujour, la palabra "autorretrato" no es adecuada para referirse a lo textual porque "evoca a Rembrandt, a Van Gogh y a Francis Bacon más que a Montaigne o a Michel Leiris. En un contexto literario, los que se hacen autorretratos a menudo dicen que 'se pintan a sí mismos' [pero] esta metáfora no se puede alargar indefinidamente a la descripción de sus textos".[1] Sin embargo, el que usa el "autorretrato" como género "intenta crear coherencia en un sistema de referencias cruzadas, superposiciones o correspondencias entre elementos homólogos y sustituibles, de manera de dar la apariencia de discontinuidad, de yuxtaposición anacrónica o montaje, en tanto opuestos a la sintagmática de la narración [...]. La fórmula operativa del autorretrato es por tanto: 'No te digo lo que he hecho, pero te diré quién soy'".[2] Al usar esta metáfora,

1 "...it evokes Rembrandt, Van Gogh, and Francis Bacon rather than Montaigne or Michel Leiris. In a literary context, self-portraitists often write that they 'paint themselves,' this metaphor cannot be spun out indefinitely into a description of their texts". Michel Beaujour, *Poetics of the Literary Self-Portrait* (NY: New York University Press, 1992), 1.

2 "...attempts to create coherence through a system of cross-references, superimpositions, or correspondences among homologous and substitutable elements, in such a way as to give the appearance of discontinuity, of anachronistic juxtaposition, or montage, as opposed to the syntagmatics of a narration...The operational formula for the self-portrait therefore is: 'I won't tell you what I've done, but I shall tell you who I am'". Ibíd., 3.

podemos decir que, a través de sus cartas, Arguedas nos está diciendo quién es con un lenguaje intenso, cargado de emociones.

Si lo preferimos, entonces, podemos usar "automodelamiento" en vez de autorretrato, para describir mejor la representación de sí mismo. En su libro, *Renaissance Self Fashioning* [El automodelamiento en el Renacimiento], Stephen Greenblatt entiende el automodelamiento como "el sistema cultural de significado que crea a individuos específicos al determinar el paso de lo potencial abstracto a la personificación histórica concreta".[3] Según este autor, "La literatura funciona dentro de este sistema de tres maneras entrelazadas: como manifestación de la conducta concreta de un autor dado, como expresión de los códigos que modelan esa conducta y como reflejo de esos códigos".[4] El género epistolar no es precisamente literatura creativa; sin embargo, en el caso de un escritor como Arguedas, las fronteras se difuminan. Sus cartas y diarios son a menudo conscientemente "literarios"; por tanto, podemos aplicar el criterio de Greenblatt para identificar la manera en que este escritor manifiesta su ser particular a través de códigos literarios. Considerando la importancia del contexto histórico en Arguedas, analizo en esta primera parte cómo el escritor da forma al personaje de sí mismo a través de sus cartas.

Otro enfoque para la construcción de uno mismo lo da Walter Mignolo, quien resalta el hecho de que las culturas subalternas asimilan la modernidad a través de un proceso de contraste entre los códigos culturales foráneos con sus propias tradiciones, porque la "tradición no tiene su propio discurso. Fue creada por el discurso que definió la modernidad".[5] En el proceso de estar entre dos culturas, no solo se crea una nueva identidad sino una nueva racionalidad que Mignolo denomina "pensamiento fronterizo",[6] "el cual por definición, va más allá de los discursos nacio-

3 "...the cultural system of meaning that creates specific individuals by governing the passage from abstract potential to concrete historical embodiment". Stephen Greenblatt, *Renaissance Self-fashioning: From More to Shakespeare* (Chicago: University of Chicago Press, 1980), 3.

4 "Literature functions within this system in three interlocking ways: as a manifestation of the concrete behavior of its particular author, as itself the expression of the codes by which behavior is shaped, and as a reflection upon those codes". Ibíd., 4.

5 "...tradition did not have its own discourse. It was created by the discourse that defined modernity". Walter Mignolo, "The Enduring Enchantment: (Or the Epistemic Privilege of Modernity and Where to Go from Here)," *South Atlantic Quarterly* 101, no. 4 (Fall 2002): 933.

6 El concepto de "pensamiento fronterizo" está directamente relacionado con el concepto de "gnosis fronteriza" (conocimiento generado en las fronteras culturales) y "pluriversalidad" (contra cualquier punto de vista universalista) que desarrolla también Mignolo; e indirectamente relacionado con el concepto de "transmodernidad"

nales de los estados delimitados territorialmente".[7] Por tanto, a través de sus cartas, Arguedas crea una personificación histórica de sí mismo, pero también ejemplifica un caso de "pensamiento fronterizo", por el hecho de pertenecer a dos culturas. Reconociendo la posición personal, social e histórica de su vida, elabora una construcción de sí mismo y una visión de mundo particular enraizada en un contexto histórico. El estudio de lo subalterno de este estudioso podría ser útil para interpretar la construcción de sí mismo en la escritura epistolar arguediana. El concepto de "pensamiento fronterizo" excede la distinción entre sujeto cognoscente y objeto cognoscible. Nos sirve para comprender las interacciones culturales que se dan en los procesos de migración porque implica que el propio sujeto cognoscente, y no solo el objeto (la cultura), es híbrido.[8] Según Mignolo, el concepto de "pensamiento fronterizo" crea un espacio para una nueva lógica de conocimiento y expresión. Al hacer uso de este, la entrada para abordar la correspondencia arguediana sería considerar al autor como un "pensador fronterizo". Arguedas trató de comprender las interacciones culturales producidas por la migración, siendo él mismo resultado de ellas. Con su vida, así como en su obra escrita, propuso una nueva lógica para captar la naturaleza de la sociedad peruana. Por tanto, el concepto de pensamiento fronterizo nos permitiría captar la construcción del mismo Arguedas en toda su complejidad.

Algunos estudiosos han usado el suicidio de Arguedas en 1969, a la edad de 58 años, como un indicador de la imposibilidad de negociación entre la cultura andina y el capitalismo occidental. Debemos, sin embargo, tener cuidado de relacionar directamente su suicidio con causas específicas, pues su suicidio ha sido objeto de muchas especulaciones. Arguedas tenía una personalidad muy sensible, sufría de jaquecas muy fuertes y de insomnio. El detonante de su predisposición a la depresión, que marcó su estilo de escritura, fue probablemente una combinación de circunstancias sociales, relaciones personales, y las traumáticas experiencias de su infancia (la muerte de su madre, la ausencia frecuente del padre, la mala

---

de Enrique Dussel (ver, por ejemplo, su "World System and Trans-Modernity", *Nepantla: Views from the South* 3, no. 2 [2002]: 21-44), que permite la posibilidad de un diálogo no-eurocéntrico con la alteridad. La idea del "pensamiento fronterizo" implica pensar desde un "paradigma otro" (Walter D. Mignolo, "'Un paradigma otro': colonialidad global, pensamiento fronterizo y cosmopolitanismo crítico", *Dispositio* 25, no. 52 [2005]: 127-46), dejando de lado todo paradigma para generar una nueva forma de conocimiento.

7 "...which is by definition beyond the national discourses of bounding territorial states". Walter Mignolo, "The Enduring Enchantment", 936.

8 Walter D. Mignolo, *Historias locales/diseños globales: colonialidad, conocimientos subalternos y pensamiento fronterizo* (Madrid: Ediciones Akal, 2003), 77-78.

relación con la familia de su madrastra).[9] Debemos admitir, empero, como aparece en algunos pasajes de sus cartas, que Arguedas se consideraba la representación de la mezcla cultural de la sociedad peruana; hecho que lo hacía responsable de contar, a través de su vida y escritos, aspectos ocultos de la historia del Perú. La construcción de sí mismo como personificación de la nación tiene sus raíces en sus memorias de niñez y también se refleja en su ser en tanto autor. Por esta razón, en la Parte I de este libro, analizaré cómo Arguedas construye, a través de sus cartas, diferentes perspectivas de su persona. A cada una de estas le dedicaré un capítulo: la evocación de sus recuerdos de infancia, su personificación de la nación y la proyección de su ser en tanto autor.

Como veremos, en la construcción epistolar de su persona, el escritor revela la estrategia comunicativa de presentarse como un puente entre la cultura de los Andes y la de la costa occidentalizada. Así, las cartas son sitios de invención, donde Arguedas produce una retórica única para presentarse a manera de vínculo.[10] Esta retórica de construcción de sí mismo implica tanto su capacidad como su propensión a tender puentes mediante sus cartas. Estos puentes de comunicación no solo conectan a la gente (andina y costeña) sino también relacionan a los textos entre sí, tanto epistolares como literarios.

---

9 Santiago Stucchi, "La depresión de José María Arguedas", *Revista de Neuro-Psiquiatría* 66, no. 3 (Sep. 2003): 171-84.

10 "En vez de continuar formando un trío de términos intercambiables con 'descubrimiento' y 'creación', 'invención' ha sido redefinida por muchos académicos para significar una perspectiva retórica única de composición que subsume concepciones tanto objetivistas como subjetivistas". Richard E. Young & Yameng Liu, ed., *Landmark Essays on Rhetorical Invention in Writing* (Davis, Calif.: Hermagoras Press, 1994), xiii.

CAPÍTULO 1

RECUERDOS DE INFANCIA

El uso de la memoria es un aspecto importante a tomar en cuenta en la construcción arguediana de sí mismo. En uno de los pocos artículos recientes acerca de la producción epistolar de Arguedas, Cecilia Esparza afirma que "la niñez constituye en la obra literaria, autobiográfica y antropológica de Arguedas un potente núcleo semántico",[1] —núcleo semántico que requiere más interpretación por parte de los académicos que se dedican al escritor. Como veremos, los recuerdos de infancia son uno de los temas recurrentes en las cartas de Arguedas. El escritor describe su niñez con ambigüedad, como recuerdos de felicidad y sufrimiento enraizados en un contexto cultural andino particular. Sus cartas nos muestran una de las facetas de su vida: el niño que fue protegido por los sirvientes indígenas. Por ejemplo, en una de sus últimas cartas a su hermano en 1969, dice:

> Cuando Nelly me hace cariño me siento como un niño; como cuando en la casa de doña Grimanesa me echaba a dormir en el regazo de doña Cayetana o contemplaba a José Delgado y a don Felipe Maywa o a Victor Pusa como a una especie de árboles misteriosamente protectores.[2]

Nelly era hermana de Arguedas y doña Cayetana la cocinera de doña Grimanesa, su madrastra. José Delgado, Felipe Maywa y Víctor Pusa tam-

---

1 Cecilia Esparza, "Un niño con ojos y oídos de adulto: autorrepresentación en la obra epistolar de José María Arguedas", en *Arguedas: la dinámica de los encuentros culturales* (Lima: Fondo Editorial de la Pontificia Universidad Católica del Perú, 2013), 70.

2 José María Arguedas, Santiago, Chile, a Arístides Arguedas, Caraz, 12 de mayo de 1969, en Carmen Maria Pinilla, ed., *Arguedas en familia: cartas de José María Arguedas a Arístides y Nelly Arguedas, a Rosa Pozo Navarro y Yolanda López Pozo* (Lima: PUCP, Fondo Editorial, 1999), 281.

bién trabajaban para su madrastra. El escritor sentía un afecto especial por doña Cayetana y por Felipe Maywa, quienes le dieron la ternura y protección de la que careció de niño. Arguedas los menciona varias veces en sus cartas y diarios, siempre de manera positiva, como si las memorias que tuviera de ellos fueran el único puerto seguro en una vida llena de desafíos. Es interesante observar la metáfora "árboles misteriosamente protectores" que usa para describirlos, pues no es inusual que introduzca palabras referidas a la naturaleza —árboles, ríos, pájaros, etc.— para expresar emociones que sobrepasan lo racional. Es probable que la estrecha relación con la naturaleza aprendida por el contacto con la gente andina le hubiera dado la capacidad de introducir elementos de ella como parte de su lenguaje cotidiano. La comparación que hace al referirse a ellos no es como si fueran un tipo de árboles. De hecho, estos "árboles" tienen algunos atributos: son "misteriosos" y "protectores". Transfiere así cualidades humanas a los árboles y viceversa. Esta puede ser una de las claves para entender la racionalidad arguediana. Por un lado, parece ser un observador separado del pueblo indígena, no parte de él; pero, por otro, el lenguaje que usa para describirlo lo integra consigo mismo mediante el vínculo de unión con la naturaleza. En este pasaje, es importante también resaltar que una experiencia afectiva en su edad adulta (la ternura de su hermana) desencadena en Arguedas los recuerdos de infancia, un tiempo en el que recibió el afecto de los sirvientes indígenas que lo rodeaban. Estos recuerdos son muy intensos y en sus cartas aparecen como determinantes de su posterior visión de mundo, especialmente en los momentos de desesperación, cuando las memorias infantiles le ofrecen un lugar seguro donde su angustia puede encontrar refugio. El fragmento de la carta citada pertenece a la correspondencia escrita desde Santiago de Chile, donde el escritor estaba tratando de recuperarse de sus dolencias mentales mientras terminaba la que sería su última novela.

Después del psicoanálisis freudiano surgieron numerosos enfoques teóricos con relación a la memoria, pero siempre queda en estos la influencia de Freud. Este consideraba las memorias de infancia como "recuerdos encubridores" y no verdaderos recuerdos, porque los sucesos infantiles se seleccionan por su relevancia; pueden ser distorsionados o incluso fantaseados.[3] Freud decía que "nuestros recuerdos infantiles muestran nuestros primeros años no como fueron sino como aparecieron

3 Lorna Martens, *The Promise of Memory. Childhood Recollection and its Objects in Literary Modernism* (Cambridge, Mass: Harvard University Press, 2011), 27.

en periodos posteriores cuando surgieron los recuerdos".[4] Por tanto, la teoría freudiana de los recuerdos encubridores hace que las memorias de niñez sean poco fiables. Así que, ¿hasta qué punto podemos confiar en los recuerdos de Arguedas quien, de manera continua, subraya, por un lado, el abandono y sufrimiento de su niñez y, por otro, su aprecio entusiasta del mundo andino en esos años? Además, deberíamos tomar en consideración que, en el caso de la correspondencia de Arguedas, los "recuerdos encubridores" pasaron también por un proceso de racionalidad implícita en el medio usado para expresarlos (la escritura) y por el hecho de que se estaba comunicando con una persona a la distancia. Estos factores pueden haber añadido otras variables en el proceso de seleccionar estos recuerdos para producir cierto efecto en sus destinatarios.

A continuación, un ejemplo de cómo la expresión de memorias infantiles describe su sentimiento de orfandad y cómo entonces se acercó al mundo andino:

> Tú sabes cómo ha sido nuestra vida, cómo por causas, algunas claras, mi permanencia en San Juan cuando era muy niño mientras tú estabas en Puquio con papá, por mi infantilismo y sentimiento de gran orfandad, tú eras fuerte de carácter, yo me arrimé a los indios e indias y aprendí de ellos todo o casi todo su maravilloso y casi indescriptible mundo. Yo canto como ellos, como ellos hablo, pero al mismo tiempo también sentí, desde Puquio hasta en todos los pueblos en que estuve con el viejo y en Lima, a la otra gente. Mis trabajos son la flor de esa vida, y de la de Viseca, donde aunque descalzos nunca fuimos infelices sino todo lo contrario.[5]

Después de la muerte de su madre, el padre de Arguedas se casó por segunda vez y toda la familia, incluida la nueva, fue a vivir a Puquio (un pequeño pueblo en Apurímac), donde el padre trabajaba como juez, hasta que decidió que solo se quedaría con el hijo mayor, Arístides, y envió al menor a San Juan (a la hacienda de su esposa, doña Grimanesa). José María, de alrededor de cinco años, vivió ahí con su madrastra y los hijos

4 "...our childhood memories show us our earliest years not as they were but as they appeared at later periods when the memories were aroused". Madelon Sprengnether, "Freud as Memoirist: A Reading of "Screen Memories", *American Imago* 69, no. 2 (Summer 2012): 215-39, p. 227. Para un ejemplo de la aplicación del concepto de autobiografía de autor, ver Diane Long Hoeveler, "Screen Memories and Fictionalized Autobiography: Mary Shelley's *Mathilda* and 'The Mourner'", en *Romantic Autobiography in England*, ed. Eugene Stelzig (Fanhram, Surrey, Inglaterra: Ashgate, 2009), 79-95.

5 José María Arguedas, Valparaíso, a Arístides Arguedas, Caraz, 18 de agosto de 1969, en Pinilla, ed., *Arguedas en familia*, 285.

de ésta. En San Juan, el niño tuvo la oportunidad de vivir entre indios y, como afirma, de conocer su cosmovisión. Sin embargo, fue también un tiempo difícil para él porque su hermanastro, doce años mayor que él, lo maltrataba. Mientras tanto el padre, al ser el único juez en la región, no solo trabajaba en Puquio, sino que viajaba constantemente. Esta situación hizo que José María se sintiese huérfano y este sentimiento de orfandad lo acompañó hasta su vida adulta, con el agravante de no poder, como adulto, recuperar el afecto indígena recibido de niño. A los diez años, escapando de los abusos de su hermanastro, fue a reunirse con su hermano Arístides en Viseca, una propiedad de su tío José Manuel Perea Arellano. Su estadía de dos años fueron los años más felices de su infancia. En la finca de su tío, los vecinos indígenas del pueblo no eran sirvientes como lo eran en la propiedad de su madrastra.[6]

Si analizamos con detalle el lenguaje de Arguedas en el pasaje anterior, resaltamos el uso de "nuestra vida" cuando escribe a su hermano y se refiere a la infancia de ambos. De esta manera, crea un vínculo de identificación con él, a pesar de que no compartieron todas las experiencias juntos. Una lectura del texto siguiendo a Burke sugeriría que Arguedas usa el posesivo "nuestra" para afirmar que está consustanciado con el hermano.[7] Sin embargo, también se diferencia de él porque Arístides vivió con el padre. El escritor se sitúa del lado de la servidumbre indígena que le ofreció protección.

A pesar de su sentimiento de orfandad, Arguedas mantuvo en su edad adulta memorias muy positivas de la cultura andina local que lo nutrió y donde estuvo empapado de un tipo diferente de aprendizaje que le permitió detectar las sutilezas de la naturaleza.[8] En el pasaje dice: "Yo canto como ellos, como ellos hablo". A pesar de que existe el riesgo de sobre-naturalizar lo indígena a expensas de la cultura —pues, como Keith

---

6 Todos los datos biográficos acerca de Arguedas provienen del informe de Carmen Pinilla, especialista en el escritor, presentado a la "Comisión Nacional por el Centenario del Natalicio de José María Arguedas del Ministerio de Educación" en el año 2010. http://www.congreso.gob.pe/comisiones/2010/CE_JMArguedas/biografia.pdf

7 Kenneth Burke señala que "Al estar identificado con B, A es 'sustancialmente uno' con una persona diferente a sí mismo. Sin embargo, al mismo tiempo sigue siendo único, un individuo locus de motivos. Así resulta tanto unido como separado, al mismo tiempo una sustancia diferente y consubstancial con otra". Kenneth Burke, *A Rhetoric of Motives* (Berkeley: University of California Press, 1969), 21.

8 Para comprender el proceso de creación del conocimiento indígena —en el cual la cosmovisión está en relación directa con la experiencia de la naturaleza— ver George J. Sefa Dei, Budd L. Hall & Dorothy Goldin Rosenberg, ed., *Indigenous Knowledges in Global Contexts: Multiple Readings of our World* (Toronto: OISE/UT & University of Toronto Press, 2000).

Lindner y George Stetson señalan "las esencializaciones de los argumentos naturales, desplegados desde hace mucho por regímenes coloniales y postcoloniales, todavía funcionan como representaciones del poder"—,[9] también es verdad que los pueblos andinos están de hecho más cerca a la mitología oral, a la comunicación sinestésica y a la naturaleza. En su razonamiento, Linder y Stetson citan a Bruce Braun que afirma: "ligar lo indígena a la naturaleza puede tener el efecto de borrar a la gente [indígena] de un golpe, o de simplemente juntarla con la categoría misma de naturaleza";[10] sin embargo, negar la relación que los pueblos indígenas han desarrollado con la naturaleza sería una simplificación excesiva y un menosprecio de su cultura. Precisamente, la posición de Arguedas es que él tuvo una experiencia temprana y profunda con la gente indígena, que le permitió experimentar el mundo en contacto más estrecho con la naturaleza. Por ejemplo, en la cita anterior dice: "Mis trabajos son la flor de esa vida, y de la de Viseca, donde aunque descalzos nunca fuimos infelices sino todo lo contrario". El uso de la palabra "flor" como de otras palabras relacionadas en sus cartas, muestra su familiaridad con el mundo natural. Este es, por supuesto, su testimonio, pero deberíamos tomar en cuenta que, en su tiempo, el escritor era una excepción. Hoy existen, sin embargo, varios casos de intelectuales peruanos de origen indígena que son capaces de entender mejor lo que Arguedas proponía en su tiempo y que dan un testimonio similar de la manera en que se encuentran más próximos a la naturaleza y a los mitos.[11]

La intensidad del lenguaje de Arguedas está matizada por el uso de lítotes de doble negación: "nunca fuimos infelices sino todo lo contrario" y sus imprecisiones acerca de lo que aprendió de los sirvientes indígenas: "aprendí de ellos todo o casi todo su maravilloso y casi indescriptible

9 "...the essentializations of nature-arguments, long deployed by colonial and post-colonial regimes, still function as enactments of power". Keith Lindner & George Stetson, "For Opacity: Nature, Difference and Indigeneity in Amazonia", *Topia: The Canadian Journal of Cultural Studies*, no. 21 (Spring 2009): 41-61 (cita en página 43). Bruce Braun, *The Intemperate Rainforest: Nature, Culture, and Power on Canada's West Coast* (Minneapolis: University of Minnesota Press, 2002).

10 "...tying indigeneity to nature can have the effect of erasing [indigenous] people altogether, or merely collapsing them into the category of nature itself". Ibíd., 42.

11 El 22 de mayo de 2014, asistí a una conferencia acerca de la literatura amazónica peruana en la Pontificia Universidad Católica del Perú, en la que participó Dina Ananco, una poeta de la etnia shipibo-wampis, con una licenciatura en Literatura de la Universidad Nacional de San Marcos. La poeta dijo que había tenido que adaptarse a vivir en Lima, pero que se sentía cómoda de hablar tanto en su lengua nativa como en español. No obstante, apuntó, que guardaba dentro de sí la cosmovisión que aprendió de niña, que incluye creer en seres mitológicos que viven en los ríos de la selva.

mundo". Lo que refleja su conciencia de que estaba compartiendo experiencias en un mundo que no era por entero el suyo, aunque sentía que pertenecía a él. Clifford Geertz afirma que:

> Vernos a nosotros mismos como los otros nos ven puede ser revelador. Ver a los otros como parte de una naturaleza que también es la propia constituye un hecho de la más elemental decencia. Sin embargo, con mucho, es más difícil lograr la proeza de vernos a nosotros mismos entre los otros como un ejemplo local más de las formas que localmente adopta la vida humana, un caso entre otros, un mundo entre otros mundos, que no la extensión de la mente, sin la que la objetividad es mera autocomplacencia y la tolerancia un fraude.[12]

Si los recuerdos infantiles de Arguedas que citamos antes son verdaderos, la afirmación de Geertz encajaría perfectamente con la interpretación de que Arguedas, cuando estaba entre sus amigos indígenas, se sentía uno de ellos y era capaz de percibir el mundo como ellos.

Finalmente, en el pasaje de la carta antes citada, Arguedas dice que después de irse de Puquio, el pequeño pueblo de su infancia, y de viajar por otras ciudades incluyendo Lima, pudo conocer "a la otra gente", es decir, otra diferente a la indígena. Es así que el escritor invierte la otredad usual de la que habla Johannes Fabian;[13] por tanto, podríamos preguntarnos, ¿en realidad a dónde sentía que pertenecía? Tal vez pertenecía allí, donde estaban sus afectos. De este modo, en su discurso epistolar Arguedas parece valorar más el mundo indígena y prefiere pertenecer a él. Puede también estar utilizándolo como marca de identidad para distinguirse de los peruanos de origen europeo y achacar la culpa de su malestar mental a ese mundo y su salvación de este al indígena. En cualquier caso, en sus recuerdos de niñez, como hemos visto, se identifica con el mundo andino y no acepta su posición de intruso. El escritor se siente uno de ellos; sin embargo, al no serlo ocupa la posición privilegiada entre dos mundos que le dio la posibilidad de comprender ambos y, más adelante, expresar esto en su obra literaria. Arguedas, entonces, propone un uso nuevo de "otredad", que se refiere a la distancia emocional de una cultura más que al hecho de pertenecer o no a esa cultura. El "otro" es, para el escritor, la persona que no está emocionalmente

12 Sobre el matiz atenuante de los lítotes, ver Ton van der Wouden, "Litotes and Downward Monotoncity", en *Negation: A Notion in Focus*, ed. Heinrich Wansing (Berlín: Walter de Gruyter, 1996), 150. Clifford Geertz, *Conocimiento local: ensayos sobre la interpretación de la cultura* (Barcelona: Paidós Ibérica, 1983), 16.

13 Johannes Fabian, *Time and the Other: How Anthropology Makes its Object* (NY: Columbia University Press, 2014).

conectada con él, aquella que ve el mundo de una manera diferente, en este caso, no indígena.

Otro concepto que podría ser útil para comprender la temprana identificación de Arguedas con la cultura andina es el concepto de ontología crítica, que implica "el proceso de reconectar a los seres humanos en una variedad de niveles y en las numerosas maneras de vida social y realidad física de un cosmos viviente".[14] Desarrollado por Joe L. Kincheloe, este concepto encaja mejor con culturas no occidentales como la andina. Por tanto, una explicación de esta nueva comprensión de "otredad" sería que, al vivir entre gente indígena, Arguedas aprendió una ontología crítica: una nueva forma de pensar diferente a la cartesiana, típica del pensamiento occidental.

Como se dijo antes, los recuerdos tempranos de Arguedas expresan no solo su conexión con la cultura andina, sino también las traumáticas experiencias de ese periodo. La ambivalencia de estas memorias es recurrente en sus cartas. Describirse como huérfano y compartir sus dolorosos recuerdos puede ser una manera de pedir empatía y comprensión por parte del lector. En una carta a su amigo Alejandro Ortiz en 1967, un año después de su primer intento de suicidio, el escritor resalta los fuertes sentimientos negativos de su infancia producidos por experiencias que no se mencionan de manera explícita en esta carta, pero que podríamos relacionar con el maltrato de su madrastra y de su hermanastro (experiencias de las que habló en un testimonio posterior).[15] Nuevamente aparece la ambivalencia:

> Tengo conflictos graves desde la infancia. No fueron nunca resueltos, desembocaron en un suicidio que se frustró, pero los conflictos no se resolvieron. Fuiste, en tu propia casa, testigo de la feroz pelea interna que liberé antes de tomar esas píldoras. No puedo estar seguro qué va a pasar después. Y nadie tiene la culpa sino las circunstancias en que pasé mi infancia. Me fortaleció mucho por unos días el saber de manera tan inequívoca que en ti ha quedado algo muy prometedor, muy bello, la felicidad como fuente de trabajo, ha quedado o se ha

14 "...the process of reconnecting human beings on a variety of levels and in numerous ways to a living social and physical web of reality to a living cosmos". Joe L. Kincheloe, "Postformalism and Critical Ontology—Part 1: Difference, Indigenous Knowledge, and Cognition", en *The Praeger Handbook of Education and Psychology*, vol. 4, ed. Joe L. Kincheloe & Raymond A. Horn, Jr. (Westport, CT: Praeger, 2007), 884-91. Cita en pág. 886.

15 *Primer Encuentro de Narradores Peruanos, Arequipa, 1965* (Lima: Casa de la Cultura, 1969).

> suscitado en ti ese estado excelente en parte como resultado de tu amistad conmigo.[16]

Aunque el intento de suicidio no es explícito en la cita ("Fuiste, en tu propia casa, testigo de la feroz pelea interna que liberé antes de tomar esas píldoras"), ocurrió en abril de 1966. Arguedas fue encontrando casi muerto en su oficina de Museo Nacional de Historia; había tomado 37 pastillas de Seconal, un barbitúrico.[17] Los "conflictos" que menciona aquí probablemente se refieren a los traumas que vivió cuando su hermanastro lo obligaba a presenciar cómo violaba a mujeres que eran vecinas y madres de los amigos de José María. Este hecho, que menciona varias veces, marcó de forma negativa su joven psique para el resto de su vida.[18] Tenía entonces entre seis y nueve años de edad. Estos traumas de niñez probablemente alimentaron su angustia, la cual junto a otros factores lo llevaron al suicidio.

No todo es negativo en este fragmento de la carta a su amigo Ortiz Rescaniere. Se mantiene la ambivalencia entre los sentimientos negativos y los positivos. Aquí también se describe como una persona capaz de expresar a un amigo felicidad y su aprecio por la belleza. Estos sentimientos parecen ser un consuelo: "Me fortaleció mucho por unos días el saber...". Considerando que intentó suicidarse justo un año antes de escribir esta carta, era seguramente alentador ver que podía ser útil como mentor de su joven amigo. En términos retóricos, transforma la tragedia de su suicidio frustrado en un incentivo para que el joven se embarcara en un proceso creativo.

La ambivalente descripción de sus recuerdos de niñez se repite en otras cartas, tal como la siguiente de 1965 a su amigo, el antropólogo estadounidense John Murra:[19]

16 José María Arguedas, Lima, Perú a Alejandro Ortiz Rescaniere, París, Francia, 2 de diciembre de 1967, en Alejandro Ortiz Rescaniere, ed., *José María Arguedas, recuerdos de una amistad* (Lima: Fondo Editorial de la Pontificia Universidad Católica del Perú, 1996), 242.

17 Ver la carta de José María Arguedas a su hermano Arístides, 10 de abril de 1966, en Pinilla, ed., *Arguedas en familia*, 268.

18 *Primer Encuentro de Narradores Peruanos, Arequipa, 1965.*

19 John Victor Murra nació en 1916, en Odesa, Ucrania, pero creció en Bucarest desde que su familia se trasladara a Rumania, a raíz de la Revolución Rusa en 1917. Murió en su hogar de Nueva York, el 16 de octubre de 2006, a los 90 años. Estudió en la Universidad de Chicago, donde sus padres lo mandaron en 1934, atemorizados por su radicalización política. En 1936 se enlistó como voluntario en la guerra civil española donde fue traductor gracias a los muchos idiomas que hablaba (ruso, rumano, francés, inglés y alemán) y aprendió español muy fácilmente. Estuvo en España hasta 1939 y cuando Stalin y Hitler firman el pacto de no agresión, se desilusiona

He padecido en estos dos últimos meses una aguda crisis de mi dolencia nerviosa que viene de antiguo. Tuve una niñez y una adolescencia bárbaras, oscilando entre la ternura infinita de gente que sufría (los sirvientes quechuas de mi madrastra) que me protegieron, la ternura de mi padre muy o algo controlada por su antiguo concepto de la autoridad paternal y la brutalidad de un hermanastro y una madrastra, especialmente mi hermanastro que era un verdadero monstruo de egoísmo y maldad. Dominaba al pueblo y lo castigaba por placer. Pero en ninguna parte encontré durante la infancia la protección verdadera para recibir armoniosamente el despertar deslumbrante y terrible ante el mundo, y en mi adolescencia estuve solo.[20]

Aquí vemos que Arguedas subraya el sufrimiento de su infancia, pero también la ternura y sabiduría que recibió de los sirvientes y de su padre, su principal referente y modelo a seguir. Pero la ausencia paternal era casi permanente; al ser un juez itinerante que iba de pueblo en pueblo, el padre no pudo satisfacer la necesidad de afecto de José María. Y aunque cuando niño se sentía protegido, esta protección no fue suficiente "para recibir armoniosamente el despertar deslumbrante y terrible ante el mundo", en este caso el occidental. Le fue difícil borrar de su memoria los sufrimientos, sobre todo a manos de su hermanastro, al extremo que califica su niñez y adolescencia de "bárbaras", no en el sentido de excesivo *(un desplante bárbaro)* o de magnífico *(El orador estuvo bárbaro)* sino en la acepción de *fiero, cruel (su bárbaro vecino lo golpeó).* Como inmediatamente habla de la "brutalidad de un hermanastro y una madrastra", asumimos entonces que Arguedas podría haber escrito: "Tuve una niñez y una adolescencia *en manos de bárbaros*". Frente a este hecho, desafortunada-

del partido comunista y cambia su nombre original Isak Lipschitz el que utilizó el resto de su vida. Murra era su apodo en rumano y quiso tener un nombre común en inglés, de ahí John. Aunque en 1946 se le rechazó la ciudadanía estadounidense sobre la base de que había luchado con el ejército republicano español, logró la ciudadanía después. Durante la Segunda Guerra Mundial viajó por primera vez a Ecuador y conoció lo que sería el trabajo de su vida: el mundo andino. En 1955, defendió su tesis titulada *La organización económica del estado inca.* Murra fue conocido por sus contribuciones en antropología histórica, en particular en estudios andinos. Viajero infatigable, pasó muchos años en América Latina. En 1964 se fundó el Instituto de Estudios Peruanos y Murra fue uno de los cofundadores. En 1966 Arguedas le dedicó a Murra y Carlos Cueto Fernandini uno de sus poemas: "Llamado a algunos doctores". Olivia Harris, "John Victor Murra: antropólogo e historiador de los Andes", en *Íconos* 27 (2007), 164-166.

http://www.flacso.org.ec/docs/i27murra.pdf

20 José María Arguedas, Lima, a John Murra, [Poughkeepsie, NY] Estados Unidos, 12 de noviembre de 1961, en *Las cartas de Arguedas*, John V. Murra y Mercedes López-Baralt, eds. (Lima: Pontificia Universidad Católica del Perú, Fondo Editorial, 1998), 64.

mente la mencionada protección o la ternura de su padre no le ofrecieron la seguridad que necesitaba para afrontar los desafíos de su vida adulta.

En medio de su orfandad, Arguedas pudo comprender el sufrimiento indígena. Resalto aquí la expresión implícita "en manos de bárbaros" para considerar que lo que el escritor está haciendo es desplazar retóricamente el lugar del "otro". Después de todo, durante el siglo XVIII, en tiempos coloniales, la "pintura de castas" representaba las diferentes mezclas de razas en los virreinatos de Nueva España y Perú. Algunas de estas pinturas mostraban a los "indios bárbaros".[21] La inversión retórica consistiría en considerar ya no a los indios como fieros y crueles, sino a su hermanastro y madrastra.

Al dejar atrás su infancia, Arguedas se volvió todavía más solitario y se disoció del mundo occidental. Podemos ver esto al final de la cita cuando dice "en mi adolescencia estuve solo" (se trasladó a Ica, una ciudad costeña, cuando era adolescente y pudo haber sentido el rechazo de los otros estudiantes por ser serrano). Cuando era niño al menos tuvo la compañía y protección de las sirvientas y de los pongos que lo rodeaban; que también sufrían como él aunque de manera diferente. Su hermanastro era un patrón brutal que trataba a sus sirvientes indígenas injustamente, así como maltrataba también a José María haciendo que el niño se identificara con ellos por el sufrimiento compartido. En todo caso, tuvo el consuelo de la gente que estaba más cerca de él y que sufría como él. Como adulto se volvió más consciente de la injusticia social perpetrada contra los pueblos indígenas de la que había sido testigo de niño. Al ver la conducta de su hermanastro, José María —probablemente sin ser consciente de ello— presenciaba también la recreación de la colonia, que dio todo el poder a los españoles, los cuales en tanto dueños de la tierra oprimían al pueblo indígena. Murra, luchador antifascista en la guerra civil española y admirador de las culturas andinas, seguramente se solidarizó con los que todavía sufrían opresión.

Arguedas de adulto no encontró a nadie que lo consolara. En una carta de 1962 dirigida a Pedro Lastra, su amigo y editor, le cuenta cómo la injusticia social quebró su ánimo:

> El Perú es país tan bello, tan profundo como cruel, en estos tiempos. Esta lucha bárbara me estimulaba antes, me inspiraba: pero luego de

21 Anne Ebert, "La representación de las Américas coloniales en los cuadros de castas", *Scientia* X, 10. http://www.urp.edu.pe/urp/modules/centros/centroinvestigacion/humanidades/anneebert.pdf

> unos problemas psíquicos muy duros que no pude vencer, empecé a deprimirme y lo que antes me impulsaba hoy me desalienta. No en el sentido de hacerme perder la fe sino biológicamente. La atroz niñez y adolescencia que tuve crearon en mí ciertos principios perturbadores que se desarrollaron cuando mi vitalidad fue fuertemente abatida por graves problemas personales.[22]

A pesar de que habían pasado más de cuarenta años de haber sido testigo del maltrato que recibían sirvientes y pongos en las haciendas, la opresión y la injusticia contra los serranos continuaban en el Perú de los años 1960. Justo en esa década, empero, se empezaron a dar las primeras rebeliones indígenas en algunas partes del país. La más famosa fue la de La Convención, Cuzco, liderada por el trotskista Hugo Blanco en 1962, que fue encarcelado y luego pasó al exilio en México durante el gobierno militar de Velasco Alvarado. Fue durante este gobierno que, en 1969, se decretó finalmente la Reforma Agraria, que permitió a los campesinos indígenas ser dueños de sus propias tierras. Cuando Arguedas escribió esta carta, en febrero de 1962, todavía no se había dado la rebelión de La Convención y estaba abrumado por el sufrimiento de esta gente, por lo que viajar a Chile fue un alivio para él. Aunque no se ve en el pasaje, en otra parte de la carta le dice a Lastra que le gustaría quedarse en Chile porque no hay en el país el resentimiento de la gente ni el desprecio de las clases aristocráticas y adineradas hacia los indios. En entrevista con Pedro Lastra,[23] me dijo que Arguedas había idealizado Chile, probablemente porque encontró allí el apoyo de su psicoanalista y de un grupo de amigos con quienes compartía ideales y fueron un pozo de afecto para él mientras estaba alejado de la realidad peruana. Mencionamos, sin embargo, que en Chile los mapuches continúan siendo oprimidos. En todo caso se entiende que el escritor hubiese estado más familiarizado con la situación de su propio país, y que Chile le ofreciese un refugio para recobrarse de sus males y escribir. Aunque no explica los problemas que tuvo a consecuencia de los traumas de su infancia, podemos asumir que se refiere a su estado psicológico.

Es interesante apuntar que, en la anterior cita, el escritor describe el Perú como un país bello y cruel al mismo tiempo. Las experiencias contradictorias de su infancia le impidieron hallar la protección y la seguri-

22 José María Arguedas, Lima, a Pedro Lastra, Santiago de Chile, 8 de febrero de 1962, en Edgar O'Hara, ed., *Cartas de José María Arguedas a Pedro Lastra* (Santiago de Chile: LOM Ediciones, 1997), 16.

23 Pedro Lastra, entrevista de la autora, Lima, 25 de abril de 2014.

dad necesarias "para recibir armoniosamente el despertar deslumbrante y terrible ante el mundo"; en cambio estas marcaron no solo su comprensión del país sino de sí mismo. Arguedas se describe —al igual que al Perú— plagado de ambigüedades y contradicciones.

Hay también ambivalencia en sus memorias cuando considera que las adversas circunstancias de su niñez le dieron la oportunidad de estar cerca a la genta andina. Como le dice a John Murra en otra carta:

> Estoy contento de mi trabajo. Amo a mi país, lo admiro, tengo una fe ilimitada en él, y tuve la milagrosa oportunidad de que en mi niñez mi madrastra me arrojara a vivir en la cocina con los peones y sirvientas indias. Ellos fundaron inextinguiblemente la ternura con que veo el mundo.[24]

Siguiendo a Kenneth Burke, que considera "el uso del lenguaje como un acto de nombrar: un hablante identifica aspectos de la experiencia a través del lenguaje",[25] podríamos decir que, en esta carta, Arguedas, transforma el abuso recibido en su infancia en una "oportunidad" —sugiriendo que tuvo una opción, cuando en realidad no fue así.

Cada vez que Arguedas se sentía cómodo en una atmósfera similar a la de su infancia, podía rememorar los recuerdos gratos de esa época. En el siguiente pasaje de una carta a John Murra, podemos ver cómo las buenas memorias de crecer en los Andes afloraban una y otra vez, haciendo que fuera más productivo en su escritura:

> Me felicito de haberlo tratado, aunque brevemente, y de haberlo escuchado durante el Seminario. Constituye un recuerdo orientador y fortalecedor, especialmente durante estos meses en que estuve abrumado por la angustia y la falta de energías. Pero como Ud. bien sabe, la psicología humana tiene sus misterios, felizmente todavía imprevisibles. En Huánuco volvía a sentirme en el ambiente de mi niñez y de mi adolescencia y escribí esas 220 páginas en cuatro semanas. Ahora ya no estoy seguro de que sean tan buenas. Durante la primera corrección de los originales ya copiados a máquina me pareció que eran hasta excelentes.[26]

---

24 José María Arguedas, Lima, a John Murra, [Poughkeepsie, NY], 28 de septiembre de 1960, en John V. Murra y Mercedes López-Baralt, eds., *Las cartas de Arguedas*, 46.

25 "...the use of language as an act of naming: a speaker identifies aspects of experience through language". Gregory Hansen, "Kenneth Burke's Rhetorical Theory within the Construction of the Ethnography of Speaking", *Folklore Forum* 27, 1 (1996): 50-59.

26 José María Arguedas, Lima, a John Murra, [Poughkeepsie, NY], 21 de noviembre de 1960, en Murra y López-Baralt, eds., *Las cartas de Arguedas*, 49.

Como podemos ver, Arguedas relacionaba su niñez no solo con la oportunidad de conocer el mundo andino sino también con un tiempo de felicidad. Como adulto, le bastaba viajar a las montañas (en este caso Huánuco) para conectarse otra vez con esa ternura y sentir que tenía la energía necesaria para trabajar con entusiasmo, a pesar de que al final prevaleciera su afán de perfección o quizás su inseguridad. Podría ser confuso que en este pasaje se refiera a la adolescencia de manera positiva cuando en otras partes habla de su soledad; sin embargo, al igual que sus memorias de niñez, Arguedas recordaba positivamente experiencias que tuvo de adolescente, porque en las vacaciones escolares viajaba nuevamente a la finca de su tío. Ahí podía deambular con libertad y leer los libros de su tío, entre ellos, *Los miserables* de Victor Hugo. No es sorprendente entonces que incluyera explicaciones detalladas a sus amigos acerca del progreso en la escritura de su novela (*El Sexto*). Arguedas les contaba a familiares y amistades acerca de sus novelas porque eran una parte importante de su vida. Como veremos en el Capítulo 3, en sus cartas, Arguedas se describe a sí mismo en tanto autor.

Fue también durante su niñez que Arguedas sintió, por primera vez, su habitar entre dos mundos, inseguro y perplejo ante la injusticia de la sociedad peruana. En una carta a Enrique Congrains, un joven escritor y discípulo, le dice:

> Fui un niño y un adolescente muy sensible, a tal punto que no he dejado de ser ni el uno ni el otro. Escribí porque deseaba dar testimonio del mundo que tan intensamente conocía: un mundo injusto, de atroz crueldad. Como me crié entre sirvientes indios semiesclavos y tuve la fortuna de alternar con comuneros semilibres pero fuertes, la naturaleza de esas gentes a las que amé y amo con todas mis fuerzas, porque ellos también me amaron así, la naturaleza de esas gentes me conformó y soy incapaz de entender bien y menos de concebir ciertas sutilezas.[27]

Resaltamos en esta cita importantes elementos. Primero, Arguedas se describe como un adulto con el espíritu de un niño o adolescente ("no he dejado de ser ni el uno ni el otro"); segundo, dice que como el niño sensible que fue, estaba consciente de la injusticia social que sufrían los indios, algunos de ellos "semiesclavos" y sirvientes, otros comuneros semilibres;

27 José María Arguedas, Lima, a Enrique Congrains, Caracas, 21 de febrero de 1959, en Carmen María Pinilla, ed. *Apuntes inéditos: Celia y Alicia en la vida de José María Arguedas* (Lima: Pontificia Universidad Católica del Perú, Fondo Editorial, 2007), 249.

y tercero, estas vivencias compartidas con los que sufrían lo hicieron "incapaz [...] de concebir ciertas sutilezas". No dice exactamente a qué se refiere con "sutilezas", pero en lamisma carta da un ejemplo diciendo que era incapaz de entender el *Ulises*, la novela de James Joyce. No es la única vez que Arguedas rechaza lo que pareciera demasiado sofisticado o abstracto para él, puesto que su punto de referencia principal para entender la realidad y la literatura era la experiencia. Por esta razón, en otros momentos, se enorgullece de haber superado los desafíos para comprender la complejidad de la sociedad peruana, y entender el mundo y la conexión que tenemos con los demás seres. En su última novela, *El zorro de arriba y el zorro de abajo,* esta conexión se expresa en toda su complejidad.[28]

Dado que los recuerdos de Arguedas aparecen constantemente en sus cartas, deberíamos preguntarnos cómo se formaron y se conservaron vivos. La psicología moderna ha explorado cuáles son los sucesos que mejor se recuerdan. En el siglo XIX, el psicólogo experimental Hermann Ebbinghaus demostró que la repetición mejora la memoria; la investigación más reciente muestra también que los sucesos emocionalmente significativos crean también recuerdos fuertes y duraderos.[29] Este podría ser el caso de Arguedas y otros escritores para quienes la memoria juega un rol importante en su escritura. Estudiando los textos de Proust, Martens descubre que al recobrar el pasado a través de recuerdos involuntarios, se tiende a rememorar una sensación pasada "que entonces funciona como una metonimia, en tanto trae otros elementos de la escena pasada a lo recordado gratificante".[30] Esto es notorio en la carta que mencionamos al comienzo del capítulo: Arguedas recuerda gratos momentos de su infancia justo cuando su hermana lo acaricia. Este mecanismo de activación de la memoria se da también en su creación literaria. En su novela más exitosa, *Los ríos profundos*, el escritor usa a un niño protagonista como alter ego que relata ficcionalmente muchas historias que José María vivió en su niñez. Martens menciona también la importancia de los objetos en los recuerdos de niñez: "Algunos objetos suponen emoción: objetos atesorados que son importantes para los niños... [porque] el niño deriva de ellos

28 Ver, por ejemplo, el famoso pasaje de los diarios de Arguedas donde dice que habló con un árbol. José María Arguedas, *El zorro de arriba y el zorro de abajo.* (Lima: Editorial Horizonte, 2001), 171.

29 Lorna Martens, *The Promise of Memory*, 29. Hermann Ebbinghaus, *Memory: A Contribution to Experimental Psychology*, tr. Henry A. Ruger & Clara E. Bussenius (NY: Columbia University Teachers College, 1913), cap. 6.

30 "...which then functions like a metonymy, inasmuch as it brings back other elements of the past scene to the gratified remembered". Ibíd., 77.

apoyo, de objetos personales que están bajo su control."[31] En *Los ríos profundos*, Arguedas otorga poderes mágicos al "zumbayllu", una especie de trompo, cargado de muchos recuerdos sensoriales. Cuando este aparece en la novela, el protagonista experimenta recuerdos emotivos.[32] Hay otros ejemplos en la literatura de objetos preciados por un niño, como el tambor de hojalata, de la novela del mismo nombre de Gunter Grass (1959), donde el protagonista lo recibe como regalo en su tercer cumpleaños, y que juega un rol nemotécnico en todo el libro.[33]

Analizar los recuerdos en la escritura implica también considerar el lenguaje de la narrativa. Nelson afirma que "ambos psicólogos (Bruner y Neisser) y sociolingüistas (Chafe y Linde) han sostenido que un relato coherente de un suceso pasado contiene más que la versión secuencial de lo sucedido. Una narrativa completa debe ubicar el suceso en un contexto, dando información acerca de cuándo y dónde ocurrió para orientar al oyente, y una buena narrativa debe también dar información evaluadora, es decir, información que transmita el significado y la trascendencia del suceso".[34] La narrativa arguediana se enraíza en la cultura andina, donde se acerca no solo a la naturaleza sino a la gente de la región, aquellos que lo influenciaron personalmente y en su obra creativa. Un ejemplo de la importancia del contexto en su narrativa es la carta que escribió a su hermano en 1969. Dice así:

> Ese viaje que hicimos al Cuzco y Abancay y las haciendas del Viejo. La bárbara forma en que nos trataban en casa de la madrastra; mi aproximación tan entrañable a los indios en todo ese tiempo, todo eso formó la base, el material incomparable de mis trabajos. Nuestros

31 "Some objects involve emotion: treasured objects are important to children ... [because] the child derives support from things, from personal possessions that are under his or her control". Ibíd., 207.

32 José María Arguedas, *Los ríos profundos* (Madrid: Cátedra, 1995), 239.

33 A continuación, un pasaje de *El tambor de hojalata:* "...y dejé luego caer, como casualmente, uno de los palillos sobre la lámina ¡ay! y la lámina respondió; y ya el segundo palillo atacaba a su vez; y empecé a tocar observando el orden: en el principio fue el principio. Y la mariposa entre las bombillas anunció sobre el tambor mi nacimiento; luego la escalera de la bodega con sus diecinueve peldaños y mi caída de la misma, mientras los demás celebraban mi tercer aniversario". Gunter Grass, *El tambor de hojalata* (Barcelona: Círculo de Lectores, 1997). 527-528.

34 "...both psychologists (Bruner and Neisser) and sociolinguists (Chafe and Linde) have argued that a coherent account of a past event contains more than the sequential rendering of what occurred. A full narrative must place the event in context, providing information about when and where the event occurred to orient the listener, and a good narrative must also provide evaluative information, that is, information that conveys the meaning and significance of the event". Katherine Nelson, "The Emergence of Autobiographical Memory: A Social Cultural Developmental Theory", *Psychological Review* 111 (2004): 494.

> ríos y precipicios, esos personajes sin paralelo que son los vecinos, mestizos, chalos y comuneros...[35]

Este recuerdo de infancia, en especial el viaje al Cuzco, le sirvió de peldaño para escribir el primer capítulo de *Los ríos profundos*, donde describe la impresión que le causó esta ciudad cuando llegó la primera vez. Esta experiencia fue mágica para José María porque se sintió intensamente conectado a sus piedras incas.[36] Es probable que Cuzco sea la mezcla más paradigmática de arquitectura colonial e inca en el Perú. Las majestuosas piedras incas son símbolo de la resistencia de la cultura andina después de la colonia. Incapaces de quitar por completo las piedras de la ciudad inca, los españoles decidieron usarlas como cimientos de sus propias construcciones; en la plaza principal de la parte antigua de Cuzco podemos ver que casi todos los edificios son mitad inca y mitad españoles, y las estrechas calles de la ciudad están hechas con piedras. Todos los viajeros que llegan a Cuzco sienten su energía; yo misma he sentido su magnetismo.

Arguedas menciona también en este pasaje que le impresionó la gente que encontró en ese viaje, no solo los indios sino los mestizos y chalos de la costa. Debemos mencionar aquí que el escritor no sentía que pertenecía a ninguno de estos grupos. Como hemos visto en otras citas, a pesar de no ser uno de ellos, se identificaba con la gente indígena. En términos geográficos, el escritor era de los Andes, no de la costa; pero, racialmente era más "blanco" que "mestizo". En todo caso, no descubrí en sus cartas ningún autorretrato explícito relacionado a la conciencia de pertenecer a un grupo social específico. Parece que más allá de su identificación emocional con el indio, se sentía cómodo en su posición intermedia. En el discurso que dio al recibir el premio Garcilaso de la Vega en 1968, afirmó que no era un aculturado, sino más bien, dijo, "yo soy un peruano que orgullosamente, como un demonio feliz habla en cristiano y en indio, en español y en quechua".[37] En esta descripción de sí mismo muestra su cercanía a la cultura indígena oral. De hecho, el escritor estaba familiarizado

35 José María Arguedas, Santiago, Chile, a Arístides Arguedas, Caraz, Perú, 12 de mayo de 1969, en Pinilla, ed., *Arguedas en familia*, 280.

36 "Caminé frente al muro, piedra tras piedra. Me alejaba unos pasos, lo contemplaba y volvía a acercarme. Toqué las piedras con mis manos, seguí la línea ondulante, imprevisible, como la de los ríos, en que se juntan los bloques de roca. En la oscura calle, en el silencio, el muro parecía vivo, sobre la palma de mis manos llameaba la juntura de las piedras que había tocado. José María Arguedas, *Los ríos profundos* (Madrid: Cátedra, 1995), 143.

37 José María Arguedas, "Yo no soy un aculturado", en Arguedas, *El zorro de arriba y el zorro de abajo* (Lima: Editorial Horizonte, 2011), 13.

con la palabra *demonio* por las historias que escuchó de niño y que luego recopiló como antropólogo y maestro. Por ejemplo, uno de los relatos orales que recogió en la región central región del Perú es "El lago encantado", que cuenta la historia de un demonio que vive en un lago:

> Las personas de este lugar tienen el temor de acercarse después de las seis de la tarde porque creen que puede salir un demonio con una cola larga que bordea en pos de una persona para desaparecerlo en el fondo de sus aguas y volverlos en peces con cabeza de lechuza.[38]

La palabra *demonio* implica también el estar entre los dioses y el mundo material, como se describe en la novela *Daimón* de Abel Posse, en especial en relación con su personaje principal, Lope de Aguirre.[39] Podríamos pensar que esta alteridad era la manera que tenía Arguedas de lidiar con el estado disociativo producto de su traumática infancia, pero más allá de los motivos psicológicos de la construcción de sí mismo, deberíamos enfocarnos en lo que implica esta representación para comprender la cultura peruana. Al erigirse como puente intercultural en su sociedad, el escritor hace posible (para él y los peruanos) imaginar una sociedad capaz de resolver sus diferencias.

La memoria autobiográfica es parte importante de las cartas objeto de este estudio y nos permite comprender la construcción de sí mismo por parte del escritor. Como dicen Dorthe Berntsen y David Rubin en la introducción de su libro *Understanding Autobiographical Memory* [Comprender la memoria autobiográfica]: "La habilidad de comprender acontecimientos personales está al centro de lo que define a un individuo como persona con obligaciones, roles y compromisos en una sociedad dada. Nos permite aprender lecciones de nuestro pasado y planificar nuestro futuro personal. Nos ayuda a orientarnos y participar en comunidades sociales complejas. La memoria autobiográfica es por tanto crucial para un sentido de identidad, continuidad y dirección en la vida".[40] Arguedas perdió a su madre cuando tenía tres años. De acuerdo a lo que dice en

38 *Archivo etnográfico José María Arguedas. Recopilaciones de folclore a cargo de docentes del Ministerio de Educación.* Región Junín. Libro Junín 2. Departamento de Junín (Huancayo y Tarma). Comisión del Centenario del Natalicio de José María Arguedas.

39 Abel Posse, *Daimón* (Barcelona: Argos, 1978).

40 "The ability to remember personal events is at the heart of what defines an individual as a person with obligations, roles, and commitments in a given society. It enables us to draw lessons from our past and plan our personal future. It helps us to orientate and participate in complex social communities. Autobiographical memory is therefore crucial for a sense of identity, continuity, and direction in life". Dorthe Berntsen & David C. Ruben, *Understanding Autobiographical Memory* (NY: Cambridge University Press, 2012), 1.

sus cartas, este fue un hecho determinante en su vida y personalidad, y es probable que haya jugado un rol en la ansiedad y depresión que sufrió toda su vida. El 31 de enero de 1944, escribe a su hermano:

> ¿Te acuerdas que de niño me daban unos horribles espantos nocturnos? Nuestro padre tenía que levantarse y sacarme al corredor; miraba al cielo, respiraba el aire frío, y me calmaba. Después ya en el Colegio, padecí de algunas crisis: era una especie de repentino temor a la muerte: una vez me fui hasta donde nuestro viejo, otra donde nuestro tío Pepe.[41]

En este pasaje, Arguedas se presenta como un niño con una enorme necesidad de protección. La falta de afecto familiar que le generaba tal ansiedad será una marca que lo acompañará en su vida adulta. Como confirman los testimonios de parientes y amigos, la calidez del escritor es, al mismo tiempo, una demanda de amor. Analizaremos con más detalle este rasgo contradictorio en Arguedas (falta/dación/demanda de amor) en el segundo capítulo.

La construcción de sí mismo en estas cartas podría ser interpretada, hasta cierto punto, como artificial, al resaltar las facetas que él desea que la gente recuerde. No quiere que la representación de su vida sufra ninguna distorsión en relación con sus memorias, es decir, de lo que él mismo recuerda. Es por eso que, en su última carta, le dice a su hermano:

> Yo ya no puedo más. No duermo. No leo. No puedo hablar bien ni escribir. Quizá los periodistas y estudiosos te busquen. Recuerda nuestra vida y diles cómo yo viví un poco distinto que tú, primero con la madrastra y después con nuestro viejo. Estuvimos juntos en Viseca y en Lima. No me lloren. Hice más de lo que de mí se podía esperar. [...] Hermano: viví limpiamente como son en su alma nuestros runas y lo fue nuestro humilde y orgulloso padre. Ayúdame en cuanto a que no se tergiverse mi vida o se le calumnie. Te ama y más en esta hora.[42]

Aquí podemos notar la conciencia de Arguedas de su propio rol en la historia cultural del Perú. Reconoce su responsabilidad de representar de manera adecuada a "nuestros runas"; por eso resalta que ha vivido "limpiamente" como ellos, transparentes y honestos, diferentes a la gente de la costa peruana. Gustavo Gutiérrez interpreta el uso de "limpiamen-

---

41 José María Arguedas, Lima, a Arístides Arguedas, Caraz, 31 de enero de 1944, en Pinilla, ed., *Arguedas en familia*, 172.

42 José María Arguedas, Lima, a Arístides Arguedas, Caraz, 28 de agosto de 1969, en Pinilla, ed., *Arguedas en familia*, 287.

te" en este pasaje como asociado a la identidad nacional. Todo lo "sucio" provendría de afuera, como una fuerza alienadora. Para el escritor, tener el alma limpia equivaldría a mantener la identidad cultural.[43] Arguedas usa la palabra quechua "runas" para referirse a la gente andina entre la que creció y no ningún equivalente en español. De esta manera crea un puente con el lenguaje, ejemplo de lo que hizo toda su vida, para conectar culturas y pueblos de la sierra y costa peruanas.

Resumiendo, los recuerdos infantiles de sus cartas revelan sentimientos ambivalentes de sufrimiento y ternura, con un énfasis en la necesidad de protección, en la identificación con la cosmovisión andina y en la creación de un nuevo sentido de "otredad", más relacionada con las emociones que con la cultura en sí. A medida que construye su propio pasado, Arguedas hace uso de la alteridad, producto de sus traumas de infancia y de las experiencias atenuadoras de su sufrimiento con los sirvientes indígenas, para erigirse como actor fundamental en la vinculación cultural de su país.

43 Gustavo Gutiérrez, *Entre las calandrias: un ensayo sobre José María Arguedas* (Lima: Biblioteca Nacional del Perú, 2014), 57.

CAPÍTULO 2

LA PERSONIFICACIÓN DE LA NACIÓN

En este capítulo exploraré cómo Arguedas se erigió como representante de la nación peruana, no solo de la región andina sino de todo el país. Como veremos, en sus cartas aparecen ideologías que hicieron mella en él y figuras literarias importantes, tales como César Vallejo y José Carlos Mariátegui, ambos profundamente involucrados en entender el país. Entre los escritores extranjeros que lo influenciaron destaca Walt Whitman (1819-1892), cuya poesía refleja también una identificación con su propio país, los Estados Unidos.

Encontramos coincidencias entre el acercamiento de Arguedas al concepto de nación y la tradición literaria del siglo XIX que influenció a Walt Whitman. En el siglo XIX los siguientes autores intentaron ser o fueron proclamados como bardos nacionales: Robert Burns, Walter Scott, Thomas Moore o Goethe —o si vamos más atrás, Dante Alighieri y Cervantes. En su libro sobre música folk y pop en la cultura americana, Gene Bluestein dedica un capítulo al estudio de Johann Gottfried von Herder y su ideología sobre el folclore. En oposición a las ideas de la Ilustración, Herder tenía una idea crítica del progreso y consideraba importante el renacimiento de los mitos y la cultura popular para comprender una nación. "Herder creía que la literatura formal tenía que estar basada en los logros creativos de su pueblo, sin considerar cuán burdos resultaran sus materiales para la sociedad sofisticada".[1] Sus ideas tuvieron gran influencia en la metodología antropológica y la literatura del siglo XIX. Bluestein

1 "Herder believed that a nation's formal literature needed to be based on the creative accomplishments of its folk, regardless of how crude that body of materials may seem to sophisticated society". Gene Bluestein, *Poplore Folk and Pop in American Culture* (Boston: University of Massachusetts Press, 1994), 33.

afirma que "Herder trató de reemplazar una filosofía mecanicista con una perspectiva orgánica que resaltaba la interacción de cuerpo y alma, materia y mente, y en última instancia, individuo y sociedad".[2] Walt Whitman heredó la tradición de los escritores románticos que personificaron la nación recobrando su cultura popular. La identificación de Arguedas con su poesía es signo de que también seguía la misma senda de rescatar a la nación a través de sus mitos y folclore.

La poesía órfica, tal como la analiza R.A. Yoder, también nos da luces sobre este tipo de escritor. En su estudio sobre Ralph Waldo Emerson, el estudioso considera al poeta órfico como un mediador entre la imaginación y la ciencia porque, como Orfeo, que domaba la naturaleza con su canto, el poeta órfico representa "la imaginación reflexiva o consciente de sí misma, el poder mediante el cual el hombre se distingue a sí mismo como el único artífice de la palabra con la que canta".[3] Cesar Salgado da un giro a este tópico considerando a José Lezama Lima un poeta órfico latinoamericano. Según Salgado, el "dualismo órfico es la mejor expresión del epos homérico pues hace del viaje del héroe un movimiento doble de ascenso y descenso, sacralizando al hombre y humanizando a los dioses".[4] De esta manera, en Lezama Lima, "canción y poesía pueden atravesar la oscuridad como un haz de luz".[5] Podríamos decir que Arguedas también es un poeta órfico porque es un mediador entre la imaginación (la mitología que alimenta su escritura creativa) y la ciencia (la antropología que lo ayuda a comprender los procesos culturales); se desplaza dentro de la posición intermedia que ocupa: lo racional, por una parte; y lo mágico, la realidad y la ficción, por la otra.

Como potencial bardo nacional, Arguedas quería ser más que un buen escritor; deseaba que su escritura fuera una verdadera representación del Perú, un país de matices y ambigüedades. En el testimonio que da en un encuentro de escritores en Arequipa en 1965 dice lo siguiente:

---

2 "Herder tried to replace a mechanistic philosophy with an organic approach that underscored the interaction of body and soul, matter and mind, and ultimately individual and society". Ibíd., 46.

3 "...the reflexive or self-conscious of the imagination, the power by which man distinguishes himself as the single artificer of the word in which he sings" R.A. Yoder, *Emerson and the Orphic Poet in America* (Berkeley: University of California Press, 1978), xiii.

4 "...orphic dualism is the best expression of the Homeric epos since it makes the hero's voyage a double movement of ascent and descent, sacralizing man and humanizing the gods". Cesar Augusto Salgado, *From Modernism to Neobaroque Joyce and Lezama Lima* (Londres: Associated University Presses), 123.

5 "...song and poetry can traverse like a beam of light through darkness". Ibíd., 124.

> Yo comencé a escribir cuando leí las primeras narraciones sobre los indios, los describían de una forma tan falsa escritores a quienes yo respeto, de quienes he recibido lecciones como López Albújar, como Ventura García Calderón. López Albújar conocía a los indios desde su despacho de Juez en asuntos penales y el señor Ventura García Calderón no sé cómo había oído hablar de ellos.[6]

Estelle Tarica, en su libro *The Inner Life of Mestizo Nationalism* [La vida interna del nacionalismo mestizo], define un nuevo tipo de indigenismo que sería al que Arguedas pertenecería (en contraste con Albújar y Calderón), el llamado indigenismo "íntimo":

> El indigenismo "íntimo" [...] se refiere a todas esas corrientes de discurso indigenista que apela a la existencia de ámbitos interiores y subjetivos de afinidad y simpatía interétnica. Estas instancias de ideología indigenista implican un desplazamiento a la esfera interior de indianidad que los no indios comparten con los indios, esfera que forma la base de la nacionalidad mestiza.[7]

Dado que Arguedas compartió vivencias con los sirvientes indígenas de su madrastra, fue capaz de distanciarse de otros tipos de indigenismo, es decir, aquellos externos a la cultura andina. Sentía que su misión era hablar del Perú andino y de su gente, como la vio y conoció, y no como otros escritores —que no conocieron la cultura indígena de manera directa— la habían representado. Así, en una carta a su amigo José Ortiz Reyes en 1938, dice:

> ¿Cuál es la literatura verdaderamente representativa del Perú? ¿Cuál es la que vale? Demostraremos que la nuestra; frente a esa producción endeble, mediocrísima y artificiosa de ellos; mostraremos la nuestra; plena de vida, llena de juventud y de un valor artístico y humano indiscutible.[8]

---

6 Primer Encuentro de Narradores Peruanos, Arequipa 1965 (Lima: Casa de la Cultura del Perú, 1969), 40.

7 "The 'intimate' indigenismo [...] refers to those strands of indigenista discourse that appeal to the existence of interior and subjective realms of interethnic affinity and sympathy. These instances of indigenista ideology involve a turn to an interior sphere of Indianness that non-Indians share with Indians, a sphere that forms the basis of mestizo nationality"..Estelle Tarica, *The Inner Life of Mestizo Nationalism* (Minneapolis: University of Minnesota Press, 2008), XX.

8 José María Arguedas, Lima, Perú, a José Ortiz Reyes, Lima, sin fecha (probablemente agosto de 1938) en Alejandro Ortiz Rescaniere, ed., *José María Arguedas, recuerdos de una amistad* (Lima: Fondo Editorial de la Pontificia Universidad Católica del Perú, 1996), 42.

Podemos notar una actitud mesiánica cuando el escritor dice que solo su literatura (aunque usa "nuestra" incluyendo a sus amigos) es verdaderamente representativa del Perú, no esa otra literatura "artificiosa". No explica a quién se refiere al decir "de ellos", pero es probable que fueran los escritores que no representaban adecuadamente a los peruanos indígenas, tales como Ventura García Calderón o Enrique López Albújar. Arguedas creía que tenía el conocimiento y la responsabilidad de transmitir a la sociedad peruana la realidad del pueblo indígena desde adentro, no de la manera artificial de un intruso. Tenía con lo andino una relación íntima y quería volcar esta intimidad en su literatura. Como dice Tarica, "lo 'íntimo' de lo que habla Arguedas, señala una nueva manera de describir el ser regional y nacional en la primera mitad del siglo XX".[9]

En este capítulo voy a explorar: primero, qué quería decir Arguedas cuando hablaba de representar a su país. Al hacer eso, es importante analizar la influencia de otros escritores como Whitman y Vallejo. Segundo, trataré de identificar su posición en la arena política para ver si su personificación de la nación implicaba una postura política. Finalmente, mostraré cómo el escritor relacionaba la tradición mítica con el proceso de transformación de la sociedad moderna peruana.

¿Qué es lo que quiere decir Arguedas con "literatura verdaderamente representativa del Perú"? País complejo que va a la zaga de sus propias heridas coloniales, el Perú contiene al mismo tiempo una gran belleza geográfica y diversidad cultural. Es por tanto un país ambivalente y paradójico. Representar verdaderamente al Perú implicaría la necesidad de dar cuenta de esa ambivalencia, lo cual genera esperanza y desesperación por igual. La ambivalencia y el desengaño se expresan cuando el escritor le escribe a su amigo Emilio Adolfo Westphalen en 1958:

> Estamos [él y su primera esposa Celia Bustamante] nuevamente en la patria, y sufriéndola. Nos resulta ahora mucho más fácil comprender las quejas de quienes no podían y no pueden reacondicionarse a nuestro medio y menos aún aprender a vivir en él. Es verdaderamente un país bárbaro porque la fuerza bruta reina casi sin limitaciones y la inteligencia y el derecho escrito apenas tienen importancia. No se les hace caso. La miseria se nos aparece ahora como mucho más brutal, porque la insolencia y la impunidad de los ricos no tienen límites. Frente a estas cosas encontramos apenas compensaciones, a no ser

9 "...the 'intimate' of which Arguedas speaks, signals a new way of describing the regional and national self in the first half of the twentieth century". Estelle Tarica, *The Inner Life of Mestizo Nationalism*, xiii.

> los amigos y un poco más las posibilidades de crear aunque no sea sino para uno mismo y los amigos. Y algo más, lo que sí es una fuente segura de felicidad: la belleza del país.[10]

Emilio Adolfo Westphalen (1911-2001), poeta surrealista peruano, vivió por un tiempo en Estados Unidos e Italia, para luego retornar al Perú. En este pasaje vemos que Arguedas comparte con su amigo la experiencia de volver a casa después de Europa. Al compararlo con otros países, Arguedas considera al Perú más complejo, más difícil para vivir. El escritor usa expresiones contundentes para expresar los problemas nacionales: "un país bárbaro porque la fuerza bruta reina", "la miseria [...] mucho más brutal", "la insolencia y la impunidad de los ricos". Todo esto impresiona al lector, pero el contraste conmovedor es la belleza del país y el afecto de los amigos.

Arguedas usa términos con frecuencia intensos para la emoción que quiere transmitir. Así, cuando está en el Perú y visita algún lugar, lo que ve resume, para él, la belleza de todo el país. Un caso típico es Cuzco tal vez porque no hay lugar que mejor condense tanto la belleza como la complejidad del Perú. En esta ciudad el encuentro entre naturaleza, cultura y arquitectura se nota simbólicamente. Cuzco no solo fue fuente de inspiración literaria, como en *Los ríos profundos*; sino también materia del trabajo que le encargara la Corporación Nacional de Turismo.[11] Incluso en esta escritura no literaria, Arguedas no perdió la oportunidad de contar la historia nacional a través de la historia de Cuzco. Su intención fue siempre totalizadora: representar al Perú de la manera más completa posible, incluso si el proyecto se limitaba a hablar solo de la ciudad. Con referencia a este trabajo, en una carta a su hermano, Arístides, en 1946, dice:

> Acabo de entregar un pequeño libro sobre el Cuzco, para la Corporación de Turismo; he trabajado intensamente en ese ensayo; lo he escrito con el más grande entusiasmo: es una historia de la cultura del Perú a través de la historia del Cuzco.[12]

---

10 José María Arguedas, Lima, a Emilio Adolfo Westphalen, (¿Italia?), 15 de diciembre de 1958, en Inés Westphalen Ortiz, *El río y el mar. Correspondencia José María Arguedas/Emilio Adolfo Westphalen* (México: Fondo de Cultura Económica, 2011), 196.

11 Jose María Arguedas, *Cusco* (Lima: Corporación Nacional de Turismo, 1947).

12 Carta de José María Arguedas, Lima, a Arístides Arguedas, Caraz, 30 de setiembre de 1946 en Carmen María Pinilla, ed., *Arguedas en familia: Cartas de José María Arguedas a Arístides y Nelly Arguedas, a Rosa Pozo Navarro y Yolanda López Pozo* (Lima: Fondo Editorial de la Pontificia Universidad Católica del Perú, 1999), 203.

Podríamos decir que hay una similitud entre la manera en que Arguedas considera que Cuzco personifica al Perú y como él mismo personifica la nación. En ambos casos hay una sinécdoque similar.

En otro momento, Arguedas afirma explícitamente que el Perú, con toda su intensidad, belleza y contradicciones, vive en él; y es este sentimiento de ser la personificación del país lo que lo ayuda en su proceso creativo. La forma en que percibe y vive el Perú le ofrece el impulso para describirlo en sus novelas. Por ejemplo, en una carta a Moreno Jimeno en 1940, escribe:

> Me siento realmente dispuesto, cuando escribo, tengo la conciencia y la convicción, de que vive en mí, con la suficiente pasión y verdad, este mundo del Perú, tan hermoso, tan pleno de dolor y de lucha, tan grande y noble para ser descrito en una novela.[13]

Esta conciencia arguediana de personificar a la nación ("vive en mí [...] este mundo del Perú"), le hace sentir necesario para el país.

Cuando sufre emocionalmente, lucha por recobrarse para cumplir la misión que se ha impuesto: describir la sociedad peruana de su tiempo. Esto se ve en una carta de 1968 a John Murra, donde le dice:

> Hay gente formidable en todas partes, y este país necesita mucho de sus pocas buenas personas. Yo creo ser una de ellas. Necesito recuperarme; estoy obligado a hacerlo. El Dr. Viñar me ha contestado generosamente también. A los neuróticos algo mesiánicos suelen amarnos, a veces más de lo que merecemos.[14]

El doctor Viñar fue uno de los psiquiatras que trató a Arguedas en Lima y, es claro, que le tomó afecto. Cuando el escritor se describe como una "de sus pocas buenas personas", refiriéndose a las que el país necesita, nos da a entender que posee una personalidad formidable a pesar de sus dolencias psicológicas. Describiéndose como uno de los "neuróticos algo mesiánicos" a quienes se suele amar, sugiere que es uno de aquellos raros peruanos tolerados por sus compatriotas no solo porque provocan compasión sino también porque se los necesita para cumplir su misión.

13 José María Arguedas, Sicuani, a Manuel Moreno Jimeno, sin fecha (probablemente julio/agosto de 1940), en Roland Forgues, ed., *José María Arguedas: la letra inmortal. Correspondencia con Manuel Moreno Jimeno* (Lima: Ediciones de los Ríos Profundos, 1993), 84.

14 José María Arguedas, Lima, a John Murra (EE.UU.), 17 de marzo de 1968, en John V. Murra y Mercedes López-Baralt, eds., *Las cartas de Arguedas* (Lima: Fondo Editorial de la Pontificia Universidad Católica del Perú, 1996), 169.

Podríamos decir que este humor retórico le sirve para menospreciarse y, al mismo tiempo, mostrarse también consciente de su importancia para la sociedad peruana.

A Arguedas no solo le preocupaba el sufrimiento del pueblo indígena, sino el de todo el mundo, por eso no sorprende su identificación con César Vallejo, José Carlos Mariátegui o Walt Whitman, pues son escritores con proyectos totalizadores por los que muestra admiración en sus cartas. Así, en una carta a Adolfo Westphalen, se refiere al poema "Canto a mí mismo" de Whitman:

> ¡Tú puedes imaginarte Emilio lo atroz que ha sido la semana pasada! Pero hoy creo haber iniciado otra resurrección. También que a todas esas presiones y problemas agudos particulares que cada quien tenemos, se agregan los que nos afectan a todos. Lo de Biafra, lo de Checoslovaquia, lo de Brea y Pariñas. ¡Tenemos que sufrirlo todo! Y todo se sobrelleva y hasta se domina cuando uno tiene otra cosa que oponerle. Aquel trozo de Whitman: "Tremenda y deslumbrante la aurora me mataría si yo no tuviera otra Aurora dentro de mí".[15]

Arguedas se anima con estos versos de Whitman y se retrata como alguien capaz de soportar el sufrimiento propio y ajeno.[16] Teniendo en cuenta su frágil estado emocional, podríamos entonces preguntarnos qué "Aurora" reside en su interior y cuánto puede ofrecer para iluminar a otros. Es probable que su única y privilegiada posición cultural en la sociedad peruana lo haya hecho creer que era capaz de enseñar algo nuevo a la gente y que tenía una misión mesiánica.

El interés por Whitman lo comparte también con su primera esposa, Celia Bustamente. Cuando Arguedas estaba en Churín, al noreste de Lima,

---

15 José María Arguedas, Chimbote, a Emilio Adolfo Westphalen, 9 de septiembre de 1968, en John V. Murra y Mercedes López Baralt, eds., *Las cartas de Arguedas*, 178. La referencia al poema de Whitman es a *Canto a mí mismo,* número 25. En Walt Whitman, *Canto a mí mismo* (Madrid: Visor, 1981).

Contexto histórico: en 1968, las fuerzas armadas nigerianas acabaron con la secesión de Biafra; tropas soviéticas invaden Checoslovaquia para sofocar la "primavera de Praga"; y la compañía estadounidense International Petroleum Company mantuvo control sobre los campos petroleros de Brea y Pariñas al norte del Perú, a pesar de su virtual nacionalización.

16 Harold Blume considera que el solipsismo de los poetas americanos más importantes —incluido Whitman— tiende a centrar la conciencia de sí en otros. En el caso de Whitman este solipsismo lo lleva al extremo de identificarse con el sol. Harold Blume, *The Anxiety of Influence A Theory of Poetry* (NY: Oxford University Press, 1973), 132-33.

en 1944, ella le escribió animándolo a usar unos versos de "Canto a mí mismo". En una carta le dice:

> Tengo una esperanza y un deseo de que regreses bien, o por lo menos mejor, para terminar de cuidarte acá. Voy a copiarte unos trozos de Whitman que me han impresionado entre muchos, y hay otros mejores que los que te copio, pero estos son casi al final del libro:
>
> Tú también me haces preguntas y yo te escucho.
> Y te digo que no tengo respuesta,
> que la respuesta has de encontrarla tú solo.
> Siéntate un momento, hijo mío.
> Aquí tienes pan, come,
> y leche, bebe.
> Pero después que hayas dormido y renovado tus
> vestidos, te besaré, te diré adiós y te abriré la
> puerta para que salgas de nuevo.
> Largo tiempo has soñado sueños despreciables.
> Ven, que te limpie los ojos...
> y acostúmbrate ya al resplandor de la luz.
> Largo tiempo has chapoteado a la orilla, agarrado a un madero,
> Ahora tienes que ser un nadador intrépido.
> Aventúrate en alta mar, flota,
> mírame confiado
> y arremete contra la ola.
>
> Y este otro fragmento:
>
> Como mis pies huello los picos de las estrellas,
> cada paso mío es una ristra de edades
> y entre cada paso voy dejando manojos de milenios...
> todo cuanto hay debajo de mi lo han andado mis pies
> y aún asciendo...y asciendo...
>
> En cada zancada hacia la luz, detrás de mí se inclinan los fantasmas.[17]

Es interesante notar que su esposa hubiese escogido precisamente estos versos de *Canto a mí mismo* para infundir ánimo a Arguedas. Se sabe que la relación del escritor con su primera esposa fue como la de un hijo con su madre. Como él mismo la describe, ella era "una amalgama increíble de madre, hermana y tutora".[18] En el fragmento del poema 46 de *Canto*

17 Celia Bustamante, Lima, a José María Arguedas, 21 de abril de 1944, en Pinilla, *Apuntes inéditos*, 134.
Los poemas de Whitman son el 46 y el 44 de *Canto a mí mismo.* En Walt Whitman, *Canto a mí mismo* (Madrid: Visor, 1981), 46 y 44.

18 José María Arguedas a John Murra, 3 de julio de 1967, en John V. Murra y Mercedes López-Baralt, *Las cartas a Arguedas*, 158.

a mí mismo que le envió Celia, un padre incita a su hijo a enfrentar la vida sin miedo, y en otro fragmento del poema 44 se escribe metafóricamente a una persona que supera todas sus dificultades. Arguedas disfrutó estos versos, como podemos ver en la respuesta a su esposa:

> Tu carta me ha llegado como el contenido del poema de Whitman. ¡No podría decirte lo bien! ¡Cómo te adoro y te admiro, cómo amo el instante que empezaste a quererme! ¡Con una compañía como tú, con tu amor, con tu espíritu fuerte a mi lado, bien podemos vencer a la muerte, y atajarla hasta cuando hayamos rendido a la vida todo nuestro fuego! ¡Es acaso el instante más feliz de mi vida! Estoy iluminado y purificado porque he sentido toda la luz de tu alma.[19]

El entusiasmo de Arguedas es evidente y puede parecer incluso exagerado. En esta carta manifiesta que no hay diferencia entre el contenido del poema y el efecto que la carta de su esposa le había provocado. Ambos manifiestan fortaleza y coraje, y lo hacen sentir iluminado. ¿Iluminado para qué? —tal vez para cumplir con su misión de describir al Perú a través de su obra. Como podemos ver, el escritor usa expresiones de gran intensidad y sus emociones son exageradas, diciendo que se siente incluso capaz de "vencer a la muerte". Su estado apoteósico lo acerca a la inmortalidad.

Pero, alcanzar la inmortalidad en tanto autor para personificar la nación dependía de que Arguedas fuera reconocido. El que esperara reconocimiento es lo que lo revela como autor representativo del país. Su alegría es evidente cuando una de sus obras es reconocida. Por ejemplo, en una carta a su psicoanalista chilena, Lola Hoffmann, le cuenta con orgullo de un artículo de prensa en el que se lo reconoce como el más importante escritor peruano vivo después de la publicación del cuento *La agonía de Rasu Ñiti,* acerca de la muerte ceremonial de un danzante andino:

> Acabo de concluir un poema en quechua a Túpac Amaru, cuya copia le envío. He escrito una serie de tres artículos en el Suplemento Literario de *El Comercio* sobre el proceso de evolución, estilización y deformación de algunas de las expresiones más directas y ahora comercializadas de nuestro arte tradicional. La divulgación de "La agonía de Rasu Ñiti" ha creado un entusiasmo entre los jóvenes y críticos. Me permito enviarle una nota aparecida en el Suplemento de *El Comercio.* Un escritor joven que hace poco llegó de Europa donde

19 José María Arguedas, Churín, a Celia Bustamante (¿abril de 1944?), en Carmen María Pinilla, ed. *Apuntes inéditos: Celia y Alicia en la vida de José María Arguedas* (Lima: Fondo Editorial de la Pontificia Universidad Católica del Perú, 2007), 136.

> estuvo varios años escribió otra nota en el nuevo periódico *Expreso* y ha afirmado que se me debe considerar como el escritor de mayor categoría en el Perú.[20]

En contraste con esto, en otra ocasión, se siente humillado de no ser tomado en cuenta. En una carta a su amigo Manuel Moreno Jimeno, Arguedas expresa su malestar después de una charla de Lilo Linke (periodista y escritora alemana exilada en Ecuador) porque, aunque ella se refiere a su obra poética, la prensa del día siguiente solo menciona a Ciro Alegría:

> Esa gringa alta y larga que estuvo en Lima, Lilo Linke, dio una conferencia en la U. del Cuzco, sobre literatura peruana, colombiana y ecuatoriana; al hablar de la peruana se refirió a Ciro [Alegría] y a mí, y según me dice uno que la escuchó, hizo un estudio sobre "Canto Kechwa" y habló bastante largo; al día siguiente los periódicos dijeron que "únicamente" se había ocupado de Ciro.[21]

El escritor Ciro Alegría había ganado reconocimiento internacional con su novela *El mundo es ancho y ajeno* que describía la vida de una aldea de la sierra peruana. Esta obra acababa de ganar el Concurso Latinoamericano de Novela, convocado desde Estados Unidos por la prestigiosa Editorial Farrar & Rinehart de Nueva York en 1941, cuando Arguedas escribió esta carta. Probablemente esta fue la razón por la que la prensa prestó más atención a Alegría; además, el escritor era todavía un joven novelista que había comenzado con éxito su carrera. A pesar de todo, es claro que le afecta el descuido del reportero.

Aunque es cierto que Arguedas quería ser reconocido, no le gustaba que lo enmarcaran en ningún dogma ideológico. Por ejemplo, consultó con sus amigos cuando escribió un poema por el que pensó lo podrían asociar con el comunismo.[22] En ese entonces, la CIA estaba interesada en las actividades comunistas en el Perú,[23] así que le pidió su opinión a John Murra:

> El poema a 'Túpac Amaru" lo escribí en los tristes días en que se mataba comuneros. No estoy aún decidido a difundirlo. Te ruego que, si

20 José María Arguedas, Lima, a Lola Hoffmann, Santiago de Chile, 3 de julio de 1962, en John V. Murra y Mercedes López-Baralt, eds., *Las cartas de Arguedas*, 79.

21 José María Arguedas, Sicuani, a Manuel Moreno Jimeno, sin fecha (probablemente abril de 1941), en Roland Forgues, ed., *La letra inmortal*, 106.

22 El nombre del poema es "Himno canción a nuestro Padre Creador Túpac Amaru" y se publicó en 1962 en los dos idiomas, quechua y español. Ver Apéndice 1.

23 Ver el documento desclasificado: http://www.foia.cia.gov/sites/default/files/document_conversions/89801/DOC_0000013615.pdf

> te es posible, me pongas unas líneas dándome tu opinión acerca de si podría ser interpretado como un llamado a la rebelión. El Dr. Valcárcel, que es tan prudente y lo ha sido durante toda su vida, cree que no, pero yo siento algún temor. No deseo ser en mi patria un "apestado comunista". Soy un hombre libre; tengo discrepancias irremediables con los comunistas y, por otra parte estoy en la lista negra de la Embajada de los Estados Unidos.[24]

El poema "Túpac Amaru" trata de cómo el pueblo indígena invadiría la capital y produciría la transformación del país. Su lenguaje metafórico podría ser interpretado como una llamada a la rebelión y, hasta cierto punto, anuncia el futuro. Arguedas tenía la sensibilidad de prever que el proceso de migración afectaría el carácter y aspecto de Lima. En el pasaje anterior, el escritor se presenta como una persona cauta que no tiene ningún deseo de involucrarse por completo con una posición política.

A comienzos de la década de 1960, los campesinos peruanos comenzaron a rebelarse en contra de las injusticias cometidas contra ellos y se adueñaron de algunas tierras. La rebelión de La Convención (Cuzco) fue una de las que tuvo éxito. En la siguiente cita de una carta a Murra vemos a un Arguedas ambivalente y contradictorio, que no está seguro de cómo equilibrar su indignación por la injusticia y su reputación política como persona pacífica. No quiere que se le asocie ni con la izquierda ni con la derecha; solo quiere ser libre:

> La política se ha hecho durísima en el Perú. Ambos bandos en lucha: la izquierda y la derecha plantean la cosa en forma bastante inhumana: o se está con ellos o contra ellos; al que pretende ser libre le disparan de los dos frentes.[25]

A pesar de su identificación con los oprimidos, Arguedas rechaza la política de polarización, una extensión lógica de su impulso de personificar a la nación incluyente de todos. Aunque el escritor no perteneció formalmente a ningún partido, reconoció la influencia ideológica de José Carlos Mariátegui, fundador del Partido Comunista del Perú, a quien consideraba uno de los mejores maestros en la comprensión de la sociedad peruana. La revista *Amauta*, dirigida por Mariátegui, fue decisiva para la formación intelectual de Arguedas; así lo dice en su testimonio de 1965:

---

24 José María Arguedas, Lima, a John Murra (EE.UU.), 15 de agosto de 1962 en John V. Murra y Mercedes López-Baralt, eds., *Las cartas de Arguedas,* 84.

25 José María Arguedas, Lima, a John Murra (EE.UU.), 21 de febrero de 1961 en Murra y López-Baralt, eds., *Las cartas de Arguedas,* 54.

> Yo declaro con todo júbilo que sin 'Amauta', la revista dirigida por Mariátegui no sería nada [...] Yo encontraba en la revista una orientación doctrinaria llena de una fe inquebrantable sobre el hombre y sobre el Perú, a través de esa fe en el porvenir del hombre, fe que no se ha destruido ni se destruirá jamás en quienes vivimos entonces, es que empezamos a analizar nuestras propias vivencias y a dar curso a nuestra fe en el pueblo que habíamos vivido. Allí descubrimos gran parte del mundo interior del pueblo indígena, el mestizo y aún de los señores, a quien no les negamos la posibilidad de contribuir también en la construcción del gran Perú.[26]

Tomemos nota del lenguaje religioso que Arguedas usa para describir *Amauta*, una revista cultural de vanguardia en esta época.[27] En este pasaje el escritor usa la palabra "fe" tres veces, dando a sus palabras un fuerte tono religioso. Como muchos peruanos de su tiempo, el escritor tuvo una educación católica que probablemente lo influenció en su visión providencialista de la historia, y lo llevó por una senda teleológica y progresista. De hecho, en este caso su "fe" va más allá de las creencias religiosas que pudiera tener. Es una fe en el país y en los artistas del futuro. Aunque *Amauta* tenía una orientación socialista, la mayoría de los artículos estaban más relacionados con la cultura y el arte que con la política; publicaban en ella no solo peruanos sino también intelectuales y artistas internacionales.

Amauta fue una oportunidad para que numerosos artistas indigenistas e intelectuales de izquierda pensaran sobre la sociedad peruana. Cualquier lector contemporáneo de la revista entenderá de inmediato la emoción y esperanza que sentía Arguedas cuando la leía. La calidad y contenido de los artículos son impresionantes. Después de *Amauta*, no ha habido ninguna revista cultural en el Perú de semejante talla y ambición. En el pasaje de arriba, podemos ver que el escritor valora la inclusión social que se nota en *Amauta*: "Allí descubrimos gran parte del mundo

---

26 Testimonio de José María Arguedas. Primer Encuentro de Narradores Peruanos, Arequipa, 1965 (Lima: Ed. Casa de la Cultura, 1969) en Roland Forgues, ed., *La letra inmortal*, 27.

27 "Las tres décadas y media de la corta de vida de Mariátegui (1894-1930) son una erupción volcánica de pensamiento creativo, que produce un vasto panorama de pensamiento y acción revolucionaria —desde política hasta arte, poesía a literatura, de marxismo a organización laboral". Eugene Gogol, *The Concept of the Other in Latin American Liberation: Fusing Emancipatory Philosophic Thought and Social Revolt* (Lanham, Md.: Lexington Books, 2002), 99. Mariátegui fundó *Amauta* (1926-30), una revista marxista, cultural y literaria, que publicaba a escritores de vanguardia. Para mayor información sobre el papel de *Amauta* en la arena intelectual latinoamericana, ver Gogol, *The Concept of the Other in Latin American Liberation*, 351-4.

interior del pueblo indígena, el mestizo y aún de los señores".[28] En ella se retrataban todas las clases sociales. Eugene Gogol afirma que "eran especialmente importantes en la revista seis temas: (1) la publicación de los propios escritos de Mariátegui; (2) el movimiento indigenista; (3) arte y cultura como fenómeno mundial, con énfasis en el Perú; (4) los escritos sobre marxismo que se estaban desarrollando y debatiendo en Europa, particularmente en Rusia; (5) un panorama político de conferencias, actividades, reuniones, documentos; (6) reseñas y resúmenes de libros y revistas".[29] No es difícil imaginar hasta qué punto el contenido de *Amauta* llenó de esperanzas a Arguedas acerca de la posibilidad de una sociedad peruana más integrada.

Además de esa integración, uno de los objetivos principales de Arguedas fue preservar la cultura quechua, un fin que hizo de él, en tanto hablante de la lengua, una figura central en el proyecto de integración cultural a través de nuevos puentes de comunicación. Consciente de que necesitaría a un sucesor para continuar con esta misión, alentó siempre a su discípulo, Alejandro Ortiz Rescaniere, para que profundizara su conocimiento sobre la cultura andina. En una carta que le escribió el 5 de noviembre de 1966, Arguedas le dice:

> Conviene que leas el libro sobre los mitos de Huarochirí publicado por Galante. El texto quechua fue escrito a fines del siglo XVI. Yo he hecho una traducción al castellano y el libro aparecerá en diciembre.[30]

Huarochirí es una provincia de Lima, sede del virreinato del Perú en tiempos coloniales. El texto original sobre los mitos era en sí mismo un eslabón entre el pasado indígena y el incipiente futuro colonial. Fue John Murra, como mencionamos, amigo de Arguedas y antropólogo interesado en la cultura andina, quien lo animó a traducir este manuscrito, un conjunto de mitos recopilados por el jesuita Francisco de Ávila en el siglo XVI. En 1598 el jesuita fue vicario de Huarochirí y se dedicó a la extirpación de idolatrías. En 1608 escribió un tratado sobre las supersticiones y los dioses falsos, según la fe católica, en los que creían los pueblos indígenas. De

28 Roland Forgues, ed., *La letra inmortal*, 27.

29 "...six themes were especially important in the journal: (1) the publication of Mariategui's own writing; (2) the Indigenous movement; (3) art and culture as a world phenomenon, with emphasis on Perú; (4) writings on Marxism being developed and debated in Europe, particularly in Russia; (5) a political panorama of conferences, activities, meetings, documents; (6) reviews and summaries of books and magazines". Eugene Gogol, *The Concept of Other in Latin American Liberation*, 351.

30 José María Arguedas, Lima, a Alejandro Ortiz Rescaniere, París, 5 de noviembre de 1966, en Ortiz Rescaniere, ed., *José María Arguedas: recuerdos de una amistad*, 217.

Ávila no hizo él mismo la transcripción; lo ayudó un asistente indígena convertido al catolicismo, probablemente llamado Tomás,[31] que siguiendo el modelo impuesto por los españoles para la transcripción del quechua, escribió un documento sobre mitos indígenas y creencias religiosas. En esta transcripción de mitos orales se introdujeron nuevos elementos al texto escrito; por ejemplo, se criticaba la conducta de los españoles y también la de los nuevos cristianos.[32] Arguedas fue el primero en traducir por completo los mitos del manuscrito de Huarochirí del quechua al español y publicarlo en 1966.[33] Laura León considera que la traducción arguediana de estos mitos es más que una traducción literal, porque incorpora la dinámica de las relaciones sociales imposible de encontrar en diccionarios y gramáticas. León, basándose en William Rowe afirma: "En la obra de Arguedas, el acto de traducir se perfila como una intervención sobre la relación entre el pasado y el presente, y entre una lengua socialmente marginada y una hegemónica (Rowe 2000)".[34] En todo caso, para él esta experiencia fue fundamental pues estuvo inmersa en la tradición oral que le era familiar desde la infancia.

Al traducir los mitos de Huarochirí, Arguedas tuvo la oportunidad de contar a la sociedad peruana moderna la tradición oral milenaria.[35] Estos mitos luego se encontrarán en su última novela *El zorro de arriba y el zorro de abajo*, aunque en general todas sus novelas y cuentos se nutren de la tradición oral.[36] En el pasaje anterior, podemos ver que en 1966, cuando acababa de publicar *Dioses y hombres de Huarochirí,* animaba a Alejandro Ortiz a que lo leyera, probablemente porque consideraba que en estos antiguos mitos los peruanos podrían encontrar las claves para comprender la esencia de su propia cultura. De hecho, después de esta traducción, Arguedas comenzó a usar los mitos para tender un puente entre el presente y el pasado.

---

31 Gerald Taylor, *Huarochirí: ritos y tradiciones* (Lima: IFEA, 2003), 15.

32 Enrique Ballón, "El manuscrito de Huarochirí", en *Antología general de la prosa en el Perú: los orígenes de lo oral a lo escrito*, ed. Alberto Escobar (Lima: Ediciones Edubanco, 1986), 62.

33 José María Arguedas, traductor. *Dioses y hombres de Huarochirí: narración quechua recogida por Francisco de Ávila* (Lima: Museo Nacional de Historia, 1966).

34 Laura León Llerena, "José María Arguedas, traductor del manuscrito de Huarochirí", *Cuadernos del CILHA* 13, no. 17 (2012): 74-89.

35 Sara Castro-Klarén, "*Como chancho, cuando piensa*: el afecto cognitivo en Arguedas y el con-verter animal", *Revista Canadiense de Estudios Hispánicos* 26 (2001-2002): 25-39.

36 Enrique Ballón, "El motivo de los zorros y la literatura formal peruana", en *Antología general de la prosa en el Perú: los orígenes de lo oral a lo escrito*, ed. Alberto Escobar (Lima: Ediciones Edubanco, 1986), 109.

En diciembre de 1967, Arguedas escribe a Ortiz Rescaniere para continuar con su proyecto de difundir la cultura andina:

> A la cultura quechua la están aniquilando o tratando de aniquilar planificadamente y creo que con el propio auxilio de pseudo-etnólogos. El trabajo que tienes que realizar es pues no sólo interesantísimo, fuente de la más grande dicha, sino que tendrá algunos visos de heroico y de misional. Un poco como lo que hizo Ávila, pero al revés.[37]

Arguedas entrenó a Ortiz Rescaniere como su discípulo y trató de trasmitirle la misión de comprender la realidad social peruana. El escritor sabía que nadie antes había tomado en serio la tradición oral andina y consideraba que Ortiz Rescaniere tenía el talento y la sensibilidad para continuar su obra.[38] Aquí Arguedas contrasta su misión con la de Francisco de Ávila, que consistió en la extirpación de creencias indígenas a través de la imposición de la doctrina católica; la del escritor y su discípulo sería, entonces, la recuperación de las tradiciones orales andinas.

Pero los intereses de Arguedas iban más allá de la comprensión de la cultura andina; estaba interesado en la transformación social del Perú como un todo, y también en la resistencia y recreación de la cultura andina en medio de esta transformación. En una carta a Pierre Duviols, historiador francés especialista en el Perú, el escritor afirma:

> El Perú cambia, va rápido, a pesar de las trabas cada vez más fuertes que quienes lo usufructúan desde la conquista le ponen delante. Los elementos antiguos, prehispánicos y coloniales, los europeos que nos ayudaron a romper el cascarón colonial: Francia, especialmente, están ahora removidos por la imposición masiva de lo norteamericano. Yo siento pavor ante esa avalancha que cuenta con todos los medios imaginables. Mi novela [*Todas las sangres*] es una descripción de esta lucha a través de la rivalidad de dos hermanos descendientes de antiguos terratenientes: el uno pretende conservar por la fuerza lo que él llama "la pureza católica del indio", el otro una empresa minera y revuelve el pueblo con la invasión del mundo industrial. La lucha de fondo de ambos enemigos es por los "colonos" de la hacienda que ha quedado en poder del conservador. Mi aspiración

37 José María Arguedas, Lima, a Alejandro Ortiz Rescaniere, París, 2 de diciembre de 1967, en Ortiz Rescaniere, ed., *José María Arguedas: recuerdos de una amistad*, 243.

38 Enrique Cortes, "Writing the Mestizo: Jose Marıa Arguedas as Ethnographer," *Latin American and Caribbean Ethnic Studies* 4, no. 2 (July 2009): 171–89, resalta que Arguedas critica a los etnógrafos por su ahistoricismo.

> es mostrar las fuerzas principales que chocan, se mezclan, crecen y crean el Perú moderno.[39]

Aquí, Arguedas expresa su preocupación por la influencia de lo norteamericano no solo en países con historias coloniales como el Perú, sino también en sociedades europeas como la francesa. En este pasaje, el escritor habla del argumento de su novela *Todas las sangres*, publicada en 1964, para él su novela más ambiciosa y hermosa.[40] En ella, intenta representar la variedad social, económica y racial del Perú. Al mismo tiempo, la novela trata de la introducción del capitalismo en un pueblo de la sierra a través de una empresa minera. Uno de los protagonistas está a favor de la incursión capitalista, y el otro es más conservador y cree en la preservación de la estructura antigua. Al final, ninguna de las posiciones gana, y se llega a una negociación representada por el personaje mestizo Rendón Wilka, que personifica el mestizaje ideal con el que Arguedas se identifica y celebra.[41]

Dado el acelerado ritmo de cambio en el Perú de la década de 1960, Arguedas se enfrentaba al problema de personificar las realidades nacionales emergentes cuyos perfiles, significados y consecuencias eran menos que seguros. Interesado en ampliar sus horizontes antropológicos para comprender a la sociedad peruana, el escritor decidió hacer investigación etnográfica en Chimbote, un puerto en la costa de Ancash, hacia donde la gente de la sierra estaba migrando en esos años. Este trabajo etnográfico alimentaría luego su última novela, *El zorro de arriba y el zorro de abajo.* En una carta a Ortiz Rescaniere, el 20 de febrero de 1967, Arguedas comparte con él su desconcierto ante Chimbote:

> Chimbote es una Lima a escala todavía de laboratorio. Estoy informándome sobre el proceso de adaptación del indio aquí y estoy estudiando a los pescadores para mi novela. Estuve 10 días en Puno y, a la vuelta, casi me desintegro a causa de la violencia con que fui atacado por la fuerza de esa humanidad indefinible de los hombres

39 José María Arguedas, Lima, a Pierre Duviols (Francia), 9 de febrero de 1961, Carmen María Pinilla, ed., *Itinerarios epistolares: la amistad de José María Arguedas y Pierre Duviols en dieciséis cartas* (Lima: Fondo Editorial de la Pontificia Universidad Católica del Perú, 2011), 60.

40 "Yo creo que *Todas las sangres* es no sólo más importante que *Los ríos profundos*, sino también una novela más hermosa". "Conversando con Arguedas" en Juan Larco, *Recopilación de textos sobre José María Arguedas* (La Habana: Centro de Investigaciones Literarias, 1976), 22.

41 En una entrevista, Arguedas admite que se identifica con el personaje de Rendón Wilka de *Todas las sangres.* Ver Juan Larco (comp.), *Recopilación de textos José María Arguedas* (La Habana: Centro de Investigaciones de las Américas, 1976), 24.

> del altiplano. Es casi indescriptible; he quedado medio traumatizado; por primera vez abrumado por un mensaje.[42]

El escritor enfrentaba el desafío de observar en directo este cambio social y posiblemente no veía su propio reflejo.

Sobrecogido por la experiencia del resultado de la migración interna, Arguedas aceptó el reto de usar nuevamente la literatura como instrumento para expresar la realidad y fue capaz de terminar su última novela en medio de su propia agonía personal. *El zorro de arriba y el zorro de abajo* fue su última ofrenda a los peruanos y al mismo tiempo una exhortación para continuar el proceso de comprender el nuevo Perú que la migración interna estaba produciendo. En esta novela, el escritor se esforzó en describir los procesos de transformación social, los encuentros y desencuentros entre la cultura andina y la occidental. En 1967, cuando todavía estaba escribiendo *El zorro*, le dice a Murra:

> Chimbote es más que otros lugares un universo inacabable. Como carezco de un verdadero entrenamiento en el trabajo de campo y, además, de una orientación teórica clara, frecuentemente me sentía abrumado por la magnitud del problema. Creo, sin embargo, haber visto más o menos claras algunas cosas, por ejemplo, el tipo de relaciones o los tipos de relaciones que se han establecido entre la gran masa de campesinos bajados de la sierra de Ancash, de Cajamarca y de Libertad, especialmente, con los costeños. El concepto que unos tienen de los otros. Me decía el pescador criollo costeño más famoso de Chimbote: "el serrano es mejor que el costeño para el trabajo; demora en aprender lo que hay que hacer en el mar, pero cuando aprende le toma gusto al trabajo: trabaja porque le gusta; es obediente; va para adelante; el costeño en cambio, es bien tramposo para el trabajo; si puede ganar la plata sin hacer nada lo hace y lo goza".[43]

En esta carta, Arguedas describe una caracterización típica de las dos regiones que, hasta cierto punto, ha sido internalizada en la sociedad. Se considera que los serranos son, en general, más trabajadores que los costeños, mientras que de estos se dice que son más astutos y taimados que los andinos. Algunos sociólogos como Gonzalo Portocarrero han

42 José María Arguedas, Chimbote, a Alejandro Ortiz Rescaniere, París, 20 de febrero de 1967, en Ortiz Rescaniere, ed., *José María Arguedas: recuerdos de una amistad*, 223.

43 José María Arguedas, Lima, a John Murra (EE.UU.), 13 de marzo de 1967, en John V. Murra y Mercedes López-Baralt, eds., *Las cartas de Arguedas*, 149-150.

estudiado este fenómeno, conocido como la "viveza criolla",[44] por el que la gente que vive en las ciudades de la costa, en especial en Lima, encuentra la manera de sacar ventaja de cualquier situación con menos esfuerzo que el normalmente requerido. Así, el escritor, al comparar estos dos tipos humanos en un mismo escenario (el puerto de Chimbote), se da cuenta del comportamiento diferente de ambos.

Sin embargo, Arguedas no podía separarse de la historia peruana porque estaba enraizado en ella. No solo en sus cartas sino también en sus diarios se puede ver el paralelo creado por el escritor entre su vida y la historia del país. Por un lado, sus diarios son en gran parte una narrativa de su conducta suicida, así como también un esfuerzo de mantenerse vivo para así ser capaz de terminar su última novela; y, por otro lado, son un intento de describir la efervescencia social producto de la migración interna. A continuación, un pasaje de su "¿Último diario?", incluido en *El zorro de arriba y el zorro de abajo*:[45]

> Quizá conmigo empieza a cerrarse un ciclo y a abrirse otro en el Perú y lo que él representa: se cierra el de la calandria consoladora, del azote, del arrieraje, del odio impotente, de los fúnebres "alzamientos", del temor a Dios y del predominio de ese Dios y sus protegidos, sus fabricantes; se abre el de la luz y de la fuerza liberadora invencible del hombre de Vietnam, el de la calandria de fuego, el del dios liberador. Aquel se reintegra. Vallejo era el principio y el fin.[46]

Aquí se muestra que el escritor se consideraba un hito en la historia del Perú, entre las crisis que amenazaban su integridad social.

Es importante recordar que los diarios de Arguedas fueron escritos intencionalmente para ser leídos como parte de la novela. En el pasaje anterior el escritor se enmarca en el contexto histórico de finales de la década de 1960, cuando triunfaba la revolución cubana y comenzaban los problemas para las tropas estadounidenses en la guerra de Vietnam.[47] Aunque el escritor nunca perteneció de manera formal a ningún partido

44 Gonzalo Portocarrero, *Los nuevos limeños: sueños, fervores y caminos en el mundo popular* (Lima: Sur, Tafos, 1993).

45 Arguedas mismo colocó el signo de interrogación a su último diario, probablemente para hacer énfasis en el hecho de que podría ser el último antes de su suicidio.

46 José María Arguedas, *El zorro de arriba y el zorro de abajo* (Lima: Editorial Horizonte, 2011), 235.

47 Arguedas escribió esta novela en los dos últimos años de su vida (1968 y 1969). El 30 de enero de 1968 se lanza la llamada ofensiva del Têt por parte de Viet Cong y el ejército norvietnamita contra Vietnam del Sur, los Estados Unidos y sus aliados. Este fue el comienzo de la derrota americana.

político, compartía los ideales comunistas y estos sucesos históricos le dieron esperanzas de un cambio hacia una sociedad más igualitaria. Debemos recordar también que, mientras escribía su diario, tenía en mente la idea del suicidio, por lo que el comienzo ("Quizá conmigo empieza a cerrarse un ciclo y a abrirse otro en el Perú") implica que, desde su punto de vista, su muerte podría tener un significado especial para la historia del país. Con estas palabras transformaba su suicidio en un punto de quiebre simbólico para la sociedad peruana. El nuevo "ciclo" dejaría atrás el periodo de la explotación del indígena y se abriría una nueva era de liberación como la que se anunciaba para Vietnam. Se presenta un Dios justo pero vengativo, por la relación estrecha entre la religión católica y el dominio español en el Perú desde tiempos coloniales. Los sacerdotes habían jugado un rol importante en el sometimiento de los pueblos indígenas temerosos del nuevo dios cristiano, pero ahora Dios se presenta como liberador de estos mismos. El propio José María, como la mayoría de los niños de la época, creció bajo la influencia del catolicismo conservador. Sin embargo, Arguedas había conocido a un nuevo grupo de sacerdotes católicos que pertenecían a lo que después se llamaría teología de la liberación.[48] Gustavo Gutiérrez, uno de sus fundadores, considera que estos dos ciclos a los que alude el diario están todavía vivos en el Perú y que el comienzo del segundo no significa todavía el final del primero. Las palabras de este pasaje son, según Gutiérrez, no solamente un anuncio sino una realización incipiente cargada de futuro.[49] El escritor conocía al teólogo peruano y lo interpela en su "¿Último diario?".[50]

Arguedas menciona a Dios constantemente en su escritura porque —como afirma Washington Delgado— es un escritor religioso, entendiendo por ello que no es alguien que pertenece a una religión o cree en un dios dado, sino alguien que en su fuero interno sabe que existe algo maravillo-

48 La esencia de la "teología de la liberación" fue crear la opción preferencial por los pobres. Se origina en noviembre de 1969, en Cartigny (Suiza) durante una reunión de la comisión mixta sobre Sociedad, Desarrollo y Paz (SODEPAX) de la Iglesia católica/la organización ecuménica CMI (Consejo Mundial de Iglesias), donde dos teólogos, el sacerdote peruano Gustavo Gutiérrez y el presbiteriano brasileño Ruben Alves hicieron presentaciones que luego se volvieron dos libros: *Teología de la liberación: perspectivas* (1971), de Gutiérrez y *Cristianismo: ¿opio o liberación?* (1971) de Alves. Ambos textos constituyeron una nueva visión de la teología en América Latina que se llamaría "Teología de la liberación". John Parrat, ed. *Introduction to Third World Theologies* (West Nyack, NY: Cambridge University Press, 2004), 31-32.

49 Gustavo Gutiérrez, *Entre las calandrias. Un ensayo sobre José María Arguedas* (Lima: Instituto Bartolomé de las Casas, 2011), 6.

50 "¿Es mucho menos lo que sabemos que la gran esperanza que sentimos, Gustavo? ¿Puedes decirlo tú, el teólogo del Dios liberador?" en Arguedas, *El zorro de arriba y el zorro de abajo* (Lima: Editorial Horizonte, 2011), 234.

so y superior a cualquier creación humana. De hecho, Delgado recuerda que el escritor contaba una historia sobre su viaje a Alemania, cuando se encontró contemplando el río Rin: "Fíjate todo lo que el hombre ha hecho para quitarle la cara de Dios que tiene este río y no lo ha conseguido; sigue teniendo la imagen de un dios, y eso que yo no creo en Dios".[51] En estas palabras Delgado ve a un hombre religioso, igual a César Vallejo, a quien considera también un escritor religioso. Como vimos, Vallejo es también nombrado al final del pasaje citado del "¿Último diario?", mostrando así que sentía una profunda conexión con este conocido poeta. Es a través de Vallejo que la conciencia peruana cambió en muchos niveles: a nivel de lenguaje, memoria histórica, comprensión social, y sensibilidad humana.[52] Arguedas intentaba decir que él, al igual que Vallejo, provocaría otro cambio en la conciencia peruana y, de alguna manera, lo hizo: hoy el escritor es un héroe cultural. Con él la gente común, especialmente la andina, se identifica; no así con otros escritores peruanos.

Arguedas mencionó a Vallejo en este pasaje de su "¿Último diario?" usando una definición ambiciosa y absoluta: "Vallejo era el principio y el fin".[53] Encontraba en los poemas vallejianos las claves para comprender no solo a la sociedad peruana sino la esencia misma de la solidaridad con los oprimidos. Para hacernos una idea de cómo el lenguaje de Vallejo concuerda a la perfección con la sensibilidad arguediana, detengámonos en uno de los poemas titulado "Voy a hablar de la esperanza", que comienza así:

> Yo no sufro este dolor como César Vallejo. Yo no me duelo ahora como artista, como hombre ni como simple ser vivo siquiera. Yo no sufro este dolor como católico, como mahometano ni como ateo. Hoy sufro solamente. Si no me llamase César Vallejo, también sufriría este mismo dolor. Si no fuese artista, también lo sufriría. Si no fuese hombre ni ser vivo siquiera, también lo sufriría. Si no fuese católico, ateo ni mahometano, también lo sufriría. Hoy sufro desde más abajo. Hoy sufro solamente.[54]

---

51 Washington Delgado, prólogo, *Entre las calandrias*, xiv-xv.

52 "El poeta peruano César Vallejo (1892-1938) es una figura enigmática. Ha sido el centro de enconados debates literarios en América Latina. Hasta el día de hoy, los académicos discuten sobre el significado de su obra, su política, su religión, incluso sobre el tiempo que hacía en su funeral. No fue en particular famoso en vida, pero lo fue enormemente después de su muerte a tal punto que hay muchos que afirman que es el poeta más importante de América Latina". Stephen M. Hart, *Cesar Vallejo a Literary Biography* (NY: Tamesis, 2013), ix.

53 Arguedas, *El zorro de arriba y el zorro de abajo* (Lima: Editorial Horizonte, 2011), 235.

54 César Vallejo, *Obra poética completa* (Madrid: Alianza Editorial, 1982), 187-8.

Arguedas compartía con Vallejo la misma visión compasiva del mundo, que explora en un artículo que escribió para *La Prensa* el 26 de mayo de 1946:

> Creo que no exageran los que afirman que Vallejo es una fuente nueva y aborigen de la literatura americana. El ideal de convertir al hombre creador de esta tierra en un señor que contempla su patria y extrae su jugo, pero con una alta conciencia, lo realizó él por primera vez y con la plenitud del que funda. Nuevo en su lenguaje, en su doctrina y en los mundos que legó.[55]

Su identificación con Vallejo es clara; para Arguedas el verdadero creador es el hombre capaz de "extraer" la esencia de su gente y de su patria. Vallejo fue uno de estos creadores; Arguedas, también. El verbo "extraer" actúa como metáfora para referirse a la capacidad de llegar a la esencia de las cosas a través del lenguaje y de no quedar satisfecho con lo superficial.

Su admiración por el poeta lleva a Arguedas a preocuparse también de enseñar valores a los jóvenes estudiantes usando para este propósito la obra de Vallejo. En una carta a Moreno Jimeno, dice:

> Y ahora te daré algunas noticias interesantes: he dado una clase especial, en todas las secciones del Colegio, sobre Vallejo. Les hablé de la vida de Vallejo, bastante largo, de todos sus trabajos, de sus luchas, y de esto en detalle. [...] Los muchachos saben ahora, perfectamente quien fue Vallejo, y estoy seguro que lo quieren.[56]

El hecho de que Arguedas creyera que personificaba a la nación estaba ligado a su misión de preparar a las nuevas generaciones. Así, además de su interés en la creación literaria y en la investigación antropológica, se preocupaba por la gente joven y sus ideales. Dejó algunos manuscritos a su hermano Arístides, que había escrito a comienzos de abril de 1966, en los que dice cosas interesantes de la juventud peruana y el futuro del país. Por ejemplo:

> Veo a la juventud algo desesperada, quizás sin modelos nacionales poderosos que los orienten y con una confusión internacional terrible. Pero ahí está el Perú. Que no me llamen estrecho de entendimiento e ideales.[57]

---

55 En Roland Forgues, *La letra inmortal*, 28.

56 José María Arguedas, Sicuani, a Manuel Moreno Jimeno, 11 de noviembre de 1940, en Forgues, *La letra inmortal*, 96.

57 En Pinilla, ed., *Arguedas en familia*, 264.

Cuando dice "ahí está el Perú", quiere decir que el país tiene el potencial de enriquecer las aspiraciones de los jóvenes, pero que son necesarios líderes con el talento para reconocer y usar el rico contexto cultural peruano. El propio Arguedas sintió esta misión de dar a los jóvenes la oportunidad de conocer las riquezas del Perú a través de su literatura.

La tarea que Arguedas se impone para ayudar a conectar a los peruanos se ve en la carta a Hugo Blanco, un líder izquierdista a quien el escritor nunca conoció en persona, pero con quien se identificaba en sus ideales políticos:

> Yo, hermano, sólo sé llorar lágrimas de fuego; pero con ese fuego he purificado algo la cabeza y el corazón de Lima, la gran ciudad que negaba, que no conocía bien a su padre y a su madre; le abrí un poco los ojos; los propios ojos de los hombres de nuestro pueblo les limpié un poco para que nos vean mejor. Y en los pueblos que llaman extranjeros creo que levanté nuestra imagen verdadera, su valer, su valer verdadero, creo que lo levanté alto y con luz suficiente para que nos estimen, para que sepan y puedan esperar nuestra compañía y fuerza; para que no se apiaden de nosotros como del más huérfano de los huérfanos; para que no sienta vergüenza de nosotros nadie.[58]

Cuando Arguedas le escribe, Hugo Blanco está en prisión. Algunos (incluyendo su segunda esposa) consideran que las pocas y emotivas cartas que le dirige son ejemplo de sus ideales políticos.[59]

Sin embargo, deberíamos tener cuidado con estas cartas. Después de la victoria de la revolución cubana, existía una atmósfera política en toda América Latina que incitaba la posibilidad de cambio en otros países. Además, antes de su suicidio en diciembre de 1969, Arguedas estaba especialmente sensible, y su lenguaje en particular intenso y expresivo. En este pasaje, el escritor está diciendo que había cumplido con su misión de lograr que los andinos fueran visibles y respetados por la gente de Lima y por los extranjeros. Aunque no la menciona, la palabra "andinos" está implícita. Afirma que después de él, no debería haber razón alguna para que nadie en la ciudad sienta vergüenza o se apiade de ellos. Podemos ver que él mismo se incluye entre esta gente que Lima "negaba". Es interesante

58 José María Arguedas, Lima, a Hugo Blanco, Lima (sin fecha, 1969) en Forgues, *La letra inmortal*, 54.

59 "Basta leer las cartas a Hugo Blanco para entender que José María era fundamentalmente político; tratar de despolitizarlo es tratar de borrar su propia imagen". Sybila Arredondo, entrevista de Maruja Barrig en *Runa Revista del Instituto Nacional de Cultura*, 6 (Noviembre - diciembre de 1977): 15.

que diga que no solo para los extranjeros los pueblos andinos no existían, sino para "los hombres de nuestro pueblo", pues carecían de la información y menospreciaban a su propia población andina.

La personificación de la nación pesaba sobre Arguedas. En su último año de vida se le hacía difícil escribir, pero todavía se sentía responsable ante la nación peruana. Creía que debía completar, a pesar de sentirse exhausto, su misión de vincular entre ellos a los peruanos, pero no podía hacerlo porque su condición mental empeoraba. En una carta a Lola Hofmann, su psicoanalista, le dice en julio de 1969:

> Siempre me ha causado desesperación el encierro con imposibilidad de trabajar. Tengo una tremenda opresión a la nuca. Y así estoy inerme, algo como devorándome a mí mismo. Pero debo salir de este trance; en nombre de mi pueblo, en correspondencia a la tenaz, sabia y generosa ayuda que de usted he recibido.[60]

Pero al final, aunque devastado emocionalmente, Arguedas se sentía orgulloso de su vida y de haber revelado el mundo andino oculto del Perú, parte importante de la identidad nacional:

> Con la novela trunca en mi mente y en toda mi naturaleza yo no puedo dictar clases ni investigar, pero aquí tampoco puedo concluir o terminar la novela. Ya no me es posible tampoco volver donde Ud. a Chile. Estoy condenado. Pero he hecho una vida completa, pura, fecunda, ejemplar; he revelado un mundo que veo ahora, casi como un dios pequeñito antiguo, lo veo desarrollarse, incontenible, generoso y resplandeciente. Lo hemos hecho los dos, Lola, la gran parte: *Todas las Sangres* y *Hombres y dioses de Huarochirí,* descubrieron al Perú y América un verdadero universo.[61]

Arguedas escribió esta carta dos meses antes de suicidarse. Resulta entonces muy significativo que exprese satisfacción por sus logros, así como gratitud hacia su psicoanalista por haberlo ayudado a terminar su trabajo más importante. Las dos obras que menciona, *Todas las sangres* y *Hombres y dioses de Huarochirí,* son para él símbolos que representan a la sociedad peruana. La novela es una descripción contemporánea del Perú de ese tiempo (la década de 1960) mientras que los mitos son las raíces donde los peruanos (y el conjunto de América) buscarían sus orígenes;

60 José María Arguedas a Lola Hofmann, 17 de julio de 1969, en John V. Murra y Mercedes López-Baralt, eds., *Las cartas de Arguedas*, 215.

61 José María Arguedas, Lunahuaná, a Lola Hofmann (Chile), 16 de septiembre de 1969, en John V. Murra y Mercedes López-Baralt, *Las cartas de Arguedas*, 235.

mitos que también le ayudaron a entretejer las historias de su última novela.

En este capítulo, hemos visto cómo Arguedas describe su personificación de la nación a través de sus cartas. Esta personificación implica mantener vivo en su interior la historia del país —enraizada en la mitología y cultura andina, el imperio inca, la colonia y la república— y las intersecciones, los encuentros y desencuentros de las diferentes clases sociales y razas. El escritor se constituye como puente entre estas, asumiendo un rol mesiánico y colocándose en el lugar de entrecruzamiento de las diferentes fases de la transformación histórica de la sociedad peruana.

CAPÍTULO 3

EL SER EN TANTO AUTOR

En este capítulo analizaré la manera en que Arguedas se describe como autor en sus cartas. En primer lugar, exploraré cómo se consideraba en tanto intelectual y escritor que fluctuaba entre la literatura y la antropología. El escritor buscaba un nuevo estilo literario que diera más importancia al contenido que a la forma, reconociendo la relación íntima entre ficción y realidad en su obra literaria. En segundo lugar, estudiaré su relación con otros escritores y editores. Finalmente, analizaré qué es lo que revela acerca de sus compromisos políticos en su correspondencia. Deberíamos tomar en cuenta que en la representación de sí mismo como autor, el escritor cambia de perspectiva con el tiempo; por tanto, a veces pareciera que se contradice. Sin embargo, es posible ver al hombre detrás de estos cambios y contradicciones.

Su condición de intelectual y escritor

Arguedas se describe como un hombre creativo que disfruta del solitario proceso de creación artística. Una de las cosas destacables es que valora el estudio como forma de adquirir conocimiento. Cuando, en 1959, escribe a su hermano acerca de la investigación etnológica que hacía en Huancayo, afirma que "El verdadero hombre de estudio no se satisface con poco; solo se anima a establecer una conclusión cuando ha agotado las fuentes de información".[1] A pesar de que en esta cita se refiere a su investigación y nunca duda de su capacidad como cientista social, su

1 José María Arguedas, Puerto Supe, a Arístides Arguedas, Caraz, 10 de diciembre de 1959, en Carmen María Pinilla, ed., *Arguedas en familia* (Lima: Fondo Editorial de la PUCP, 1999), 254.

pasión, empero, es la escritura creativa pues se considera más talentoso para esta. En la misma carta, dice a su hermano:

> Debes sostener ante tus amigos que no soy una autoridad en la materia, cuando se trata de sociología o etnología; que en esos campos soy un trabajador de nivel medio. No ocurre lo mismo en lo que se refiere al relato en lo que sin duda tengo algunas cualidades sobresalientes.[2]

Podemos ver que el escritor no admite sus logros como investigador, a pesar de su sólido y original trabajo. De hecho, el antropólogo Rodrigo Montoya considera que "la antropología arguediana está comprometida con el país, es una antropología que está razonando con el Perú y que está articulando sus hervores".[3] No obstante, en términos profesionales, Arguedas prefiere presentarse con orgullo como escritor. En una carta a su amigo Emilio Westphalen, expresa su dificultad de seguir con su investigación, al tiempo que dice sentirse más cómodo creando:

> Espero que la crisis ésta se me pase casi tan inmotivadamente como se agudiza. Si no no podré librarme del trabajo sobre comunidades de Castilla y el Perú, que he empezado, que será lo último que haga en etnología, a Dios gracias. Estos proyectos me cautivan pero me martiriza el escribirlos, por mi falta de orden y de buena formación profesional. Mientras que los relatos cuando están ya concebidos salen tranquilamente.[4]

Aquí Arguedas se refiere a la investigación que hizo en España, en la que comparó las interacciones sociales de las comunidades rurales de España y el Perú. El estudio concluyó que en España las interacciones comunitarias en zonas rurales son similares a las relaciones comunales de cooperación en el Perú, probablemente heredadas de tiempos coloniales.[5]

Desplazándose entre la antropología y la literatura, no resulta inusual que comparase su producción en ambas disciplinas. En una carta a su hermano, Arguedas expresa su sorpresa de que su tesis ganara un premio, mientras que en novela no obtuviera nada:

---

2 José María Arguedas, Puerto Supe, a Arístides Arguedas, Caraz, 10 de diciembre de 1959, en Pinilla, *Arguedas en familia*, 254-55.

3 Rodrigo Montoya, entrevista de la autora, Lima, 14 de julio 2010.

4 José María Arguedas, Supe, a Emilio Westphalen, 19 de marzo de 1959, en Inés Westphalen Ortiz, *El río y el mar. Correspondencia José María Arguedas/Emilio Adolfo Westphalen* (México: Fondo de Cultura Económica, 2011), 201-202.

5 José María Arguedas, "Las comunidades de Castilla y el Perú, estructura social del grupo: cooperación, dos economías, dos mundos", *Revista del Museo Nacional* 32 (1963): 81-88.

> Acepté que se presentara al concurso mi tesis, cuando estuve en España, porque deseaba saber si las cosas en nuestro país llegarían al colmo de que a un novelista se le negara el premio de la novela y se le diera, en cambio el de investigación científica. Y así ha sido. Se ha producido algo muy curioso. Mi tesis fue presentada por un amigo, cuando yo estaba ausente. Y ha obtenido el premio. Tal parece que las decisiones entre gente que se dedica a la ciencia son mucho más honestas que en el campo de las letras.[6]

La tesis premiada para optar por el título en Antropología se titulaba: "Evolución de las comunidades indígenas. El valle del Mantaro y la ciudad de Huancayo: un caso de fusión de culturas no comprometida por la acción de las instituciones de origen colonial". La novela que presentó al concurso nacional "Fomento a la Cultura Ricardo Palma", se llamaba "Diamantes y pedernales", pero el concurso fue declarado desierto. Arguedas pensaba que el fallo era injusto y que había tenido el propósito de dañarlo.[7] Pero su desilusión al no recibir el premio muestra que creía que lo merecía y es probable que así fuera. En todo caso, no recibió ninguna explicación convincente acerca del fallo.

Arguedas consideraba la literatura como una herramienta para expresar lo que estaba pasando. Para él no había separación entre literatura y realidad. Al establecer una relación entre literatura y antropología, entre ficción y realidad, el escritor se anticipa a James Clifford y George E. Marcus que, en un libro publicado en 1985, afirman que "Las aproximaciones literarias recientemente gozan de popularidad en las ciencias humanas".[8]

En un encuentro literario de 1965, el escritor da testimonio del hecho de que su obra ficcional está nutrida de realidad. También defiende su posición frente a otros escritores diciendo:

> Cuando he releído con temor las pocas cosas que he escrito, he tenido la convicción, la felicidad indefinible de saber que eso que he dicho es absolutamente la verdad, no hay allí un ápice de mentira, es la verdad. Yo puedo demostrar que es la verdad, a pesar que, como en el caso de Ciro [Alegría], muchos de los personajes descritos en sus novelas fueron totalmente creados o casi creados, como en el caso, por ejemplo de don Bruno y de Rendón Wilka en *Todas las sangres.* [...]. La realidad

6 José María Arguedas, Lima, a Arístides Arguedas, Caraz, 10 de diciembre de 1959, en Pinilla, *Arguedas en familia*, 252-253.

7 Ver Pinilla, ed., *Arguedas en familia*, 252-253.

8 "Literary approaches have recently enjoyed some popularity in the human sciences". James Clifford & George E. Marcus, eds., *Writing Culture: The Poetics and Politics and Ethnography* (Berkeley: University of California Press, 1985), 3.

> es la fuente de la creación. Cuanto más contacto haya tenido el hombre con la realidad, su obra será mucho más expresión de lo que es el hombre, y al describir un hombre de cualquier parte del mundo, por ventura, se está describiendo al hombre universal.[9]

En esta cita, Arguedas distingue su estilo del de Ciro Alegría,[10] quien habría creado personajes ficcionales y no como él, basados en la realidad. Sería difícil explicar lo que quiere decir con "realidad" porque el escritor por lo general se basa en su intuición y en argumentos no académicos. En todo caso, su preocupación por la verdad y el universalismo, la confrontación con la experiencia, la realidad y la verdad, y el énfasis aparente de lo nomotético sobre lo ideográfico hacen de él un modernista.

No he encontrado en sus cartas ninguna referencia directa sobre la influencia que la antropología estructuralista hubiera podido tener sobre su obra; sin embargo, estaba consciente de la importancia de las contribuciones de Claude Lévi-Strauss en este campo y envió a su discípulo y amigo, Alejandro Ortiz, a que estudiara un doctorado en Francia bajo la supervisión del antropólogo francés, para que aplicara estas nuevas teorías y tendencias a la realidad peruana. Con todo, en una de sus cartas a su discípulo, Arguedas menciona que Ortiz se consideraba más discípulo suyo que de Lévi-Strauss.[11] Podríamos decir que el escritor se parece a Auerbach en su famoso libro *Mímesis*, que trata de la representación de la realidad en la literatura. En este libro, el filólogo alemán establece que las dos principales corrientes de la cultura occidental —la tradición homérica y el Antiguo Testamento— también tuvieron influencias foráneas que determinaron su forma de representar la realidad en la literatura europea.[12] Arguedas, desde un punto de vista diferente (basado en la mitología andina y la realidad social peruana), presta atención a la representación de la realidad en la literatura y pareciera responder a una motivación en tanto autor cuando reivindica que escribe la verdad. La paradoja aquí es que, al reivindicar la verdad en la representación literaria, se proclama como su

9 *Primer Encuentro de Narradores Peruanos-Arequipa 1965* (Lima: Casa de la Cultura, 1969), 109-110.

10 Ciro Alegría (1909-1967) perteneció al movimiento indigenista de comienzos del siglo XX. Describió la cultura indígena del norte del Perú, donde no se habla quechua. Sus principales novelas son *La serpiente de oro* y *El mundo es ancho y ajeno.*

11 José María Arguedas, Santiago de Chile, a Alejandro Ortiz, París, 3 de marzo de 1969, en Alejandro Ortiz Rescaniere, ed., *José María Arguedas. Recuerdos de una amistad* (Lima: Fondo Editorial de la Pontificia Universidad Católica del Perú, 1996), 281-282.

12 Erich Auerbach, *Mimesis. The Representation of Reality in Western Literature* (Princeton, NJ: Princeton University Press, 2003), 23.

portador inscribiendo esta visión de mundo en su escritura, pero sin que esta le pertenezca por completo.

Aunque Arguedas considera que la experiencia es muy importante para la representación de la verdad y la realidad en su obra literaria, requería de un tiempo largo de procesamiento antes de poder escribir; sin embargo, una vez que comenzaba a hacerlo, el proceso fluía de manera natural. Así, en una de sus cartas a John Murra, el escritor le explica que su proceso creativo podía tomarle años, pero una vez decantado en su mente, podía llegar a escribir un cuento en poco tiempo:

> "La agonía de Rasu Ñiti". Estoy feliz con ese relato porque lo venía madurando desde hace unos ocho años y lo escribí en dos días. Te enviaré una copia. Tiene sólo 11 páginas. "Rasu Ñiti" era un bailarín legendario de Puquio.[13]

Podríamos argumentar que, al decir que escribió el relato en pocos días, Arguedas se enmarca en el tipo de escritura automática de la tradición de Jack Kerouac, William Blake, André Breton, William James y Gertrude Stein.[14] Sin embargo, puede ser que usara la mnemotecnia como estrategia en su proceso de creación literaria. En todo caso, al no tener evidencia del proceso arguediano de gestación de una obra, es difícil decir cuán automática era su escritura.

Además de su proceso creativo, es posible rastrear en sus cartas su concepto de intelectual, teniendo en cuenta que se esfuerza en negar que lo fuera. Cuando tenía unos 26 años, le confiesa a su hermano Arístides:

> [...] deseo ser absolutamente libre, irme a cualquier parte sin responsabilidad de ninguna clase. Yo estoy cansado de la vida de la ciudad; además odio profundamente la vida de intelectual que estoy llevando; yo no quiero ser de ninguna manera un intelectual; muy pronto me largaré por ahí, a vivir, a vivir ciertamente la vida del pueblo.[15]

Esta carta la escribió en 1937 y en esos tiempos, la típica vida de un intelectual consistía en estar involucrado no solo en vida académica sino también en movimientos políticos que ideológicamente todavía estaban

13 José María Arguedas, Lima, a John Murra, EE.UU., 12 de noviembre de 1961, en John V. Murra y Mercedes López-Baralt, eds., *Las cartas de Arguedas* (Lima: Fondo Editorial de la Pontificia Universidad Católica del Perú, 1996), 66.

14 El concepto de escritura automática se describe en el ensayo de Alex Albright titulado "Ammons, Kerouac, and their New Romantic Scrolls", en Jack Kerouac, *On the Road*, ed. Harold Bloom (Broomall, PA: Chelsea House Publishers, 2004), 115-140.

15 En Pinilla, ed., *Arguedas en familia*, 138.

influenciados por el nacionalismo moderno y el positivismo.[16] Aunque en este pasaje Arguedas expresa su sensación de no adecuarse bien a la vida intelectual, más adelante se vuelve un nuevo tipo de intelectual, un *intelectual híbrido*, el cual de acuerdo con Lambright es el que "comienza la tarea de desentrañar el discurso dominante sobre la nación y proponer maneras alternativas de comprender y estar en el Perú".[17] Además de su aversión a la "vida intelectual", el escritor se describe como un espíritu libre. Leyendo la carta nos damos cuenta de que "ser absolutamente libre" se refiere, en este caso específico, al hecho de que no quiere comprometerse con ninguna mujer, porque cree que tiene todavía mucho que vivir y luego escribir sobre sus experiencias. En ese entonces estaba viviendo con una mujer de izquierda llamada Adela, pero la opción de vida marital, incluso de vida intelectual, imponía ciertas restricciones en gente joven como él, que encontraba difícil aceptar limitaciones. Arguedas tenía grandes expectativas sobre su futuro, pero luego de su experiencia en la cárcel entre 1937 y 1938, y otras frustraciones cuando estaba trabajando para el gobierno, socavaron sus sueños iniciales de libertad. Siguiendo las distinciones de Ofelia Schuette entre la liberación personal, social y nacional en América Latina, podríamos decir que en esta carta el escritor se refiere sobre todo a la liberación personal.[18] En todo caso lo que permaneció inalterable en él fue su relación intensa con la escritura creativa.

16 "El positivismo influenció de manera diferente a los dos grupos de intelectuales que surgieron finalmente [en el Perú de comienzos del siglo XX]: los literatos o los intelectuales de izquierda y los abogados y académicos [...]. No obstante, todos compartían una preocupación profunda por la nacionalidad y surgieron como las generaciones más importantes de intelectuales peruanos en todo el periodo republicano: la 'generación de 1919'. Sus propuestas sociales, políticas, económicas y culturales proporcionan los supuestos básicos del nacionalismo peruano moderno". Jesús Chavarría, "The Intellectuals and the Crisis of Modern Peruvian Nationalism: 1870-1919", *Hispanic American Historical Review* 50, no. 2 (May 1970): 257-78. Cita en pág. 259.

17 "...begins the task of unraveling the dominant discourse on the nation and proposing alternative ways of understanding, and being in Perú". Anne Lambright, *Creating the Hybrid Intellectual: Subject, Space, and the Feminine in the Narrative of Jose Maria Arguedas* (Cranbury, N.J.: Rosemount, 2007), 10.

18 "La noción de liberación personal, en el sentido de auto desarrollo para una vida de libertas y creatividad, es resultado del pensamiento humanista occidental [...] La liberación social se refiere a la necesidad de liberar a los individuos de estructuras de opresión social, en particular aquellas que crean o reproducen desigualdades por razón de clase económica, sexo, raza, contexto de la realidad social latinoamericana para pobres, mujeres, pueblos indígenas, negros, campesinos y obreros. La liberación social tiene que ser distinguida de la nacional, la cual en el contexto de la política de izquierda muchas veces se considera una independencia 'segunda' o 'definitiva' para los pueblos latinoamericanos en relación con el imperialismo occidental o neocolonialismo". Ofelia Schuette, "Social Liberation, Identity, and the Recovery of Early Marxist Thoughts: Preliminary Observations". In: http://www.sunypress.edu/pdf/52620.pdf, 9-10.

El concepto de escritura creativa también aparece en su correspondencia. En una carta a José Ortiz, Arguedas ofrece una definición de escritor: "El escritor es el que ha sentido en lo más íntimo de su vida algo de los grandes dolores y las desdichas de su tiempo, y tiene la capacidad de expresión suficiente para interpretarlos".[19] Esta definición describe la convicción central de Arguedas acerca de su profesión. Para él, la escritura literaria no debería ser simplemente ficción sino una senda posible para comprender el dolor y las miserias que afligen a los seres humanos. De adolescente, José María leyó *Los miserables* de Victor Hugo. La novela lo impactó enormemente, como dice en la carta que escribe a Ángel Flores, director de la revista *Américas* de la Organización de Estados Americanos (OEA):

> El primer libro que me conmovió, revelándome el poder de la literatura fue "Los miserables" de Victor Hugo. [...]. Fue en 1925; yo tenía 14 años. Cada hora, en plena lectura, salía a tomar sol y a respirar hasta la huerta. [...]. En dos oportunidades sentí que no podía resistir la emoción que me causaba el relato; me parecía que el corazón se me detenía. Yo creo que desde aquellos días concebí la ilusión de escribir relatos.[20]

Arguedas compartía la noción de "miserable" del escritor francés, en el sentido de que es una condición social susceptible de cambio. De hecho, Victor Hugo diferenciaba "entre 'sufferance' (sufrimiento) que es parte de la ley divina y nunca puede ser erradicaba y 'misère' (pobreza) que es social".[21] Además de su empatía por el miserable, el escritor quería representar la realidad a través de la ficción. El debate acerca de la relación entre realidad y ficción es filosófico, y ha sido objeto de diferentes enfoques. Uno de ellos es el de Rebuschi y Renauld, quienes usan el concepto de indispensabilidad ontológica de la verdad formulado por Quine para establecer un cierto tipo de indispensabilidad de la verdad en la ficción.[22]

19 En Ortiz Rescaniere, ed. *José María Arguedas. Recuerdos de una amistad*, 73.

20 José María Arguedas, Lima, a Ángel Flores, Nueva York, 23 de noviembre de 1955, en Carmen María Pinilla, ed. *Apuntes inéditos: Celia y Alicia en la vida de José María Arguedas* (Lima: Fondo Editorial de la Pontificia Universidad Católica del Perú, 2007), 169.

21 "...between the 'sufferance' (suffering) that is a part of divine law and can never be eradicated and the misère (poverty) that is social". Deborah Jenson, *Trauma and Its Representations: The Social Life of Mimesis in Post-Revolutionary France* (Baltimore: Johns Hopkins University Press, 2001), 181-2.

22 Ver Manuel Rebuschi & Marion Renauld, "Form, Indispensability, and Truths", en *Truth in Fiction*, ed. Frank Lihoreau (New Brunswick, N.J.: Transaction, 2011), 245-86.

Para Arguedas, la escritura creativa era una pasión; una vez que se involucraba en el proceso de creación, nada podía detenerlo. En un mensaje grabado dirigido a Alejandro Ortiz Rescaniere, su discípulo e hijo de su amigo José Ortiz Reyes, en diciembre de 1967, Arguedas dice:

> Yo creo que alguna vez te dije que cuando se empieza a escribir, cuando uno empieza a escribir, comienzan a brotar los mundos y uno no se convierte sino en una especie de médium en intermediario de verdaderos universos y van saliendo del cuerpo de uno, de la manera más extraña. Entonces yo he enlazado esta mañana, o creo haber enlazado todas esas historias dispersas, formidables, a mí me parece, quizá se pueda mostrar el Perú de hoy que es formidable, tan mezclado, tan hirviente.[23]

En este pasaje el escritor está usando dos pronombres, el pronombre indefinido "uno" que designa al hablante, y el pronombre personal "yo" al final de la cita. Con esto da la impresión de que, al explicar su proceso de escritura, Arguedas da primero una explicación general de su proceso, pero luego se involucra más y se vuelve más personal. Al describir al escritor como un médium refuerza su proximidad con la escritura automática, pero describe el acto de escribir como algo somático ("verdaderos universos [...] van saliendo del cuerpo de uno"), Arguedas representa al escritor alejado de la racionalidad y en sintonía con sus emociones. Podríamos relacionar esto con sus pretensiones juveniles de no querer ser un intelectual, tal vez porque, como afirma Pedro Lastra, su alma era más el alma de un poeta.[24]

Aunque Arguedas era muy productivo en varias áreas (antropología, educación, literatura y como promotor cultural), hay varios momentos donde expresa que su verdadera vocación es la escritura creativa, como le dice a su amigo John Murra:

> Usted sabe que mi verdadera vocación y oficio es la narración y en ella sí he dado algo original y acaso permanente. Mi ilusión mayor era escribir esta novela perfectamente bien concebida; pero acaso dada mi mala salud nunca llegué a escribir; y este es mi mayor tormento.[25]

23 Transcripción de un mensaje grabado de José María Arguedas a Alejandro Ortiz Rescaniere en diciembre de 1967, cuando este estaba en París estudiando para su doctorado en Antropología. En Ortiz Rescaniere, ed., *José María Arguedas. Recuerdos de una amistad*, 251.

24 Pedro Lastra, entrevista de la autora, Lima, 24 de abril de 2014.

25 José María Arguedas, Lima, a John Murra, 10 de abril de 1960, en Murra y López-Baralt, *Las cartas de Arguedas*, 33.

Arguedas escribe la carta a Murra en 1960, cuando todavía no había escrito *Todas las sangres* que, como dijimos antes, consideraría su mejor novela. En el fragmento muestra su ambición de escribir una novela "perfectamente bien concebida", pero su "vocación" es más intensa y visceral que, por ejemplo, la de Mario Vargas Llosa. En su libro *Cartas a un joven novelista,* Vargas Llosa[26] habla de la vocación literaria y se describe como más racional y disciplinado en su proceso creativo. Vargas Llosa estaría enmarcado en la categoría de "escritor profesional" que Arguedas describe en el "Primer diario" de su última novela y con la que él no se identificaba.[27] Al final, *El zorro de arriba y el zorro de abajo* sería esta novela "perfectamente bien concebida" que Arguedas estaba buscando escribir, porque aunque técnicamente inacabada, integra la vida (y la muerte) del autor, el argumento y la historia peruana en una sola obra creativa.

Por lo menos para los críticos y lectores posteriores, *El zorro de arriba y el zorro de abajo* ha sido considerada una novela de vanguardia que representa a los peruanos contemporáneos. Hoy se la conoce internacionalmente y muchos estudiosos piensan que es la mejor de las novelas de Arguedas. Es difícil decir si el escritor concibió su suicidio como parte de ella o si fue una combinación natural de su proceso creativo y su enfermedad mental. La inserción de sus diarios en la novela y la publicación anterior del "Primer diario" en una revista podría dar la impresión de que fue un plan preconcebido.[28] Vargas Llosa afirma que Arguedas chantajea a sus lectores con su suicidio para hacer que reconsideren el texto bajo la luz de este.[29] Pienso, empero, que el premio Nobel no es un crítico válido de la obra arguediana; aunque ambos son autores peruanos de gran importancia para la literatura, representan dos visiones de mundo diferentes. El escritor arequipeño, como muchos peruanos con una educación más occidentalizada, no comprende cabalmente el mensaje antropológico de la literatura arguediana y presta demasiada atención a las referencias biográficas, tal el caso del suicidio de Arguedas. Pero podríamos entender este como el símbolo mitológico del comienzo de una nueva era en la historia peruana: el escritor habría transformado su biografía en una

26 Mario Vargas Llosa, *Cartas a un joven novelista* (Barcelona: Editorial Planeta, 1997).

27 José María Arguedas, *El zorro de arriba y el zorro de abajo* (Lima: Editorial Horizonte, 2011), 25.

28 Marcela Croce recrea la polémica entre Arguedas y Cortázar en relación a la publicación de su primer diario en el número 6 de la revista *Amaru* en 1968. Marcela Croce (comp.) *Polémicas intelectuales en América latina. Del meridiano intelectual al caso Padilla (1927-1971)* (Buenos Aires: Ediciones Simurg, 2006), 160.

29 Mario Vargas Llosa, "Literatura y suicidio: el caso de Arguedas (*El zorro de arriba y el zorro de abajo*)", *Revista Iberoamericana* 110-111(1980, enero-junio): 3-28.

metáfora del Perú. El escritor serrano obliga a sus lectores a pasar por alto las circunstancias de su vida para que entiendan su visión del futuro; la interpretación de Vargas Llosa no llega a dar este paso. El suicidio de un autor, como afirma Elizabeth Leake, "reinscribe la díada escritor-lector, instigando a una reinterpretación de su obra por parte de los lectores armados con nuevas herramientas hermenéuticas".[30]

Además de su vocación por la escritura creativa, las relaciones sociales tuvieron también influencia en la construcción arguediana de su ser en tanto autor, y cómo se presentaba en sus cartas y diarios, en especial en la manera en que daba forma a su identidad. El sentido de identidad no es algo fijado de antemano; las relaciones sociales le dan forma. Como resaltan Peter Berger y Thomas Luckmann en su libro *La construcción social de la realidad*, "La identidad se forma por procesos sociales. Una vez que cristaliza, es mantenida, modificada o aun reformada por las relaciones sociales".[31] Podemos ver un ejemplo de cómo Arguedas refuerza su identidad como intelectual peruano cuando viaja a México por primera vez para asistir a una conferencia internacional. En una carta de junio de 1940, a su amigo Manuel Moreno Jimeno, dice:

> Los mexicanos son unos tipos estúpidos y de una pedantería que no es para contarla en cuatro líneas, a mi vuelta hablaremos extensamente de eso, que dicho sea de paso, es el desengaño más espantoso de cuantos he sufrido. En México el ambiente intelectual o de cultura es completamente chato; Moro[32] nos decía ayer "Comparando con los mexicanos nosotros estamos podridos de puro civilizados y cultos," y así es. Lima es una ciudad luz comparada con ésta aunque te parezca una fantasía.[33]

La primera impresión del escritor acerca de los intelectuales mexicanos cambia en subsiguientes viajes, después de darse la oportunidad de conocer a artistas y escritores con los que tendría más conexión. De he-

30 "...reinscribes the dyad of writer-reader, instigating a reinterpretation of his or her opus by readers armed with new hermeneutical tool". Elizabeth Leake, *After Words: Suicide and Authorship in Twentieth-Century Italy* (Toronto: University of Toronto Press, 2011), 13.

31 Peter L. Berger y Thomas Luckmann, *La construcción social de la realidad* (Buenos Aires: Amorrortu, 1986), 216.

32 César Moro (1903-1956), poeta y pintor peruano, que perteneció al movimiento surrealista internacional. Durante su estadía en París conoció a André Bretón y Paul Éluard.

33 José María Arguedas, Sicuani, a John Murra, (sin fecha, probablemente enero/febrero de 1940), en Roland Forgues, ed., *José María Arguedas: la letra inmortal. Correspondencia con Manuel Moreno Jimeno* (Lima: Ediciones de los Ríos Profundos, 1993), 70.

cho, uno de los que admiraba y con el que se identificaba era Juan Rulfo, a quien menciona en su "Primer diario" y describe como un artista que escribe con pasión, por vocación:

> Ayer escribí cuatro páginas. Lo hago por terapéutica, pero sin dejar de pensar en que podrán ser leídas. ¡Qué débil es la palabra cuando el ánimo anda mal! Cuando el ánimo está cargado de todo lo que aprendimos a través de todos nuestros sentidos, la palabra también se carga de esas materias ¡Y cómo vibra! Yo me convertí en ignorante desde 1944. He leído muy poco desde entonces. Me acuerdo de Melville, de Carpentier, de Brecht, de Onetti, de Rulfo. ¿Quién ha cargado a la palabra como tú Juan, de todo el peso de padeceres, de conciencias, de santa lujuria, de hombría, de todo lo que en la criatura humana hay de ceniza, de piedra, de agua, de pudridez violenta por parir y cantar, como tú? [34]

El escritor interpela aquí a Juan Rulfo como si le estuviera hablando directamente en su diario. Al escribir sobre el escritor mexicano, Arguedas se ve a sí mismo en él y por eso también habla de él; hay una identificación natural con Rulfo. Es importante resaltar que, en su *Primer diario,* Arguedas marca la diferencia entre los escritores profesionales y los verdaderos creadores, los que escriben con pasión. Para el escritor, Rulfo y él son verdaderos creadores porque ambos aprendieron con sus sentidos y desde "adentro" de las cosas, siendo capaces de transmitir una experiencia holística en su escritura. Luego, en el *Primer diario,* se refiere a Rulfo de la siguiente manera:

> Tú fumabas y hablabas, yo te oía. Y me sentí pleno, contentísimo, de que habláramos los dos como iguales. En cambio a don Alejo Carpentier lo veía como muy "superior", algo así como estos poblanos a mí, que me doctoreaban. Sólo había leído *El reino de este mundo* y un cuento; después he leído *Los pasos perdidos.* ¡Es bien distinto a nosotros! Su inteligencia penetra las cosas de afuera adentro, como un rayo; es un cerebro que recibe lúcido y regocijado, la materia de las cosas, y él las domina. Tú también Juan, pero tú de adentro, muy de adentro, desde el germen mismo; la inteligencia está; trabajó antes y después.[35]

Al explicar estos dos tipos de escritores y situarse del lado de Rulfo, opuesto a Carpentier ("¡Es bien distinto a nosotros!"), Arguedas construye una imagen de sí mismo como escritor con la capacidad de entender

34 José María Arguedas, *El zorro de arriba y el zorro de abajo.* (Lima: Editorial Horizonte, 2001), 17-18.

35 Arguedas, *El zorro de arriba y el zorro de abajo,* 19.

profundamente desde "adentro", cerca de la naturaleza de las propias cosas, lejos de la separación moderna de Occidente entre sujeto y objeto. El escritor se identifica con el propio objeto, por eso probablemente su concepción de la literatura causó una famosa y polémica controversia con Julio Cortázar acerca del rol profesional del escritor. Todo comenzó con una carta abierta a Roberto Fernández Retamar, donde Cortázar afirma que un escritor latinoamericano profesional tiene una mejor perspectiva de su propio país cuando puede verlo desde fuera.[36] Esta afirmación hizo que Arguedas reaccionara y escribiera un artículo en la revista *Amaru*, expresando ideas que luego formaron parte del "Primer diario" de *El zorro de arriba y el zorro de abajo*, donde se considera un escritor provincial que no necesita irse del país para comprenderlo mejor; dice además que no es un escritor "profesional" como Cortázar y muchos otros:

> Y había decidido hablar hoy sobre el juicio de Cortázar respecto del escritor profesional. Yo no soy escritor profesional, Juan [Rulfo] no es escritor profesional, ese García Márquez no es escritor profesional. ¡No es profesión escribir novelas y poesías! O yo, con mi experiencia nacional, que en ciertos resquicios sigue siendo provincial, entiendo provincialmente el sentido de esta palabra oficio como una técnica que ha aprendido y se ejerce específicamente, orondamente para ganar plata. Soy en ese sentido un escritor provincial; sí, mi admirado Cortázar, y, errado o no, así entendí que era don Joao [Guimarães] y que es don Juan Rulfo. Porque de no, Juan, que conoce al infinito el oficio, no debería ser pobre. Yo tuve que estudiar etnología como profesión; el Embajador fue médico; Juan se quedó en empleado. Escribimos por amor, por goce y por necesidad, no por oficio.[37]

Como vemos Arguedas separa a los escritores en dos grupos: los "profesionales" y los que escriben "por amor", pero esta clasificación no es tan simple como parece. Los escritores "por amor" no solo tienen un compromiso total con su arte, sino también tienen una lógica distinta: su inteligencia penetra las cosas desde adentro. ¿Por qué estos autores (Arguedas, Rulfo, Guimarães, García Márquez) tienen una lógica diferente? Tal vez Michael Warner puede ayudarnos a comprender mejor esto. En su artículo, "Franklin and the Letters of the Republic" [Franklin y las cartas de la república], al referirse a este personaje, Warner señala que "la importancia de los textos impresos en la carrera de Franklin no es simplemente

36 Julio Cortázar, Saignon (Vaucluse), a Roberto Fernández Retamar, 10 de mayo de 1967 en Marcela Croce, comp., *Polémicas intelectuales en América Latina. Del meridiano intelectual al caso Padilla (1927-1971)* (Buenos Aires: Ediciones Simurg, 2006), 167-180.

37 Arguedas, *El zorro de arriba y el zorro de abajo*, 24-25.

una cuestión de haberse involucrado en las luchas locales en torno a la transformación de la política que la escritura de textos produjo. Se podría decir que él había personificado los temas escritos, es decir, había vivido en las estructuras de su carrera y personalidad de manera que estaban profundamente formadas por sus discursos escritos y publicados, y que articularon una carrera para el asunto de su discurso".[38] Según Warner, en la mente de Franklin se creó un nuevo razonamiento, producido por los textos impresos y la escritura: el "intelecto literal".

Como en el caso de Benjamin Franklin, podríamos decir que Arguedas aprendió también un cierto tipo de razonamiento, no solo por su manejo de textos escritos sino por la aplicación de todos sus sentidos, en especial el del oído, que permite una integración más cercana al mundo exterior. Carolyn Marvin en su artículo "Communication as Embodiment" [La comunicación como personificación] afirma que "La textualización crea por lo tanto el dilema moderno por el cual la clase textual arriesga perder el contacto, y todo lo que esto implica, no solo con las condiciones reales que sustentan su sociedad pero también con sus propios compromisos morales en tanto cuerpos con voluntad, sin sustituto posible para la supervivencia del grupo".[39] En contraste, a través de su temprana pertenencia a la tradición oral, Arguedas estaba enraizado en una forma de aprendizaje sensorial más contextualizada e integrada, y también tenía un sentido de pertenencia a la comunidad. El caso de Juan Rulfo en México es similar y por esto probablemente Arguedas lo consideró un alma gemela con relación a su estilo de escritura. Explorar con más detenimiento la nueva lógica arguediana de su correspondencia, que pertenece a dos tradiciones discursivas (la oral y la escrita), no es fácil pues solo podemos intuir su forma de pensar. Lo que principalmente revelan sus cartas es su estado emocional, la intensidad de su lenguaje, el tono afectivo que permea su escritura, el hombre detrás del texto.

---

38 "...the importance of print in Franklin's career is not simply a matter of his having been involved in the local struggles surrounding the transformation of the political by print. He may be said to have embodied the written subject that is, to have lived within the structures of career and personality in a way that was profoundly shaped by written and printed discourse, and that articulated a career for the subject of that discourse". Michael Warner, "Franklin and the Letters of the Republic", *Representations*, 16 (autumn, 1986), 113.

39 "Textualization therefore creates the modern dilemma in which the textual class risks losing touch, and everything that term implies, not only with the real conditions that sustain their society but also with their own moral commitments as willing bodies, for which there is no substitute, to the survival of the group". Carolyn Marvin, "Communication as Embodiment", en *Communication as: Perspective of Theory*, ed. Gregory J. Shepherd, Jeffrey St. John & Ted Striphas (Thousand Oaks, CA: Sage Publications, 2006), 73.

En varias de sus cartas, Arguedas menciona aspectos de su proceso literario creativo: el tipo de cosas que lo inspiraban o que lo impulsaban a escribir. Como antropólogo, mientras viajaba siempre estaba atento a las tradiciones orales andinas. Desde niño lo había hecho y, cuando fue maestro en Sicuani, motivaba a sus estudiantes a recopilar las historias orales de sus comunidades. En una carta a John Murra, le dice que una historia le llamó la atención y no la pudo grabar en ese momento, pero luego pudo escribirla de memoria. Hoy es uno de sus cuentos más famosos. A continuación, la cita de la carta a Murra:[40]

> [...] pude concluir de escribir en quechua y traducir el cuento *El sueño del pongo,* que es uno de los más bellos e interesantes que conocía. Se lo oí a un indio de Qaqta pero no pude grabarlo. Lo he reconstruido ahora a manera de un ejercicio de escribir una narración en quechua. Creo que la experiencia ha resultado buena.[41]

Según su correspondencia, pareciera que en su investigación antropológica Arguedas confiaba por lo general en su intuición como punto de partida de su escritura. En otra carta habla de uno de los viajes que hizo con John Murra y refuerza esta idea de que era la intuición lo que disparaba su proceso creativo:

> Te escribo porque comprendo que me acompañaste a Chimbote más que todo por acompañarme. Todo cuanto hablamos en el camino y en el bar del hotel mientras tomábamos té y café me sirvió mucho. Yo no tomo apuntes. Todo lo guardo en lo intuitivo. O escribiré una buena novela o no serviré para nada más. Si escribo la novela podré seguir haciendo otras cosas.[42]

En esta cita vemos que Arguedas nuevamente considera su escritura literaria como la actividad que lo define. Su investigación como antropó-

40 "El sueño del pongo" cuenta la historia de un humilde pongo maltratado que un día tuvo un sueño y se lo contó a su amo: el pongo y el amo habían muerto el mismo día y se presentan ambos ante Dios. Este le pide a un ángel bellísimo cubrir el cuerpo del amo con miel y al ángel más Viejo, cubrir el cuerpo del pongo con estiércol, y al final les ordenó a ambos que se lamieran mutuamente por toda la eternidad. A Arguedas le gustaba esta historia oral andina porque implicaba la conciencia indígena del injusto trato que recibían y aunque no se rebelaran, fue retribuido en su sueño por la justicia divina. Ver "Pongoq mosqoynin (Qatqa runapa willakusqan). El sueño del pongo (cuento quechua)" en José María Arguedas, *Obras completas I* (Lima: Editorial Horizonte, 1983), 249-258 o Apéndice 2.

41 José María Arguedas, Lima, a John Murra, 7 de marzo de 1965, en John V. Murra y Mercedes López-Baralt, *Las cartas de Arguedas*, 114.

42 José María Arguedas, Lima, a John Murra, 4 de agosto de 1968, en Murra y López-Baralt, *Las cartas de Arguedas*, 174.

logo le dio la fuente de información sobre la vida en el Perú para alimentar los argumentos de sus novelas. Al no tener una metodología estricta, el escritor se movía sin restricciones entre la literatura y la etnografía.[43] Según Alejandro Ortiz, el antropólogo discípulo de Arguedas, este tenía "una mirada vagabunda" sobre la realidad, lo que le permitía seguir su intuición y no estar limitado por ninguna teoría. En el discurso inaugural de la conferencia internacional "Arguedas: la dinámica de los encuentros culturales", realizada en el 2011 para celebrar el centenario del escritor, Ortiz dice:

> Arguedas conocía los prismas de entonces. La teoría y la explicación prestigiosa, los gustos literarios consagrados, le servían de apoyo, para su curiosidad intelectual, inclusive fueron un cauce para su intuición y su expresión. [...]. Claro que lo opuesto, la mirada vagabunda, sin norte ni procedimiento, también es riesgosa en nuestra ciencia. Pero, no es el caso del antropólogo Arguedas. Él recogió cuentos y canciones, describió la feria de Huancayo, los cambios que se gestaban en Puquio. Su mirada vagabunda no lo traicionó. Hoy, después de tantos años, su voz insumisa es un ejemplo.[44]

Arguedas trataba siempre de encontrar un nuevo estilo literario para mostrar lo que estaba pasando en la vida cotidiana peruana. En una carta a John Murra, expresa su ansiedad por dar con el estilo para escribir *El zorro de arriba y el zorro de abajo* y le comenta también cuán difícil le fue encontrar el tono en la escritura de *Agua*, su primer libro de cuentos:

> Hoy ha sido un gran día. Con gran temor leímos con Sybila el capítulo II de la nueva novela. Escribí ese capítulo tres veces casi en su integridad y tenía miedo de que no hubiera quedado bien. ¡Lo encontré formidable, como hace 34 años, cuando leí la segunda versión de *Agua* que, como en este caso, guardé durante seis meses por idéntico temor y esperanza! La primera versión de *Agua* la rompí a pesar de que a los amigos les pareció muy buena. No era buena. Requeriría de un estilo nuevo y con gran trabajo lo encontré. También ahora, para Chimbote

43 La antropología cultural en EE.UU., hasta el surgimiento del materialismo cultural, no fue estrictamente científica desde Franz Boas (1858-1942) hasta Clifford Geertz (1926-2006), quienes valoraban como algo clave la interpretación de la cultura. En América Latina, los antropólogos cubanos Fernando Ortiz (1881-1969) y su discípulo Miguel Barnet (1940) prefirieron también una metodología no estrictamente científica. Miguel Barnet es, al igual que Arguedas, etnógrafo y escritor.

44 Alejandro Ortiz, "Vigencia de la obra de José María Arguedas", en Cecilia Esparza et. al., ed., *Arguedas: la dinámica de los encuentros culturales* (Lima: Fondo Editorial Pontificia Universidad Católica del Perú, 2013), 18-19.

> y para lo que soy ahora, una especie de otro hombre, necesitaba de otro estilo [...].[45]

En este pasaje se retrata, en tanto autor, como un escritor que busca un nuevo estilo literario para describir realidades distintas de la mejor manera posible. En *Agua*, sus cuentos tratan de las comunidades indígenas y fue su primer desafío lingüístico porque el español no le permitía, en primer lugar, revelar el "alma" de esta gente; desechó la primera versión de *Agua* y escribió otra con la que se mostró satisfecho de haber logrado esta ambición. William Rowe dice que el logro técnico más importante de Arguedas se da en el lenguaje, donde transforma el español en el medio de representación del indio.[46] De manera similar, en su última novela, el desafío era encontrar el estilo para describir el proceso de encuentro cultural producido por la migración.

El escritor también necesitaba reafirmarse en su obra literaria. No son inusuales los largos párrafos en cartas a amigos en los que comenta el progreso de sus novelas. En una carta de 1961 a Emilio Westphalen, dice:

> Ayer al medio día pude concluir la corrección de la novela que he escrito sobre "El Sexto". Tiene 163 páginas de tamaño oficio. Durante la tarde me sentí sumamente aliviado, aunque hoy vuelvo a tener dolor de cabeza. No deseaba escribirte en tan mal estado de ánimo. He corregido cuatro veces este último relato. Creo que la tercera vez lo hice en forma excesivamente angustiosa, poco antes de partir a Guatemala. La primera vez que leí el relato ya concluido me entusiasmó muchísimo. Luego de unos meses lo volví a leer y me causó una gran desilusión, muchos pasajes, muchísimas páginas. Faltándome tú y André, le entregué los originales a un joven cuyo buen criterio y honestidad me habían impresionado: Alberto Oquendo. Las observaciones de él confirmaron que el relato no era bueno.[47]

Corregir hasta cuatro veces el cuento, entra en contradicción con su imagen de ser un escritor más espontáneo que da en otras cartas. Además, al afirmar que no era un "intelectual", pareciera reacio a reforzar la imagen de "escritor profesional", a pesar de serlo de alguna manera.

---

45 José María Arguedas, Lima, a John Murra, 22 de diciembre de 1968, en John V. Murra y Mercedes López- Baralt, *Las cartas de Arguedas*, 187-88.

46 Juan Larco (comp.), *Recopilación de textos sobre José María Arguedas* (La Habana: Centro de Investigaciones Literarias de las Américas, 1976), 258.

47 José María Arguedas, Lima, a Emilio Westphalen, 12 de julio de 1961, en Westphalen, *El río y el mar*, 227.

En la misma carta a Westphalen, Arguedas continúa compartiendo cómo se sentía en relación a su proceso de creación literaria, una vez que empezaba a escribir:

> Tú sabes mejor que nadie que soy un narrador sin ilustración. Me defienden la vida y el indestructible amor que siento por el ser humano y por todos los seres vivos. Aún en los momentos de mayor abatimiento personal no he cesado de creer en esta evidencia deslumbrante que es la vida y la naturaleza. Además una especie de inextinguible pureza me ha permitido aventurarme a describir aspectos terribles de la perversión, sin que esta fea materia salpique al lector. Una piedad sin límites tuve por las víctimas y los actores de la perversión. Durante más de veinte años la memoria de esos acontecimientos fue acrecentándose y exigiéndome que los denunciara.[48]

Además de describirse como un escritor "sin ilustración", lo cual refuerza la idea de no ser un intelectual, en esta carta a Emilio Westphalen, vemos nuevamente que lo más importante para Arguedas es la plasmación de la realidad, pero también dar testimonio de la injusticia que presenció contra los desamparados cuando era niño. Expresa una especie de amor transcendental, capaz de sentir piedad incluso por los "aspectos terribles de la perversión". No busca venganza, pero siente que es su misión denunciar las injusticias. Al leer pasajes como este, resulta difícil comprender cómo algunos miembros de Sendero Luminoso (incluso su segunda esposa) usaron el mensaje arguediano para apoyar a este grupo terrorista. Por el contrario, Arguedas estaría más cerca a los movimientos de no violencia que buscan "liquidar a los antagonismos pero no a los propios antagonistas".[49] Algo más que se resalta en la cita es que está orgulloso de mantener una "pureza" aun en medio de medios hostiles, como fue la cárcel El Sexto.

En 1937, gobernaba por segunda vez el general Óscar R. Benavides y llegó de visita al Perú el general Camarotta, representante de Mussolini. Arguedas y sus amigos, Moreno Jimeno y José Ortiz Reyes, estudiaban en la Universidad de San Marcos, la cual había invitado a este general al claustro universitario. Hubo una protesta estudiantil que trató de impedir que Camarotta entrara a la Facultad de Humanidades y a los que participaron en ella, incluyendo a Arguedas y sus amigos, se los envió a la cárcel. Arguedas estuvo ocho meses, entre noviembre de 1937 y octubre

48 Ibíd., 228

49 "...to liquidate antagonisms but not antagonists themselves". Ramin Jahanbegloo, *The Gandhian Movement* (Cambridge, Mass.: Harvard University Press, 2013), 84.

de 1938, cuando fue transferido al Hospital Obrero de donde se lo liberó después de ser operado. El escritor narra luego esta experiencia carcelaria en *El Sexto*, novela que tiene el mismo nombre de la prisión. Esta novela fue publicada en 1961. En ella, Arguedas describe a una serie de personajes que reflejan los antagonismos culturales, sociales y políticos que encontró en la cárcel. El escritor se da cuenta de que estos antagonismos son los mismos que la misma sociedad peruana experimentaba. El personaje principal de *El Sexto*, llamado Gabriel (en realidad el propio escritor), se encontraba en medio de la cultura urbana y de la andina, y solo él se esforzaba por conectar ambos mundos. *El Sexto* describe a los prisioneros andinos como más inocentes y menos corruptos que los de la ciudad. La cárcel es un lugar amoral donde no existe ningún tipo de solidaridad. Solo Gabriel es capaz de erguirse sobre la miseria y ser ejemplo de pureza, solidaridad y sensibilidad hacia los otros seres humanos.[50]

En una carta a Pierre Duviols, Arguedas muestra lo orgulloso que estaba de describir a los personajes de la cárcel con un estilo moderado, sin ofender al lector:

> Hace ya como un mes que le envié un ejemplar de *El Sexto*. [...]. El libro ha tenido una acogida desconcertante. Yo temía mucho, a pesar de mi absoluta seguridad anterior. He tratado uno de los aspectos más difíciles y complicados de la vida en el Perú, digamos de gran parte de Latinoamérica. Una cárcel donde estuvimos juntos los ejemplares más humanos, puros y los más castigados por la depravación en estos países, en que el hombre está frecuentemente entregado a las fieras. Toqué lo que quizá Dostoievski —¡ha de comprender la irreverencia de la cita y su razón de ser!—no quiso tocar y lo que algunos otros narradores hispanoamericanos lo hicieron en forma casi repugnante. Yo tengo una pureza innata para llegar a ciertos abismos sin mancillarme y sin convertir el lodo en algo que salpique feo sobre el lector sino que lo ilumine. Creo que lo he conseguido.[51]

La novela *El Sexto* sitúa a Arguedas en la tradición de la literatura tras las rejas. Entre los más notables de sus representantes tenemos a Miguel de Cervantes, Oscar Wilde y Fedor Dostoievski, mencionado en la cita. Es interesante notar que mientras en la carta a Westphalen, Arguedas se definía como un "narrador sin ilustración", en la dirigida a Duviols, se

50 José María Arguedas, *El Sexto* (Barcelona: Editorial Laia, 1974).

51 José María Arguedas, Lima, a Pierre Duviols, 8 de enero de 1962, en Carmen María Pinilla, ed., *Itinerarios epistolares: la amistad de José María Arguedas y Pierre Duviols en dieciséis cartas* (Lima: Fondo Editorial de la Pontificia Universidad Católica del Perú, 2011), 66.

compara con Dostoievski y se siente orgulloso de alcanzar lo que el escritor ruso no pudo: mantener la "pureza". No es la primera vez que el escritor insiste en una falsa modestia al presentarse como poco preparado en términos intelectuales, pero cuando necesita mencionar una teoría o a un escritor, muestra sus credenciales. Arguedas sugiere en la carta que tiene una capacidad poco común: acercarse a ciertos "abismos" del alma humana y escribir sobre ellos sin contaminarse él ni a los lectores. El "alma de niño" de la que habla en otras cartas (ver Capítulo 1), hizo que retuviera cierta inocencia para mirar el mundo del que se siente orgulloso.

Arguedas tiene una significativa discusión epistolar con el escritor Enrique Congrains, que nos da luces acerca de su concepción sobre el diseño de la novela, el uso del lenguaje y la misión que el escritor debería tener. Este es uno de los ejemplos excepcionales en el que podemos leer la respuesta del destinatario, pues en la mayoría de los casos se perdieron.[52]

En la primera carta de Arguedas a Enrique Congrains, le expresa su preocupación por el estilo del joven escritor en la novela que acaba de leer, pero parece satisfecho con el contenido de la obra, basada en las experiencias de Congrains en Lima:

> Ayer terminé de leer tu novela [*No una sino muchas muertes*]. [...]. Debo confesarte que la leí con desesperación creciente. ¿Qué has hecho con tu estilo, Enrique? No comprendo cómo tu deseo de modernizar o de refinar tu estilo ha podido llevarte al extremo de retorcerlo hasta comprometer tan gravemente una obra maravillosa. Porque la obra es maravillosa, a pesar de esta terrible envoltura en que nos las has ofrecido. [...]. Hay en ti, queridísimo Enrique, el autor que me pareció encontrar desde las primeras líneas que leí de ti: el muchacho que ha vivido y sentido en su carne lo más terrible de nuestro drama limeño, de la urbe que crece amontonando los desechos humanos de las provincias y macerándolas, en un producto bajo cuya apariencia horripilante algo grande se forma.[53]

La respuesta de Congrains genera una discusión acerca de lo que debería ser más importante, el estilo o el contenido de una novela. Congrains no está de acuerdo con Arguedas, que da más peso al contenido:

> Gracias por tu carta, sobre todo mil gracias por la sinceridad con que te enfrentas a mi novela, y por la preocupación que demuestras por

52 Conversación con Carmen María Pinilla, la principal editora de las cartas de Arguedas

53 José María Arguedas, Lima, a Enrique Congrains, Caracas, 2 de febrero de 1959, en Pinilla, ed., *Apuntes inéditos*, 241-242.

> mis trabajos. [...] Por lo pronto no estoy de acuerdo en asignar valores absolutos a los elementos de la novela. Creo que tu carta tiende a afirmar que el valor absoluto es el tema, el asunto, y que los demás elementos, el estilo por ejemplo, deben supeditarse, antes que nada al tema. Pero tú vas más allá de esto. En realidad planteas un estilo en función de la comprensión del tema. La tarea del escritor no radica en la exposición transparente, sino sencillamente en la creación-exposición de un tema, que puede ser más o menos transparente.[54]

En una segunda carta, Arguedas afirma que no ha sido su intención imponer ninguna doctrina sobre lo que debería ser más importante en una obra, sin embargo, refuerza la idea de que para él es crucial dar testimonio, a través de la literatura, de las injustas condiciones en las cuales viven los desamparados:

> De veras no tuve intención de plantear concretamente ninguna especie de doctrina sobre la novela en la carta que te escribí; sin embargo, veo por tu respuesta que así lo hice; y te induje a que tú expusieras tus convicciones sobre el asunto. [...]. Me doy cuenta que no me ha guiado nunca un planteamiento preciso sobre la novela. Ha habido solamente un fin muy claro que me ha guiado: dar testimonio. Fui un niño y adolescente muy sensible, a tal punto que no he dejado de ser ni uno ni el otro. Escribí porque deseaba dar testimonio del mundo que tan intensamente conocía: un mundo injusto de atroz crueldad.[55]

A pesar de que Arguedas quería justificarse diciendo que no era su intención formular doctrina alguna sobre cómo escribir una novela, el hecho de que prefiera someter el estilo al contenido es significativo. Como hemos visto en otras citas, una vez que el escritor encontraba nuevos aspectos culturales o sociales en la realidad que quería describir, primero se tomaba el tiempo necesario para encontrar el estilo apropiado para hacerlo. Cada nueva obra era un desafío y un punto de quiebre en su estilo literario: *Agua*, *Los ríos profundos*, *El Sexto*, *Todas las sangres*, *El zorro de arriba y el zorro de abajo* —cada una un experimento literario, una nueva manera de usar el lenguaje, pero con el propósito específico de describir una realidad particular de manera más fiel. Para Arguedas era artificial la formalidad del lenguaje o un estilo que no tomara en cuenta el contenido. Para él no era posible separar el contenido del estilo y parece que en el caso de la novela de Congrains, su impresión es que el contenido y

54 Enrique Congrains, Caracas, a José María Arguedas, 11 de febrero de 1959, en Pinilla, ed., *Apuntes inéditos*, 244.

55 José María Arguedas, Lima, a Enrique Congrains, Caracas, 21 de febrero de 1959, en Pinilla, ed., *Apuntes inéditos*, 248-249.

el estilo no tenían conexión alguna. Sostiene además que el lector podría distraerse con la artificialidad del lenguaje y perder así el principal mensaje de la novela: la realidad social descrita. Contradiciéndose de nuevo, muestra que su escritura creativa implica un cuidadoso proceso de experimentación con el lenguaje y de repetidas correcciones, y no el flujo natural de escritura propio de un médium.

Otro aspecto que merece ser resaltado acerca de su ser en tanto autor es lo mucho que Arguedas disfrutaba y lo orgulloso que se sentía cuando veía que lo que había anunciado en sus novelas sucedía en la realidad. Así, en una carta a Murra, el 12 de noviembre de 1961, le dice lo siguiente de una de sus novelas:

> *Los ríos profundos* concluye con la fe del "colono" "come piojos" de las haciendas. Estos marchan al pueblo, a la ciudad capital, a pesar de la metralla. Van por una misa. Pero alguna vez avanzarán de ese modo por algo que sea más grande; lo están haciendo ya.[56]

En esta cita, Arguedas quiere decir que la idea que anunció en *Los ríos profundos*, una futura rebelión popular, se hace realidad. En esta novela los colonos —descritos como "come piojos", con el desprecio de entonces— se organizan como nunca antes para asistir a una misa y rezar por la salud del pueblo. En la carta, emplea una perífrasis para producir un punto culminante: "Pero alguna vez avanzarán de ese modo por algo que sea más grande; lo están haciendo ya". El autor se refiere a las rebeliones campesinas en contra del injusto sistema de hacienda que comenzaron hacia fines de 1950. La más exitosa ocurrió en Cuzco, en 1962, donde se creó un sindicato campesino que se rebeló luego contra la hacienda La Convención, el antecedente más importante de la futura Reforma Agraria.

César Lévano, periodista y amigo de Arguedas, afirma que hay un mensaje anti-feudal en *Los ríos profundos*. El periodista subraya el hecho de que en la novela los colonos de las haciendas presionan para la celebración de una misa; pero esto también significa que podrían hacer lo mismo para alcanzar otros objetivos políticos o sociales. Según Lévano, el escritor era tan sensible que se deprimió por el hecho de que nadie entendiera el mensaje oculto en *Los ríos profundos*. Por eso se alegró de que al menos una persona, su amigo Lévano, hubiera entendido el mensaje, aunque este consideraba que el problema de la novela era que el mensaje socio-político

56 José María Arguedas, Lima, a John Murra, 12 de noviembre de 1961, en John V. Murra y Mercedes López-Baralt, *Las cartas de Arguedas*, 65.

estaba implícito.[57] No encontré en la correspondencia arguediana ninguna explicación de su preferencia por un mensaje socio político implícito, pero es probable de que se decantara por describir la realidad y anunciar el futuro, porque lo suyo era hacer literatura y no política. Aunque tenía ideales socialistas, no respondía a ninguna consigna y no usaría su novela para ello.

En la misma línea de relacionar su ficción con sucesos reales, años más tarde, en una carta a Murra, Arguedas se refiere a su última novela diciendo que intentaba describir el proceso de encuentro cultural producto de la migración interna —una inmensa tarea. El escritor conocía bien la realidad andina; una ciudad y puerto como Chimbote, donde se mezclaban varias culturas, razas y clases, era un fenómeno nuevo para él:

> Estoy escribiendo en estado de plena agonía mi novela sobre Chimbote. [...]. Creí que al segundo capítulo del libro, estaría ya salvado, pero Chimbote, lo que sabe el zorro de abajo no lo sé bien. Y eso es trabajo agónico, John. Ya te escribiré más largo.[58]

La primera vez que fue a Chimbote, Arguedas tenía la intención de recolectar algunas tradiciones orales para un proyecto más grande. Sin embargo, enfrentado a ese "hervidero humano", cambió de idea y decidió observar, estudiar y describir este nuevo fenómeno. Era un objetivo ambiguo porque, sobre la base de su investigación antropológica, quería escribir una novela. Arguedas no estaba seguro del resultado final de estos cambios sociales y culturales. En *El zorro de arriba y el zorro de abajo*, no tiene todas las respuestas para entender el complejo proceso de interacción intercultural y deja abiertas las preguntas a las generaciones futuras. Entre los amigos y colegas a los que consulta su opinión sobre la novela, está el sociólogo Aníbal Quijano. El 17 de diciembre de 1968, Arguedas le cuenta a Murra la opinión de Quijano:

> A Quijano le parecían malos los dos capítulos propiamente dichos (I y III) por las mismas razones que me hacían a mí dudar de su calidad: no reflejaban fielmente la realidad de Chimbote. ¡Felizmente! La novela, para ser tal, tiene que ser el reflejo de lo que soy yo y a través mío, si es posible, el reflejo de Chimbote: de ese inaprensible hervidero humano y a través de ese hervidero, mi propio hervidero que

57 César Lévano, entrevista de la autora, Lima, 22 de agosto de 2009.

58 José María Arguedas, Lima, a John Murra, EE.UU., 12 de junio de 1968, en John V. Murra y Mercedes López-Baralt, *Las cartas de Arguedas*, 172-173.

es fenomenal, del Perú actual y del descomunalmente no diría que martirizado sino acicateado hombre actual.[59]

Este pasaje demuestra que, aunque la intención del escritor era describir la realidad social a través de la literatura, reconoce —hasta cierto punto— que en el proceso creativo es imposible representar el reflejo exacto de la realidad porque la subjetividad del que escribe filtra esa realidad a través de su voz literaria. Quizás también estaba confundido porque había formado su identidad sobre la base de la dicotomía blanco-indio, pero el Chimbote de entonces no se reducía a tal dicotomía; algo estaba cambiando sin que la tradicional dicotomía tuviera mucho peso. Es importante mencionar que Quijano fue uno de los intelectuales que criticó *Todas las sangres* en el debate de 1965. En esa ocasión Arguedas se sintió abrumado e incomprendido por todos los críticos, incapaz de defender su posición: esa novela describía la sociedad peruana del momento.[60] En esta carta, empero, se muestra más seguro y capaz de defender la relación entre ficción y realidad que sostenía. Aunque acepta el hecho de que la subjetividad del autor (en este caso, él mismo) filtra la representación de la realidad, ambas están conectadas y es imposible separarlas. Es por esto que dice que Chimbote refleja su "propio hervidero", en clara identificación entre "ese inaprensible hervidero humano" y el suyo propio. Una vez más, Arguedas no separa sujeto de objeto.

Relación con escritores y editores

Un elemento importante que revela su correspondencia acerca de su autorretrato de autor es que, a pesar de decir que no se consideraba preparado en comparación con otros académicos, muestra un conocimiento considerable sobre diferentes autores y temas. La falsa modestia de Arguedas y el alto nivel académico al que aspiraba lo hacían repetir continuamente frente a otros que no era un buen académico y esta fue la fama que se hizo; se le reconocía más su contribución a la literatura que la que hubiera podido hacer en otros campos. No obstante, en las cartas a su amigo Manuel Moreno Jimeno, es posible ver su esfuerzo por mantenerse al día de los nuevos movimientos intelectuales a nivel mundial y por trasmitir este conocimiento a sus estudiantes. Esta aparente falsa modestia

59 José María Arguedas, Lima, a John Murra, EE.UU., 17 de diciembre de1968, en John V. Murra y Mercedes López-Baralt, *Las cartas de Arguedas*, 181-182.

60 *Arguedas: poética de la verdad. Segunda Mesa Redonda sobre* Todas las Sangres (Lima: Biblioteca Nacional del Perú, 2011).

es una de las actitudes paradójicas del escritor. Pedro Lastra, su editor y amigo, era renuente de publicar las cartas que Arguedas le escribió hasta que aparecieron las cartas de Moreno Jimeno. Lastra cambió de opinión porque en esas cartas se exponía el verdadero conocimiento literario de Arguedas y se revelaba cuán dispuesto estaba en empequeñecerse constantemente diciendo que era ignorante o que no tenía buena preparación, a pesar de ser un intelectual de vanguardia en ese momento. Pero, de alguna manera, esto es lógico: la construcción retórica de sí mismo como un escritor que creaba como si fuese un médium, sintiendo más que pensando, le impedía presentarse como intelectual o mostrar sus logros académicos. Lastra pensó entonces que las cartas que Arguedas le escribió podrían mostrar una fase más genuina del escritor que la que él había construido para sí mismo.[61] Por ejemplo, en algunas de las cartas a Moreno Jimeno, podemos ver cuánto sabía de varios autores y lo bien informado que estaba de las nuevas tendencias literarias. En una de ellas alaba la poesía formalmente experimental pero muy crítica que Federico García Lorca escribió durante su estadía entre 1929-30 en los Estados Unidos:

> Ayer y antier he estado embebido con la lectura de "Poeta en New York". Muchos poemas los he leído más de cinco veces: los tres de "Los negros", casi todos los de "Calles y sueños", "Cielo vivo", "El nocturno del hueco", "Paisaje con dos tumbas y un perro asirio", "Vuelta a la ciudad", y esa oda maravillosa a Whitman. Todo el libro es de una infinita hermosura. Es un García Lorca completamente nuevo para mí, y acaso más profundo y más poeta; estos deben ser "sus versos", me parecen más legítimos; los otros del "Romancero", de "Cante jondo", de sus dramas, son la expresión de cuando su vida se funde con la del pueblo; pero estos de "Poeta en New York", en cierto sentido tienen la universalidad de la poesía, la raíz del mundo, de lo bello infinito y de lo infinito humano.[62]

Arguedas no solo muestra su conocimiento de Lorca, sino que se identifica con su lenguaje poético por su humanidad y belleza. Menciona varios de sus poemas y dice que los ha leído "más de cinco veces". Da la impresión de que es meticuloso y que toma tiempo para analizar los poemas y compararlos.

En otra carta a Moreno Jimeno, muestra interés en aprender más sobre la "literatura americana":

61 Edgar O'Hara, *Cartas de José María Arguedas a Pedro Lastra*, 110.

62 José María Arguedas, Sicuani, a Manuel Moreno Jimeno, 12 de noviembre de 1940, en Forgues, *La letra inmortal*, 98.

> Cada vez que entraba a tu cuarto me asustaba de mi ignorancia, especialmente de la literatura americana actual. Tendrás pues que ayudarme un poco, junto con ésta certifico un paquete enviándote "Momento español" [1937, acerca de la guerra civil, de Juan Marinello y Manuel Altolaguirre], "Los salvajes", esa gran novela de [Mikhail Petrovich] Artsbachev, y un ejemplar de la "Revista de Cultura" de Venezuela [*Revista Nacional de Cultura*, 22 (septiembre de 1940), 133]. Te ruego que me mandes "Palmeras salvajes" [1939, novela de William Faulkner] y algún otro libro que tú creas que debo leer, por certificado y bien empaquetadito como para que no se malogre. Te dejé donde Ali todos los libros que me prestaste, "Residencia en la tierra", Gogol y un tomo de tus "Rusos clásicos". Pienso leer con mis alumnos este año, García Lorca, parte de "Los malditos", [1937, de Manuel Moreno Jimeno], parte de Westphalen, continuar "Serpiente de oro" [1936] y "Doña Bárbara" [1929] se me ha perdido ¿puedes conseguirme un ejemplar?[63]

Manuel Moreno Jimeno, el mejor amigo de Arguedas en ese tiempo, ejerció una influencia importante sobre él. En este pasaje, el escritor habla de la "ignorancia" que sentía ante la nutrida biblioteca personal de su amigo quien parecía más al tanto en tendencias literarias. Sin embargo, su "ignorancia" contrasta con la cantidad de libros que menciona y con el comentario de que está planeando hacer leer a sus estudiantes varios de estos libros.

En su correspondencia con Moreno Jimeno, Arguedas se muestra como un lector voraz que hace comentarios sobre lo que lee:

> En este tiempo acabé de leer "Palmeras", leí "La desconocida del Sena" [1941, del escritor franco-uruguayo Jules Supervielle] y estoy concluyendo "Los hombres y las montañas" [1935, del escritor ruso Ilia Lakovlevich Marshak]. ¡Qué hermoso es "Palmeras"! Me conmovió de tal manera que muchas noches no pude dormir con la imagen de los personajes y porque estaba dominado por el ambiente y el estilo maravilloso de la obra. ¿No te parece que es una novela revolucionaria, esencialmente revolucionaria? Muy pocas veces he leído una descripción más desgarradora, más terrible de la miseria en que vive la gente que no puede encontrar trabajo en un país inmenso como E.U. ¿Te acuerdas de aquellas escenas en las minas de Utah? ¿De los polacos? ¡Qué hermoso, qué espantosamente triste es![64]

63 José María Arguedas, Sicuani, a M. Moreno Jimeno, 4 de abril de 1941, en Forgues, *La letra inmortal*, 104.

64 José María Arguedas, Sicuani, a Manuel Moreno Jimeno (sin fecha, probablemente septiembre de1941), en Forgues, *La letra inmortal*, 121.

Queda claro en estos pasajes que Arguedas tenía conocimientos sobre literatura mundial y estaba al día de la producción literaria del Perú. En sus cartas salta fácilmente de una literatura nacional a otra, de un género a otro, y habla de los autores con familiaridad —es obvio que se identificaba con una cultura literaria transnacional, pero revelarlo socavaría su pretensión de hablar solo del Perú y desde el corazón. Su conocimiento de lo que estaban haciendo otros escritores contemporáneos sugiere que ejercieron una influencia ecléctica, aunque no necesariamente decisiva en su expresión de la nación peruana. ¿Por qué entonces se presenta como si no fuera un intelectual? Esto es, pienso, parte de la ambigua persona del autor que se construye para sí mismo. A veces inseguro, incluso consciente de su mal y afectado por su enfermedad mental, Arguedas podía, sin embargo, superar el dolor que sentía y alcanzar muchas de sus metas profesionales. El ser en tanto autor que se presenta en sus cartas es uno de los aspectos más importantes de su vida. Podemos sentir la intensidad de su estado emocional cuando habla de sus lecturas, pues se involucra completamente con los personajes y las circunstancias sobre las que estos se basan. Le conmueve la realidad descrita en las novelas, probablemente porque, como dije antes, para él la frontera entre ficción y realidad se difumina por necesidad en la literatura, por lo menos en aquella que le interesaba. Se impuso la responsabilidad de describir la realidad peruana a través de la literatura sin olvidar que esa realidad social era una fuerza dinámica. Por ejemplo, en una carta a su hermano, le preocupa la evolución estética del Perú en relación con la de México:

> Tengo un tumulto de quejas, una gran soledad; y a nadie puedo decirle cuando me viene el atroz dolor a la base de la cabeza, parece que todo lo tengo perdido. ¡Y cuanto me falta hacer y escribir! Hoy, hermano, miro el mundo y a nuestro país con una claridad extraordinaria. Acabo de escribir un ensayo sobre la inversa evolución social y estética seguida por México y Perú. Porque el fuego que tiene el hombre llamado por el arte no se apaga ni en la agonía.[65]

Aquí están claros su estilo dramático y su compromiso con la creación literaria, pero también su presentación como artista con una misión: escribir incluso en la agonía. A pesar de su dolor de cabeza, puede terminar un ensayo sobre los caminos estéticos de México y Perú. Probablemente se refiere a su creencia de que en México existían menos prejuicios raciales y culturales que en el Perú. Arguedas consideraba que los artistas

65 José María Arguedas, Lima, a Arístides Arguedas, Caraz, 31 de enero de 1944, en Pinilla, ed., *Arguedas en familia*, 173.

mexicanos, a diferencia de los peruanos, tenían más libertad mental para escuchar y representar la multiplicidad de voces de su país.[66]

Arguedas pensaba que peruanos tendrían la oportunidad de entender mejor su sociedad principalmente a través de su obra literaria. Estaba en lo cierto: el escritor se valió de su literatura como herramienta para expresar la complejidad de las condiciones sociales del país. Ficción y realidad van de la mano, y su escritura puede ser considerada testimonial, siguiendo a George Yudice, que afirma que esta "puede ser definida como narrativa auténtica, contada por un testigo motivado a narrar por la urgencia de la situación (es decir, guerra, opresión, revolución, etc.). Al resaltar el discurso popular, oral, el testigo representa su propia experiencia como un agente (en vez de como un representante) de una memoria e identidad colectiva".[67] Podríamos decir que Arguedas halló en la escritura testimonial la posibilidad de describir de una manera completa la evolución de la sociedad peruana como ningún otro escritor nacional antes que él.

Con el paso del tiempo, Arguedas tuvo más confianza y se sentía orgulloso de la recepción positiva de su obra. Con el éxito comenzó a escribir sobre sí mismo, en sus cartas, de manera un poco diferente, sin tantas dudas. Así, en su último año de vida, incluso en momentos de gran ansiedad, el escritor estaba orgulloso de su reconocimiento internacional. En una carta a su hermano de mayo de 1969, explica:

> Mi caso es tan increíble. Las novelas que he escrito están empezando a ser tomadas en cuenta seriamente en todas partes. Se está haciendo una traducción al italiano de "Los ríos" y de "Todas las sangres"; he recibido una hermosísima carta de una escritora rusa que está traduciéndolas al ruso.[68]

Diez años antes, en 1959, lo más importante para él era que los peruanos se conocieran entre ellos a través de sus novelas. En una carta a su amigo Emilio Westphalen, dice:

---

66 Ver José María Arguedas, "El complejo cultural en el Perú y el Primer Congreso de Peruanistas", *América Indígena,* 2 (México, 1952). En José María Arguedas, *Formación de una cultura nacional indoamericana* (México: Siglo XXI Editores, 1977), 6.

67 "...testimonial writing may be defined as an authentic narrative, told by a witness who is moved to narrate by the urgency of a situation (e.g., war, oppression, revolution, etc.). Emphasizing popular, oral discourse, the witness portrays his or her own experience as an agent (rather than a representative) of a collective memory and identity". George Yudice, Testimonio and Postmodernism", *Latin American Perspectives,* 18, no. 3, Voices of the Voiceless in Testimonial Literature, Part I (Summer 1991): 15-31

68 José María Arguedas, Santiago de Chile, a Arístides Arguedas, Caraz, 2 de mayo de 1969, en Pinilla, ed., *Arguedas en familia,* 280.

> Y ahora otra cosa: ¿qué me dirás de *Los ríos profundos*? Yo tuve ya hace como un mes una visita inolvidable. Vino Aníbal Quijano a mi oficina. Ha comprendido los alcances que intenté dar al libro y le ha encontrado otros más. Es un hombre joven, como de 30 años que me reemplazó en la Normal mientras fui a Europa. Me dijo, entre otras cosas, que él pertenecía a una generación amarga y pesimista; a la de la quiebra del APRA y del partido comunista; pero, que después de la lectura de la novela, se había convencido que eran todos ellos amargos y pesimistas por desconocimiento del Perú. Que eso era lo que agradecía. Que la novela le había devuelto su fe en el país.[69]

Las palabras de Quijano animaron a Arguedas, que podía sentir la misión que se había impuesto: que los peruanos, en especial los de Lima, comprendieran mejor la realidad social, política y cultural del Perú de su tiempo. Cada una de sus novelas era un proyecto que intentaba describir parte de esa realidad. Por ejemplo, cuando se refiere a *El Sexto,* su novela en parte autobiográfica sobre su experiencia carcelaria de 1937-1938, en una carta de 1962 al historiador francés Pierre Duviols, le dice:

> El libro ha tenido una acogida desconcertante. Yo temía mucho, a pesar de la absoluta seguridad anterior. He tratado uno de los aspectos más difíciles y complicados de la vida en el Perú, digamos de gran parte de Latinoamérica. Una cárcel donde estuvimos juntos los ejemplares más humanos, puros y los más castigados por la depravación en estos países, en que el hombre está frecuentemente entregado a las fieras.[70]

Aunque muestra satisfacción de haber sido capaz representar en la novela la difícil situación que vivían los prisioneros, también le preocupa el efecto que *El Sexto* pudiera tener en el caso de querer ir a Estados Unidos. En el pasado la embajada de EE.UU. le había negado la visa, seguramente por su proximidad al Partido Socialista, una escisión del Partido Comunista que ocurrió en 1930:

> El gobierno de los Estados Unidos me hundirá aún más en la lista negra después de la publicación de *El Sexto,* porque uno de los personajes principales es un minero de Morococha que habla de los horrores cometidos por los 'gringos' en aquellos años en que figuraba a la puerta de su club un letrero que decía: "Prohibida la entrada a los peruanos y los perros". No hay odio contra los Estados Unidos como

---

69 José María Arguedas, Lima, a Emilio Westphalen, 11 de junio de 1959, en Inés Westphalen, *El río y el mar,* 210.

70 José María Arguedas, Lima, a Pierre Duviols, 8 de enero de 1962, en Pinilla, ed., *Itinerarios epistolares,* 66.

> país en el libro. Sería absurdo, sino contra la Cerro de Pasco que ha simbolizado casi de manera exclusiva en el Perú, a los Estados Unidos, desgraciadamente, hasta el auge de la International Petroleum [subsidiaria canadiense de la Standard Oil de Nueva Jersey] que ha pasado ahora a primer plano.[71]

El hecho de que uno de los personajes de *El Sexto* se quejara del tratamiento abusivo de las compañías mineras americanas le preocupa. Aclara, sin embargo, que en la novela no hay odio contra ese país ni su gente, solo una crítica a las compañías capitalistas que abusan de los trabajadores locales.

En otra carta a John Murra continúa expresando su preocupación por el efecto de *El Sexto:*

> Yo concluí de corregir mi relato sobre *El Sexto* a mi regreso de Guatemala. Y ese trabajo me dejó casi sin aliento. Es, como le dije, un documento atroz pero verídico. Temo que me acorralen después de que el libro se publique. Ahora estoy en la lista negra de la Embajada de los Estados Unidos y en la de los comunistas; después de *El Sexto* probablemente se remachará esa situación. Siento que hay gentes que quedamos un poco al margen. Es posible que dentro de pocos años se trate de cambiar la naturaleza misma de las sociedades en todo el mundo, como ya lo han hecho en tantos sitios. En este mundo intransigente y excluyente están demás muchas cosas y hombres. Acaso sólo contemos con pocos días para dar un testimonio que esté iluminado por la ternura y no por el odio.[72]

Es claro que Arguedas considera su novela como un testimonio, pues teme represalias de la embajada americana por las quejas acerca de las compañías mineras que invertían en el Perú. Es posible que le haya parecido paradójico que esta embajada lo haya tildado de comunista, cuando él mismo no se consideraba tal; por el contrario, estaba en la "lista negra" de los comunistas, probablemente por su renuencia a afiliarse al partido. El escritor prefería estar "al margen" y no ser partidario de ninguna ideología. En la carta usa la palabra "ternura" para describir el propósito de su mensaje: un testimonio "iluminado por la ternura y no por el odio". Como hemos visto antes, se enorgullecía de su capacidad de narrar una realidad violenta (como la de la cárcel), pero mostrando compasión por todos

71 José María Arguedas, Lima, a John Murra, 21 de noviembre de 1960, en John V. Murra y Mercedes López-Baralt, eds., *Las cartas de Arguedas*, 51.

72 José María Arguedas, Lima, a John Murra, 23 de julio de 1961, en Murra y López-Baralt, eds., *Las cartas de Arguedas*, 61.

los personajes, sin permitir que el odio distorsionara la comprensión del lector.

Su relación con diversos editores, siempre aparentemente cordial, es también una parte importante de la construcción de sí mismo que vemos en las cartas. Uno de sus editores era Juan Mejía Baca, que publicó libros de Arguedas entre 1950 y 1960. Mejía Baca tenía una editorial con su propio nombre (Juan Mejía Baca), destacaba entre los editores peruanos y era director de la Biblioteca Nacional. Según Sinesio López, su correspondencia con Arguedas no solo revela la manera en que el escritor percibía las instituciones culturales del país, en especial la universidad, sino también expresa con libertad su opinión sobre diversos intelectuales.[73] Por ejemplo, López resalta la afirmación de Arguedas de que los intelectuales criollos en Lima en la década de 1950 bloquearon el surgimiento de escritores de otras ciudades, sobre todo los de las zonas rurales.[74] El escritor estuvo siempre interesado en promover la vida intelectual fuera de la capital y de hacerla accesible para mucha gente. Por esta razón, felicita a Mejía Baca porque su editorial y librería estaban en Huancayo. Arguedas se siente libre de escribirle el 29 de noviembre de 1954 para darle el siguiente consejo:

> Unos amigos de Jauja que me han visitado me han dicho que tu librería cumple una necesidad de primer orden en el valle. Y como son gente muy inteligente y de muchísima confianza, les comuniqué mis impresiones acerca de que quizá convendría quitarle al establecimiento ese aspecto un poco académico que tiene. [...]. Yo pienso que deberían reunirse también los maestros y la gente de la clase media que lee.[75]

El escritor creía que un ambiente más cálido y acogedor motivaría a más personas en Huancayo a leer y comprar libros. Para él, la experiencia de lectura tenía que ser gratificante, y una librería debería brindar un ambiente cultural para compartir opiniones y motivar a sus clientes a pasar tiempo en ella.

En otra carta posterior, del 11 de marzo de 1955, se queja a Mejía Baca acerca de la situación económica de muchos escritores.

---

73 Carmen María Pinilla, ed., *Correspondencia entre José María Arguedas y Juan Mejía Baca en la Biblioteca Nacional* (Lima: Biblioteca Nacional del Perú, 2005), 5.

74 Ibíd., 6.

75 José María Arguedas, Huancayo, a Juan Mejía, Lima, 29 de noviembre de 1954 en Pinilla, ed., *Correspondencia entre José María Arguedas y Juan Mejía Baca en la Biblioteca Nacional,* 20.

> Es una verdadera desgracia que algunos autores suframos de mucha pobreza, porque esa sombra alcanza también, a veces, la tranquilidad de otros. En un país de literatura tan inicial como el nuestro, los autores debieran ser ricos o encontrar personas generosas que los protejan.[76]

Arguedas sabía que Mejía Baca, como editor y alguien de su entera confianza, podía proteger a los escritores, de ahí el mensaje sutil. Por eso se sintió tan complacido cuando se enteró de un concurso organizado por este editor. Carmen María Pinilla señala que había tenido una mala experiencia con este tipo de certámenes al comienzo de su carrera de escritor. En 1940 su novela *Yawar fiesta* no fue pre seleccionada en un concurso internacional porque se la consideró demasiado etnográfica. También presentó su novela "Diamantes y pedernales" a la convocatoria nacional "Ricardo Palma"; el jurado declaró el premio desierto.[77] Años después, en 1958, Arguedas ganó el premio "Fomento a la Cultura Javier Prado" con su tesis de antropología: "La evolución de las comunidades indígenas". En 1959, con su novela *Los ríos profundos* ganó el mismo premio. En 1963 recibió un "certificado de excelencia", un premio iberoamericano de la Fundación William Faulkner. Estos logros dieron más confianza al escritor, que siempre se sintió poco valorado en su propio país. Pero cuando Mejía Baca organiza el concurso literario mencionado en 1956, el escritor todavía sospechaba de la supuesta imparcialidad de estos eventos; por eso felicita a su editor por marcar una diferencia. En abril de 1956 le dice:

> Se me han pasado los días increíblemente. Fue mi propósito escribirte al día siguiente de la entrega del premio a Vegas Seminario. Deseaba felicitarte por la forma casi inverosímilmente honesta en que se ha llevado el concurso de novela que tú y Villanueva patrocinan.[78]

Este pasaje nos muestra la solidaridad de Arguedas con sus colegas y también su preocupación por las cuestiones culturales del país.

Otro de los editores de Arguedas fue su amigo Pedro Lastra, un poeta chileno, con quien mantuvo correspondencia entre 1962 y 1969. En una entrevista de Edgar O'Hara, Lastra afirma que al principio no le interesaba

---

76 José María Arguedas, Huancayo, a Juan Mejía, Lima, 11 de marzo de 1955 en Pinilla, ed., *Correspondencia entre José María Arguedas y Juan Mejía Baca en la Biblioteca Nacional*, 28.

77 Ibíd., 13

78 José María Arguedas, Lima, a Juan Mejía, Lima, 24 de abril de 1956 en Pinilla, ed., *Correspondencia entre José María Arguedas y Juan Mejía Baca en la Biblioteca Nacional*, 47.

publicar las cartas de Arguedas porque consideraba que trataban asuntos privados de exclusivo interés para el autor y sus corresponsales. Sin embargo, después de la publicación de los dos primeros libros de cartas, Lastra cambió de opinión porque en las cartas del escritor a su amigo Moreno Jimeno, notó que se revelaba un nuevo Arguedas. De hecho, en estas cartas, como hemos visto antes, el escritor habla de sus preferencias literarias y su erudición, en abierto contraste con la imagen que Arguedas proyectaba sobre sí mismo. Lastra también consideraba que en sus cartas al antropólogo John Murra, Arguedas se mostraba como investigador, etnólogo y folclorista, aspectos sobre él que no eran debidamente conocidos. Así fue que Lastra pensó que las cartas que el escritor le había dirigido podrían contener aspectos interesantes no expuestos antes.[79] Además, Lastra creía que el caso de Arguedas era excepcional, pues no había diferencia entre el hombre y el autor. En mi entrevista con el poeta chileno, me dijo que había escuchado a Arguedas en una conferencia que este dio en Concepción, Chile, en 1962, y esperaba con expectación verlo porque incluso antes de la conferencia percibía quién era Arguedas a través de su literatura. Dice Lastra: "Este autor tendría que parecerse mucho a los personajes de sus novelas y cuando lo vi lo confirmé… en este autor no hay separación entre el que el habla, el que escribe y el que existe".[80] Tengo esta misma impresión por haber leído las cartas de Arguedas: siempre parece la misma persona, independientemente de quiénes fueran los destinatarios. Siento que revela su personalidad a través de sus cartas y que, si lo hubiera conocido, me hubiese encontrado con alguien muy parecido a la persona que construye en su correspondencia.

En esa entrevista, Lastra me dijo también que le había sido muy fácil conectar con Arguedas y que la relación había sido muy afectuosa casi desde el comienzo.[81] Es probable que, por esta razón, en las cartas a su amigo y editor, comparta no solo aspectos profesionales sino también su intimidad, incluso detalles de su salud mental. Así, el 28 de septiembre de 1968, mientras escribía *El zorro de arriba y el zorro de abajo*, escribe a Lastra: "Esta novela será posible gracias a las muchas muertes que he sufrido desde que terminé de escribir 'T. las S.' y las consiguientes resucitadas".[82]

79 Edgar O'Hara, ed., *Cartas de José María Arguedas a Pedro Lastra* (Santiago de Chile: LOM Ediciones, 1997), 109-112.

80 Pedro Lastra, entrevista de la autora, Lima, 25 de abril de 2014.

81 Ibíd.

82 'T. las S' se refiere a Todas las sangres, su novela de 1958, incomprendida por los intelectuales peruanos de su tiempo. José María Arguedas, Chimbote, a Pedro Las-

Arguedas escribía también a Lastra no solo como amigo sino como su editor. El 19 de septiembre de 1966 le dice:

> [...] me encontré en Lima con una carta de Carlos Barral en que me pide la edición de 'Los ríos profundos' y de 'Yawar fiesta'; me ofrece un anticipo. Le he contestado manifestándole que firmé contrato con Uds.[83]

El contrato que Arguedas había firmado lo comprometía legalmente con Lastra, así que pareciera que le está pidiendo de manera sutil que lo libere de la exclusividad contractual para que pueda publicar con Seix Barral, una casa editorial más conocida y con más recursos, que le daría acceso inmediato a dinero. Sin embargo, como veremos en el Capítulo 4, Arguedas tenía una relación afectiva con Lastra y es posible también que esta cita muestre transparencia y lealtad hacia el amigo.

Incluso justo antes de su muerte, Arguedas preparó con cuidado una carta a otro de sus editores, Gonzalo Lozada, primero disculpándose por no entregarle la versión final de *El zorro de arriba y el zorro de abajo* y luego, dándole instrucciones detalladas de qué hacer con el manuscrito:

> Uno de estos días me voy definitivamente a Lima. Esta carta se la entregarán junto con el "¿Último diario?" de los "Zorros", documento que acaso pueda, como pretende, aliviar la novela de su verdadero aunque parcial truncamiento. [...]
>
> Por eso, si a juicio de sus asesores y de usted mismo, don Gonzalo, el relato aparece como insuficiente, deje a mi viuda que lo ofrezca a cualquier editor peruano o de otro país.[84]

La carta se incluye en la publicación de esta última novela, junto con las que escribió a las autoridades y estudiantes de la Universidad Agraria donde se suicidó. Incluso en los últimos momentos de su vida, Arguedas se preocupó de sus responsabilidades profesionales y no quiso dejar a sus editores sin saber qué hacer después de su muerte.

---

tra, 9 de septiembre de 1968, en Edgar O'Hara, ed., *Cartas de José María Arguedas a Pedro Lastra*, 57.

83 José María Arguedas, Lima, a Pedro Lastra, Chile, 19 de septiembre de 1966 en Edgar O'Hara, ed., *Cartas de José María Arguedas a Pedro Lastra*, 50.

84 José María Arguedas, *El zorro de arriba y el zorro de abajo*. (Lima: Editorial Horizonte, 2001), 237-238.

Compromisos políticos

En su retrato como autor, Arguedas menciona la influencia de sus convicciones políticas en su escritura. Como dijimos antes, a pesar de que compartía ideas socialistas, no tenía un proyecto político explícito; tampoco fue un militante activo de ningún partido. Edmundo Murrugarra, uno de sus estudiantes, considera que el autor era un militante cultural más que uno político. Según Murrugarra, Arguedas previó la transformación social que estaba por ocurrir en el Perú debida más a la resistencia cultural andina que a una revolución.[85] Sin embargo, las cartas que escribió al líder trotskista Hugo Blanco muestra el compromiso social de Arguedas al cambio político en el país. Hay, empero, una pregunta válida: ¿hasta qué punto escribió estas cartas bajo la influencia de la escena política del momento? Este era el tiempo del triunfo de la revolución cubana. Cuando el escritor visitó Cuba había sido invitado como jurado del premio "Casa de las Américas" en 1968, le impresionó lo que vio y escribió un poema en quechua titulado "Cubapaq" (a Cuba).[86] Los años 1960 eran tiempos de polarización para muchos escritores nacionales que sintieron que tenían que defender a un partido político y Arguedas, comprometido con los desfavorecidos, sentía una empatía natural con el proyecto comunista en Cuba y con los movimientos socialistas del mundo. A pesar de todo, no quería estar bajo la dirección de ningún partido y estaba más en sintonía con las políticas culturales y no con las partidarias. Había mostrado su preocupación por todos los partidos en el Perú a través de los personajes de su novela *El Sexto*, donde los políticos que conoce en la cárcel salen mal representados. En una carta a Murra en 1960, le dice:

> Estoy casi seguro que la publicación de esa novela levantaría contra mí todas las fuerzas poderosas de la política actual del Perú: la derecha, el partido aprista, el partido comunista. Me quedaría con el apoyo de los no muy fanáticos de los tres partidos y con la opinión quizá de los llamados hombres libres. El Sexto fue una prisión política espantosa.[87]

Aquí menciona las tendencias políticas más importantes del país en ese momento: la "derecha" representada por la aristocracia peruana; el

85 Edmundo Murrugarra, "Arguedas militante político por una nueva civilización", *Perspectiva Internacional,* 27 (enero de 2010), http://perspectivainternational.wordpress.com/2010/01/27/arguedas-militante-politico-por-una-nueva-civilizacion/.

86 El libro *José María Arguedas: Cubapaq- A Cuba* (La Habana: Fondo Editorial Casa de las Américas, 2012), contiene cartas, artículos, fotos, etc., que muestran la relación que tiene Arguedas con Cuba; su poema *Cubapaq* aparece en español y en quechua.

87 José María Arguedas, Lima, a John Murra, 21 de noviembre de 1960, en John V. Murra y Mercedes López-Baralt, *Las cartas de Arguedas*, 50.

APRA, fundado por Víctor Raúl Haya de la Torre en 1930 que seguía los ideales latinoamericanos anti-imperialistas de entonces; y el Partido Comunista Peruano, fundado por José Carlos Mariátegui en 1928. Aunque Arguedas coincidía con los clamores de justicia social por parte del partido comunista y admiraba los ideales de Mariátegui, rechazaba los métodos y el sentido de superioridad moral de cualquier partido. Su opción estaba en los márgenes de la política partidaria.

En otra carta a su amigo Murra en 1961, expresa algunas dudas sobre su representación de los partidos políticos en la novela:

> Tengo miedo de ser injusto o exagerado. Ambos partidos —Apra y comunismo— eran entonces y ahora, uno de ellos lo es más aún, eran rígidos, excluyentes y tan implacables como sus persecutores; pero luchaban por la justicia social; estaban embriagados de mesianismo excluyente. Los amaba y les temía a ambos. Eso está claramente expuesto en el relato [*El Sexto*]. Me preocupa sin embargo lo que hago decir a los personajes, porque no se trata ya en este caso de personajes, digamos "libremente" creados sino de individuos que simbolizan o representan ideologías y métodos de partidos que existen y que han de sentirse retratados y que los lectores han de tomarlos como ejemplos.[88]

Arguedas no escribió ninguna novela que considerara solo ficción. La literatura era simplemente una herramienta de expresión de un testimonio basado en sus experiencias. Es probable que solo las cartas donde el escritor expresara con pasión ideas políticas sean las que escribió al dirigente Hugo Blanco, líder en 1962 de un levantamiento en la hacienda La Convención, en Cuzco, el cual redistribuyó tierras a los campesinos y estableció su propio gobierno local que sirvió de modelo para la futura Reforma Agraria en 1969. Hugo Blanco estuvo en la cárcel de 1963 hasta su deportación a Chile en 1971; las dos cartas del escritor son de finales de 1969. Blanco fue un activista político, un hombre de acción; Arguedas era un hombre de ideas. De hecho, el escritor solo promovió el cambio político en su literatura. En una de sus cartas de 1969 escribe a Blanco:

> Quizás habrás leído mi novela *Los ríos profundos,* recuerda, hermano, el más fuerte, recuerda. En este libro no hablo únicamente de cómo lloré lágrimas ardientes; con más lágrimas y con más arrebato hablo de los pongos, de los colonos de hacienda, de su escondida e inmensa fuerza, de la rabia que en la semilla de su corazón arde, fuego que

88 José María Arguedas, Lima, a John Murra, 21 de febrero de 1961, en Murra y López-Baralt, *Las cartas de Arguedas*, 53.

> no se apaga. Esos piojosos, diariamente flagelados, obligados a lamer tierra con sus lenguas, hombres despreciados por las mismas comunidades, esos, en la novela, invaden la ciudad de Abancay sin temer a la metralla y a las balas, venciéndolas.[89]

Hay pocas cartas en las que Arguedas toma una posición política directa. En la mayoría de ellas escribe acerca de preocupaciones diarias en un tono altamente emotivo, o sobre su obra literaria. Sin embargo, en una de sus últimas cartas, le cuenta a Blanco el posible escenario político que avizora para el Perú:

> Yo no estoy bien; mis fuerzas anochecen. Pero si ahora muero, moriré más tranquilo. Ese hermoso día que vendrá y del que hablas, aquél en que nuestros pueblos volverán a nacer, viene, lo siento, siento en la niña de mis ojos su aurora; en esa luz está cayendo gota por gota tu dolor ardiente, gota a gota, sin acabarse jamás. Temo que ese amanecer cueste sangre, tanta sangre.[90]

A la luz de los levantamientos internacionales de 1968, el escritor pareciera anunciar una posible revolución en el Perú, y la descripción del tiempo futuro es una mezcla de esperanza y dolor. Aunque Arguedas solo escribió dos cartas a Hugo Blanco y no pudo leer la última que Blanco le mandó porque murió antes de que le llegara, alguna gente como su segunda esposa, Sybila Arredondo, considera que en ellas el escritor muestra sus inclinaciones políticas. Su viuda cree que Arguedas fue un hombre político, que reveló su posición en la literatura y que las cartas a Hugo Blanco son evidencia de esta postura.[91] Se podría decir que el escritor practicó un tipo diferente de política, más preocupada por lo cultural, en una era de vigilancia estatal. Deberíamos apuntar que el tono en que Arguedas escribe a Blanco es diferente del que usa en el resto de sus cartas. Solo en las cartas a este dirigente resalta una actitud revolucionaria de manera explícita, en un tiempo de turbulencia y agitación política internacional. Además del ambiente de la época, la propia Sybila fue una activista de izquierda que más tarde pertenecería a Sendero Luminoso. Al ser Arguedas una persona extremadamente sensible, es posible que ejerciera influencia sobre él, incitándolo a escribir a Hugo Blanco, pues Sybila (y no Arguedas) lo había conocido en persona. En

89 José María Arguedas, Lima, a Hugo Blanco, Lima, noviembre de 1969, en *Cuadernos Arguedianos* 3 (2000): 83

90 Ibíd., 84

91 Entrevista a Sybila Arredondo in *Runa* 6 (1977): 15

todo caso, en toda la obra arguediana hay un claro rechazo a la violencia y al resentimiento.

Arguedas denuncia la injusticia, pero no hace un llamado a la violencia. Su obra literaria se limita a ser un testimonio y una exhortación para ser más compasivos con las víctimas de la injusticia social del país. No fue un líder político, sino un testigo que presentó su testimonio y usó su literatura para describir la realidad peruana. Por ejemplo, en su novela *Los ríos profundos*, Ernesto, el protagonista, siente empatía por los desvalidos campesinos maltratados por sus amos y describe esta injusticia. En el último capítulo de esta novela hay un levantamiento campesino para que el párroco celebre una misa por los muertos que una epidemia produjo en el pueblo. Arguedas resalta la capacidad de organización de los campesinos al describir este levantamiento y previene de manera sutil al resto de los peruanos acerca del potencial de rebelión que tienen cuando se deciden a ello.

En la conversación que sostuve con Hildebrando Pérez, poeta de los años 1960 y antiguo estudiante de Arguedas, me dijo que su generación no había tenido el coraje de hacer un análisis profundo de la obra arguediana y del propio hombre desde una perspectiva ideológica, posiblemente por el temor de dejar al descubierto el mito y encontrar al hombre.[92] El escritor estaba comprometido con el cambio social, no con ningún partido o ideología. En esta postura hay una cierta voluntad de protegerse en una época de constantes arrestos en la que sabía que estaba en un par de listas negras. Después de todo era razonable preferir seguir trabajando sutilmente para socavar el sistema, una estrategia que a la larga podía ser más efectiva.

Después de leer sus cartas, puedo afirmar que está fuera de discusión que Arguedas fue sobre todo un intelectual con un alma artística y sensible. Para entender al hombre y su obra, tenemos que tomar en cuenta su sensibilidad y versatilidad, pero también sus contradicciones. Debemos leerlo sin ideas preconcebidas ni etiquetas. Para revelar al hombre detrás de sus textos, debemos permitir que Arguedas hable por sí mismo a través de sus cartas.

---

92 Hildebrando Pérez, entrevista de la autora, Lima, 3 de junio de 2008.

PARTE II: ARGUEDAS EN SU MUNDO

Hasta ahora hemos analizado la manera en que Arguedas se presenta a través de su correspondencia. En esta sección veremos cómo describe su mundo: a la gente cercana, las impresiones de los países visitados, y de qué forma trata la naturaleza y la música. He escogido estas tres áreas porque, después de leer sus cartas, me di cuenta de que estas describen su mundo. Además de la literatura y la antropología, estos otros aspectos de su vida son de gran importancia para él y en ellos se encuentra entretejido un elemento clave: el afecto.

En su libro *Dar la palabra,* Fernando Rivera resalta el uso arguediano del afecto en sus textos. Rivera afirma que hay un flujo del afecto y del sentido en la escritura de Arguedas, en especial cuando escribe ficción pero en general en toda su escritura.[1] Este flujo de afecto se puede ver como un exceso emotivo que se presenta como una carencia generadora de una demanda de afecto.[2] El estudioso toma en cuenta que, en la cultura andina, la reciprocidad es muy importante. Esta práctica implica que cualquier favor o servicio prestado entre los miembros de una comunidad produce a su vez otro servicio, y que esto no es una obligación sino una práctica natural inherente a la cosmovisión andina. La reciprocidad es el mecanismo que permite el fortalecimiento de las redes sociales y, por tanto, la reproducción y continuidad de la sociedad andina.[3] Según Rivera, la lógica de la reciprocidad regula el exceso emotivo en la escritura de Arguedas y, de esta manera, este exceso es en realidad una demanda de amor que se le

1 Fernando Rivera, *Dar la palabra: ética, política y poética de la escritura en Arguedas* (Madrid: Iberoamericana, 2011), 22.

2 Ibíd., 25.

3 Edith Pérez Orozco, *Racionalidades en conflicto. Cosmovisión andina (y violencia política) en Rosa Cuchillo de Oscar Colchado* (Lima: Pakarina Ediciones SAC, 2011), 23.

hace al otro. Cuanto más afecto da, más amor demanda. Bajo esta lógica, es más fácil entender toda la ternura con la que el escritor trataba a todos los seres vivos. Desde su condición de huérfano y adulto incomprendido, Arguedas daba todo el amor que, a la vez, necesitaba recibir.

Existen otros tratamientos para explicar el afecto. Por ejemplo, Eric Shouse compara las nociones de sentimiento (*feeling*), emoción (*emotion*) y afecto *(affection)* considerando que los "sentimientos son *personales* y *biográficos*, las emociones son *sociales* y los afectos son *pre personales*" y que "un afecto es una experiencia de intensidad no-consciente". Según Shouse, afecto es el concepto más abstracto de los tres porque está más relacionado a lo corpóreo y el cuerpo tiene su propia gramática; por tanto, el afecto no puede ser expresado totalmente a través del lenguaje. Al estar más conectado al cuerpo, el afecto puede ser considerado una fuerza de encuentro.[4] Sin embargo, el enfoque corpóreo del concepto de afecto se ha puesto al debate. Es el caso de Melissa Gregg que, en su libro *Cultural Studies' Affective Voices* [Las voces del afecto en los estudios culturales], señala que, aunque este término surge en los estudios culturales como un "término clave después de que las feministas expresaran sus deseos de pensar a través del cuerpo",[5] el significado puede ser variable. Gregg se centra más en cómo el afecto puede ser contagioso en el texto; así, el "afecto puede existir dentro del propio texto, y surgir de la página cuando se la lee",[6] porque la "escritura afectiva habla directamente, de la cabeza al corazón, en respuesta a algo sentido como fundamentalmente importante. Rechaza el análisis imparcial".[7] Se puede aplicar el concepto de escritura afectiva, centrada en el texto, a las cartas de Arguedas donde el lector experimenta una conexión más directa con el autor. Este tipo de escritura es inherente a la esencia de su correspondencia.

En los siguientes capítulos, vamos a develar, al citar fragmentos epistolares, cómo el afecto en estos textos se relaciona con la gente (Capítulo 4) y con el entorno de Arguedas (los países que visitó, la música y la naturaleza) produciendo una forma de comunicación sinestésica (Capítulo 5).

4 "...feelings are *personal* and *biographical*, emotions are *social*, and affects are *prepersonal*"; "... an affect is a non-conscious experience of intensity". Eric Shouse, "Feeling, Emotion, Affect", *Journal of Media and Culture,* 8, no. 6 (2005), http://journal.media-culture.org.au/0512/03-shouse.php.

5 "...key term in the wake of expressed feminist desires to think through the body". Melissa Gregg, *Cultural Studies' Affective Voices* (New York: Palgrave MacMillan, 2006), 8.

6 "...affect can exist within the text itself, and arise from the page as it is read". Ibíd.

7 "...affective writing speaks directly, from the head and the heart, in response to something felt to be fundamentally important. It refuses a detached analysis". Ibíd., 18.

CAPÍTULO 4

RELACIÓN CON LA GENTE

Para el análisis de la correspondencia de Arguedas, nos puede dar luces sobre su relación con la gente no solo el concepto de afecto sino también el de lo mundano. Este último, en palabras de Melissa Gregg, "es un mecanismo de despegue, un gesto de origen honesto y humilde, desde el que nuestro discurso podría despegar y necesariamente, aterrizar".[1] La estudiosa afirma que lo mundano "tiene mecanismos para reconocer las maneras sutiles y decididas por las cuales la gente forja el cambio social".[2] Podríamos decir que, a través de estas interacciones "mundanas", el escritor dio forma a su persona social y reforzó sus valores. Además, en su condición de *wakcha,* las relaciones de Arguedas con la gente se caracterizaban por un afecto desbordante. En este capítulo analizaremos las interacciones mundanas del escritor con familia y amigos, así como su relación afectiva con ellos.

Arguedas disfrutaba de la conexión directa con la gente, y es probable que valorara la simplicidad y autenticidad por su experiencia de niño de vivir en pueblos andinos, donde las personas son en general menos sofisticadas y más transparentes que las de Lima. El escritor creía que los moradores de los pueblos eran más amables y honestos que los citadinos. En sus cartas se nota este tipo de interacción mundana. El 19 de enero de 1944, escribe a su hermano:

1 "...is a grounding mechanism, a gesture of honest and humble beginnings, from which our speech might depart, and necessarily, land Melissa Gregg". "A Mundane Voice", *Cultural Studies* 18, no. 2/3 March/May (2004) 363-83. Cita en pág. 375.

2 "...has mechanisms to recognize the subtle and determined ways people forge responses to social change". Ibíd., 380.

> El Señor Alva me fue muy simpático. Es de esos señores de provincias que han podido conservar la pureza de su espíritu, y que tienen esa eterna juventud que sólo he observado en los señores de nuestras tierras. ¿Te acuerdas de don Ramón Escajadillo de San Juan? ¡Qué bien se está con ellos! Porque todo es transparente y lleno de bondad y alegría en sus conciencias.[3]

En esta carta da una breve descripción de un hombre, un amigo de su hermano Arístides, de Caraz, en la provincia de Ancash. Aunque Arguedas pudo formar buenas amistades con la elite intelectual de Lima, mantuvo su entusiasmo por la gente simple de los Andes. Por eso tener la oportunidad de encontrarse con un provinciano de la sierra era suficiente para hacerle el día. Al decir "esa eterna juventud que sólo he observado en los señores de nuestras tierras", se identifica implícitamente con el señor Alva porque él era también de provincia; por tanto, las cualidades que le adjudica a este señor son también sus propias cualidades: una transparencia, bondad y alegría que los hace gozar de una "eterna juventud".

Dar y recibir afecto fue probablemente la mayor motivación de la vida de Arguedas. Según su hermana Nelly, el escritor demandaba afecto por parte de otras personas. Nelly también recuerda su alta sensibilidad ante cualquier situación que lo comprometiera emocionalmente. Uno de los golpes más terribles de su vida fue el divorcio de su primera esposa. Nelly repite las palabras de su hermano cuando ella le pide que reconsidere la opción de divorciarse

> Ya es muy tarde hermanita, te ruego no insistas. Por culpa de ella, por intentar defender a Celia, muchos de mis amigos me han dado la espalda. No me dirigen la palabra, incluso siendo compadres míos. Mi vida hasta ahora ha sido un infierno del cual quiero liberarme; liberarme de la especie de madre autoritaria, absorbente y celosa que he tenido en Celia...[4]

Parece que, en su relación con las mujeres, Arguedas buscaba protección. Su primer matrimonio, que duró casi 30 años, fue más una relación de una figura materna protectora y dominante con su hijo que una relación normal entre un hombre y una mujer. En varias cartas y testimonios, el escritor exagera su condición de huérfano (*wakcha* en quechua). Mercedes López-Baralt señala que Arguedas proyectaba su circunstancia

3 José María Arguedas, Lima, a Arístides Arguedas, Caraz, 19 de enero de 1944, en Carmen María Pinilla, ed., *Arguedas en familia* (Lima: Fondo Editorial de la PUCP, 1999), 169.

4 Testimonio de Nelly Arguedas, en Pinilla, ed., *Arguedas en familia*, 321.

biográfica de haber sido huérfano en su condición marginal entre dos mundos —el andino y el occidental— construyéndose a sí mismo como puente vivo y agónico.[5] No por coincidencia el escritor también consideraba a su psicoanalista una figura maternal, al extremo de llamarla "madre", como podemos ver en el siguiente pasaje:

> Me voy mañana, fortalecido por tus manos, de los mares de dolor casi salvado. Con tus manos invalorables, gran madre que amas a los que sufren, me has levantado. No he de olvidarte. En tu nombre y en el de Beatriz trabajaré como un mozo renovado. También Gaby estuvo a mi lado, como ante un hermano herido.[6]

Arguedas expresa su necesidad de apoyo no solo de parte de su psicoanalista sino de otras mujeres importantes en su vida en esos momentos. Beatriz es la mujer con la que tuvo un breve romance en Chile en 1962 y Gaby Heneike era una amiga chilena a la que consideraba como una hermana; generalmente se quedaba en su casa cuando iba para allá.

La relación del escritor con su hermana Nelly era también la de un hijo hacia una madre. Aunque ella era más joven que Arguedas y recién se conocieron cuando ambos eran adultos, es probable que Nelly hubiera reemplazado el amor maternal que José María perdió en la infancia. Cuando el padre de ambos murió, Nelly tenía solo un año y José María 18. A ella la crio su tía Zoila Peñafiel y solo conoció a sus hermanos muchos años después, a pesar de que sabía de la existencia de José María y Arístides, el hermano mayor. El escritor y su hermana se conocieron en Lima en 1957, cuando él trabajaba en la Casa de la Cultura.

Yolanda López Pozo, prima de Arguedas, en su testimonio sobre él, también recuerda a una persona muy sensible, constantemente necesitada de amor y protección. Yolanda recuerda que el escritor decía de su madre, Rosa Navarro, que era "como la madre que nunca conocí" y que a ella la trataba como a una hermana menor.[7] Entre sus recuerdos, está la risa contagiosa de Arguedas y el hecho de que nunca faltara a ninguna fiesta que su madre organizaba. Al escritor le gustaba tocar la guitarra y

---

5 Mercedes López-Baralt, "La orfandad andina de José María Arguedas", Actas XII (1995) AIH, Centro Virtual Cervantes, http://cvc.cervantes.es/literatura/aih/pdf/12/aih_12_7_009.pdf, 43.

6 José María Arguedas, Santiago de Chile a Lola Hoffmann, Santiago de Chile, abril de 1962, en John V. Murra y Mercedes López-Baralt, eds., *Las cartas de Arguedas* (Lima: Fondo Editorial de la Pontificia Universidad Católica del Perú, 1996), 73.

7 Pinilla, ed., *Arguedas en familia*, 396.

cantar *waynos* porque era indio.[8] Yolanda define a su primo de la siguiente manera:

> Él era puro, parecía un niño, hambriento de ternura y amor. [...] Esas, creo, son las dos caras de José María Arguedas que recuerdo bien, caras de gozo y también de melancolía. El hombre tierno y cariñoso que se divertía en nuestras fiestas íntimas, y el ser humano silencioso y atormentado; el primo querido que podía llorar y reír con similar intensidad.[9]

En las entrevistas que sostuve con algunos de los amigos de Arguedas, me di cuenta de que frente a varios de los entrevistados el escritor mantuvo esas dos fases de intensa melancolía y felicidad. Se entusiasmaba sobre todo cuando conocía a alguien que sabía quechua o a quien le gustaba cantar y bailar música autóctona. Por ejemplo, el antropólogo y antiguo estudiante de Arguedas, Rodrigo Montoya, me dijo que cuando el escritor supo que él era de Puquio (el pueblo donde Arguedas vivió de niño) y que disfrutaba de cantar canciones en quechua, se puso muy feliz y lo invitó a cantar con él.[10]

En su condición de *wakcha*, su relación con las mujeres era una parte importante de su vida. Hubo varias, pero seguramente la conexión afectiva más intensa y larga fue la que tuvo con las hermanas Bustamante; Celia se volvería su esposa. Conoció a las hermanas Bustamante, Alicia y Celia, siete años después de trasladarse a Lima, en la peña Pancho Fierro, fundada por Alicia Bustamante en 1936, lugar de encuentro de artistas e intelectuales. Arguedas tenía 24 años y allí se encontraba con amigos de la Universidad de San Marcos, como Manuel Moreno Jimeno y José Ortiz Reyes. Durante su tiempo en prisión, de 1937 a 1938, Celia Bustamante lo visitó varias veces y cuando salió, se casaron en junio de 1939, trasladándose a Sicuani, Cuzco, donde Arguedas fue maestro en una escuela pública. Celia, su hermana Alicia y el escritor compartían intereses e ideas sobre arte, política y asuntos sociales. Después del matrimonio con Celia, surgió un fuerte vínculo entre los tres.[11] Aunque las hermanas eran limeñas, sentían que la cultura andina era importante para el desarrollo del Perú. Este proyecto político calzaba a la perfección con el proyecto

---

8 Ibíd ., 399.

9 Testimonio de Yolanda López Pozo. en Pinilla, ed., *Arguedas en familia*, 400.

10 Rodrigo Montoya, entrevista de la autora, Lima, 4 de julio de 2010.

11 Carmen María Pinilla, ed. *Apuntes inéditos: Celia y Alicia en la vida de José María Arguedas* (Lima: Fondo Editorial de la Pontificia Universidad Católica del Perú, 2007), 24-26.

literario arguediano, puesto que el escritor siempre estuvo interesado en la promoción de esta cultura. Otro factor por el que se sintió atraído por las hermanas Bustamante fue que ellas eran seguidoras de las ideas socialistas de José Carlos Mariátegui. En los años treinta pertenecer a la elite intelectual de Lima y al mismo tiempo estar a favor de los pueblos indígenas era una combinación inusual en el Perú. Arguedas admiraba a estas dos mujeres fuertes y decididas que lo ayudaron a entrar en contacto con esta elite en la capital.

Pero había más que una conexión intelectual con su esposa y cuñada. Arguedas dependía del apoyo emocional que no podía recibir de sus padres. Habiendo perdido a su madre a los tres y su padre a los 20 años, se sentía abandonado. En una carta a su esposa, le dice:

> Tú eres mi esposa elegida, pero hay acaso en mí alguna ternura honda, posiblemente infantil como aquella mirada de criatura que tenía mi viejo; es esto seguramente algo anormal; una parte de mi espíritu no ha podido crecer, se quedó como cuando yo era niño; y creo que tú no has logrado amoldar tu carácter a actos que brotan de esa parte de mi ser. [...]. Ocupaste el lugar de mi padre, y no solo tú sino también Ali; y no solo desde que nos casamos. Cuando lo de Adela, me sentía esos días como abandonado. Tú acaso no has llegado a comprender del todo cómo te necesito y necesito a Ali. Pero hay algunas necesidades mías que corresponden a mi modo de ser, a este carácter mío, que a veces tú no has podido darme.[12]

En esta carta de alrededor de 1944, después de cinco años de matrimonio, podemos ver las demandas que Arguedas le hace: "hay algunas necesidades mías que corresponden a mi modo de ser, a este carácter mío, que a veces tú no has podido darme". Como exploramos en el Capítulo 1, el escritor se presentaba como un niño con una tremenda necesidad de protección, siempre a la búsqueda de sustitutos de madre y padre. De niño, fueron los sirvientes indígenas quienes cumplieron ese rol; de adulto, buscó protección en las mujeres y los amigos.

El amor fue una fuente de inspiración importante para el escritor. Sin embargo, las variadas crisis en su primer matrimonio seguramente lo llevaron a buscar afecto en otras mujeres; con todo, nunca rompió por completo el fuerte vínculo que tuvo con su primera esposa. En una carta de 1965, trata de justificar a Celia su relación con otras mujeres:

---

12 José María Arguedas, Churín, a Celia Bustamante, Lima (sin fecha, probablemente 1944), en Pinilla, ed., *Apuntes inéditos*, 123-124.

> Acuérdate de que olvidé por completo a la joven de Apata. Pero ella me auxilió a retomar el hilo de *Los ríos profundos*. Allá lo reempecé y seguí escribiéndolo de seguido, como *Todas las sangres*, luego del estímulo, completamente extinguido de Beatriz. Sybila no me inspira nada.[13]

En esta carta el escritor asocia su impulso creador con algunas mujeres. La "joven de Apata" era Vilma Ponce, una mujer de la sierra que lo habría motivado a terminar su novela *Los ríos profundos* a mediados de 1950; Beatriz era chilena y había sido su amor platónico a comienzos de 1960 cuando estaba escribiendo *Todas las sangres*. Es interesante apuntar que en 1965 Arguedas tenía otra amante chilena, Sybila, que se volvería su segunda esposa en 1967, pero según sus propias palabras, la relación no lo inspiraba en la escritura. Esto contrasta con lo que le dice a Vilma Ponce en 1955: "Eres mi pueblo, mi tierra, el canto de las aves que oí en mi niñez. Necesito mucho de ternura; escríbeme con más frecuencia".[14] La manera de describir a su amante y de demandar su afecto es muy corpórea y estimula los sentidos: ella es la tierra, el canto de las aves que escuchaba de niño. De hecho, esta relación le ofrecía más que afecto; le daba la oportunidad de volver a conectarse con el paisaje de su infancia.

Además de su primera esposa y de su amante Vilma Ponce, la tercera relación amorosa que marcó profundamente la vida de Arguedas fue la que tuvo con su segunda esposa, Sybila Arredondo. Esta relación fue conflictiva, pues Sybila no podía responder a las expectativas de apoyo y protección que siempre buscó en las mujeres. En una carta a su hermano en 1969, el año de su suicidio, se queja de que su mujer lo hubiera abandonado en el momento que más la necesitaba pues él tenía que ir a Santiago a terminar su novela:

> De la manera más incomprensible Sybila no quiso venir este mes a Santiago [...]. Con este motivo tuve una verdadera guerrilla de cartas cada vez más absurda en cuanto al contenido de las respuestas de Sybi y más asombrado y dolorido de mi parte. [...] El Dr. [Pedro León Montalbán] —psiquiatra y un cholo gordo simpatiquísimo— conoce bastante a Sybi y tuvo una charla de más de una hora con ella. Me envió con él un dinero, porque durante estos diez meses he vivido sólo de derechos de autor. Bueno, el Dr. confirmó sorprendentemente

13 José María Arguedas, Santiago de Chile, a Celia Bustamante, Lima, julio de 1965, en Pinilla, ed., *Apuntes inéditos*, 350.

14 José María Arguedas, Lima, a Vilma Ponce, Huancayo, sin fecha (probablemente junio de 1955), en Carmen María Pinilla, ed., *Arguedas en el valle del Mantaro* (Lima: Fondo Editorial de la Pontificia Universidad Católica del Perú, 2004), 154-155.

> la explicación que aquí dieron al caso los mejores amigos de Sybi que también son mis mejores amigos. [...] Ellos decían que lo que Sybi pretendía era martirizarme un poco porque a lo mejor mi fama la molestaba. Esto me pareció totalmente monstruoso e inadmisible. El doctor lo ha confirmado. Esa parece ser la verdad, una verdad loca y fatal. Dice el Dr. que, en el fondo, Sybi es una mujer frustrada y con una ambición avasalladora de figurar. Pero yo le di la oportunidad de ascender en Lima y fomenté ese asenso [sic].[15]

Esta cita muestra que Arguedas demandaba un afecto de su segunda esposa que no era correspondido como él deseaba. No podía entender por qué Sybila no quiso acompañarlo a Santiago para ayudarlo a terminar su novela y se sentía confundido por la explicación que le dio uno de los psiquiatras, el doctor León. La independencia de su segunda esposa lo desconcertaba porque estaba acostumbrado a roles de género más tradicionales. Probablemente por esta razón no rompió del todo el vínculo de afecto con su primera mujer. Incluso después del divorcio en diciembre de 1967 le escribe a Celia Bustamante lo siguiente:

> Te sueño mucho, muy tiernamente y a veces en forma terrible. Soy un niño a quien la vida, ferozmente, maravillosamente, le hace vivir con ojos y oídos muy grandes de adulto. Te pido mantener la hermosa calma que sentí en tu voz por teléfono. Que esa sea la Pascua.[16]

A esta esposa se presenta como un niño "con ojos y oídos muy grandes de adulto". Esta expresión metafórica muestra una vulnerabilidad implícita; el autor ve y escucha más de lo que su alma de niño puede soportar. Necesita sentirse seguro y en armonía. La voz de su antigua esposa lo calma, por lo menos en ese momento. Considerando la falta de afecto que tuvo por su condición de huérfano, le era imposible romper por completo la relación de dependencia que tenía con Celia.

El amor y cómo alcanzarlo es un tópico que aparece en las cartas que le escribió a su psicoanalista, Lola Hoffman. Arguedas consideraba que no había otra cosa más inspiradora en la vida que el amor y el afecto. En una carta de 1962, declara: "Lo que ansío es ser amado con pureza; mi médico acertó cuando me dijo que los estímulos puramente intelectuales ya no

15 José María Arguedas, Valparaíso, a Arístides Arguedas, Caraz, agosto de 1969, en Pinilla, ed., *Arguedas en familia*, 282-284.

16 José María Arguedas, Lima, a Celia Bustamente, Lima, diciembre de 1967, en Pinilla, ed., *Apuntes inéditos*, 370.

influyen en mí".[17] Aquí de nuevo la demanda de amor es clara. Si recibía lo que esperaba, se sentía impulsado a terminar sus proyectos. Amor y afecto estaban siempre conectados a su escritura.

Una de las principales razones para viajar a Chile era encontrar el apoyo emocional que necesitaba para escribir. En Chile halló la atmósfera de paz y amor que le era esquiva en el Perú. En la misma carta de la cita anterior, resalta la influencia de la capital chilena en su estado de ánimo: "En Santiago volví a asentir la vida; la alegría hace tiempo perdida. Sentí el sol, la naturaleza; volví a tener hambre".[18] Más que el país, encontraba apoyo emocional en la gente, los amigos, las mujeres que lo amaban y su psicoanalista. La capacidad de escritura de Arguedas había decaído de manera significativa en la última etapa de esta su postrera novela. Esto es evidente en una de las cartas a Lola Hoffmann:

> La noche fue atroz de angustiada y también anoche. Acabo de trazar el contenido de los nueve capítulos que me faltan. Tengo opresión dura a la nuca y no tanto desánimo. Pero la tarde de ayer tuve miedo, porque la opresión, durante una hora más, me tuvo muy agarrotado y en una penumbra de depresión y hundimiento feroz. Si empiezo a escribir se me pasará, pero para empezar necesito que mi nuca me sirva de apoyo y no de vacío.[19]

Esto escribía Arguedas cuando trataba de terminar su última novela. El proceso de escritura era terapéutico así que, con la ayuda de la psicoanalista, lograba seguir escribiendo. En otra carta le dice:

> Creo que no hay un término medio. Lola: los Zorros nacieron y crecieron algo como una obra maestra suya mucho más que *Todas las sangres*, considerada ya como obra clásica de la literatura hispanoamericana. Los Zorros han nacido de las propias cenizas; usted convirtió la ceniza en fuego.[20]

El tono dramático y agonístico que usa para describir la deuda que tiene con ella se refleja también en el tono agonístico de esta novela, tal como podemos ver al comienzo de su "¿Último diario?":

---

17 José María Arguedas, Lima, a Lola Hoffman, Santiago de Chile, 6 de enero de 1962, en John V. Murra y Mercedes López-Baralt, *Las cartas de Arguedas*, 69.

18 Ibíd., 70.

19 José María Arguedas, Lima, a Lola Hoffman, Santiago de Chile, (sin fecha, probablemente entre julio y septiembre de 1969), en Murra y López-Baralt, *Las cartas de Arguedas*, 221.

20 José María Arguedas, Lima, a Lola Hoffman, Santiago de Chile, 16 de julio de 1969, en Murra y López-Baralt, *Las cartas de Arguedas*, 212.

> He luchado contra la muerte o creo haber luchado contra la muerte, muy de frente, escribiendo este entrecortado y quejoso relato. Yo tenía pocos y débiles aliados, inseguros; los de ella han vencido. Son fuertes y estaban bien resguardados por mi propia carne. Este desigual relato es imagen de la desigual pelea.[21]

La lucha interna que confronta Arguedas para terminar *El zorro de arriba y el zorro de abajo* es al mismo tiempo un fracaso y un triunfo. Lo primero, porque acaba quitándose la vida; pero es también un triunfo porque, aunque formalmente incompleta, su última novela lo corona como escritor de vanguardia capaz de predecir los desafíos que tendrá que enfrentar el Perú por la migración interna.

Ahora bien, además de las mujeres, para Arguedas los amigos eran también muy importantes. No solo demandaba afecto; lo daba a manos llenas. Aún en sus momentos de depresión, le gustaba animar a sus amigos. Por ejemplo, después de leer el trabajo literario de uno de ellos, José Ortiz Reyes, el escritor le escribe muy entusiasmado y lo anima a seguir su vocación literaria, a pesar de que está estudiando Derecho. Luego, cuando Ortiz Reyes está todavía en la cárcel, Arguedas le escribe en septiembre de 1938 hablándole de la calidad de su escritura:

> Tú padeces de un grave defecto: te subestimas demasiado; tu autocrítica es exagerada e injusta. [...]. Yo te ruego sinceramente que sigas escribiendo; tú sabes que te hablo honradamente; no te hablo como a preso, sino como a un hombre que tiene la obligación de escribir lo que siente, porque hará un bien a la humanidad; no importa el tamaño del bien que se hace. Yo sé que será bastante.[22]

Arguedas se muestra solidario con su amigo. Al ser ambos escritores, podía haber sido más egoísta y preocuparse solo por su propio éxito.

Con Alejandro Ortiz Rescaniere, hijo de José Ortiz Reyes, tuvo también una relación especial desde que este era niño. En su testimonio, Ortiz Rescaniere confiesa que después de la muerte de Arguedas, nunca le gustó hablar de él y que solo después de años, con la publicación de parte de la correspondencia arguediana, consideró que había llegado el momento

21 José María Arguedas, *El zorro de arriba y el zorro de abajo* (Lima: Horizonte: 1983), 233.

22 José María Arguedas, Lima, a José Ortiz Reyes, Lima, septiembre de 1938, en Alejandro Ortiz Rescaniere, ed., *José María Arguedas: recuerdos de una amistad* (Lima: Fondo Editorial de la Pontificia Universidad Católica del Perú, 1996), 45.

de hacerlo.[23] Cuenta también que las primeras memorias que guarda del escritor se remontan a cuando tenía unos cuatro años y solía ir de visita a su casa con sus padres. Luego no vio a Arguedas por muchos años, pero reanudaron la amistad cuando el joven quiso estudiar Antropología y el escritor lo siguió de cerca en esta ruta. Sus consejos iban más allá del plano académico, al punto de que el escritor se volvió como un segundo padre, un amigo y hasta un mentor. Ortiz Rescaniere lo recuerda como una persona muy cálida, con un buen sentido del humor y de la ironía, y como buen contador de chistes. Por ejemplo, incluso cuando Arguedas le contó acerca de su primer intento de suicidio, mientras lo hacía se burló de sí mismo. En la única ocasión que lo vio melancólico y serio, fue unos días antes de su muerte. Estaban en una fiesta y aunque Arguedas bailaba, para Ortiz Rescaniere el escritor no desplegaba su usual sentido de humor. Al contrario del melancólico que mucha gente piensa que Arguedas era, tenía, de hecho, una manera intensa de reír y un gran sentido de humor. Máximo Damián, violista que habla quechua y amigo del escritor, me dijo que no se acordaba de haberlo visto nunca triste y que tenía un temperamento festivo, siempre riendo y contando chistes en quechua.[24]

Aunque la relación de Arguedas con Ortiz Rescindiere era la de un padre hacia su hijo, el escritor nunca intentó remplazar a su padre, José Ortiz Reyes. Arguedas sabía lo importante que era el vínculo con el padre, algo que le hubiera gustado mantener por más tiempo con el suyo. A veces intercedía por Ortiz Reyes y aconsejaba a su joven amigo. Por ejemplo, en una carta de 12 de marzo de 1966, le dice:

> Mira Aliocha: creo que no hay mejor amigo y médico para ti que tu padre. Yo ando algo descarriado, emocionalmente, desde que perdí al mío, a la edad de 20 años. Tú sabes que entonces me quedé en la calle y tuve que dormir unos días en las bancas de la plaza del hospital Dos de Mayo.[25]

Arguedas no quería que Alejandro sufriera como él por la ausencia de su padre. Seguramente pensaba que su amigo no valoraba a su padre porque este estaba vivo y quería expresarle su propia experiencia para ayudarlo a comprender que, a pesar de los malentendidos que un padre puede tener con su hijo, el padre es irremplazable.

---

23 Ortiz Rescaniere, ed., *José María Arguedas: recuerdos de una amistad*, 171-199.

24 Máximo Damián, entrevista de la autora, Lima, 18 de agosto de 2009.

25 José María Arguedas, Lima, a Alejandro Ortiz Rescaniere, París, 12 de marzo de 1966, en Ortiz Rescaniere, ed., *José María Arguedas: recuerdos de una amistad*, 206.

En ausencia de su esposa, por su demanda de amor, Arguedas buscaba el apoyo de sus amigos. Por ejemplo, en una carta a los poetas y amigos, Moreno Jimeno y Emilio Westphalen, Arguedas confiesa que estaba desbordado de emociones y por eso los busca:

> Queridos hermanos ya ustedes saben que soy un sentimental, y que a veces muy difícilmente puedo contener mis emociones, por eso sabrán dispensar la emoción de estas palabras. Pero ahora que no tengo a la Rata, estoy solo, a ella hubiera podido decirle todo lo que en este instante siento; ella me habría calmado y hubiera compartido conmigo el entusiasmo que tengo, y juntos habríamos tenido un hermoso instante.[26]

La Rata era el apodo de su esposa Celia. En ese momento, Arguedas enseñaba a alumnos indígenas en una escuela pública en Sicuani, Cuzco. Cuando dice que a veces le resulta muy difícil contener sus emociones, como luego explica en la carta, se estaba refiriendo a que uno de sus estudiantes había escrito un poema muy bueno en español. Estaba sorprendido de que este muchacho que ni siquiera hablaba bien español al comienzo del curso, hubiera terminado leyendo a poetas como Moreno Jimeno y Westphalen, a quienes escribía la carta. Arguedas se sentía muy feliz y quería compartir su entusiasmo. Como no estaba su esposa, escribió a sus amigos para pedirles su opinión.

Años más tarde, cuando se enteró de que su amigo Adolfo Westphalen regresaba de Europa, Arguedas le escribió para contarle lo feliz que lo había hecho la noticia. Resaltamos que el escritor usa los verbos "proteger" y "amparar" para describir lo que esta amistad significaba para él. Arguedas no solo lo considera un amigo, sino un protector:

> Estuve esperando que la opresión de la que sufro se disipara un poco para escribirte. Pero ha ido aumentando. Y anoche donde Gody se habló de tu posible regreso a Lima. Me di cuenta, entonces, que he dejado transcurrir una eternidad desde que recibí tu carta. La noticia de tu vuelta, aunque improbable, nos hizo reaccionar; Gody y yo, usamos palabras casi idénticas, al mismo tiempo, para expresar nuestros sentimientos; yo utilicé "proteger" y él "amparar". Es que vemos en ti a una especie de hermano mayor, muy fuerte, a pesar de todo.[27]

---

26 José María Arguedas, Sicuani, a Adolfo Westphalen y Manuel Moreno Jimeno, Lima, 10 de agosto de 1941, en Inés Westphalen Ortiz, *El río y el mar. Correspondencia José María Arguedas/Emilio Adolfo Westphalen* (México: Fondo de Cultura Económica, 2011), 82.

27 José María Arguedas, Lima, a Adolfo Westphalen, París, 17 de febrero de 1956, en Inés Westphalen, comp., *El río y el mar*, 114.

Gody es el apodo de Fernando de Szyszlo (1925-2017), un conocido pintor peruano contemporáneo que en ese momento pertenecía al círculo de amigos del escritor. Aunque Arguedas incluye a Szyszlo en los necesitados de protección ("Gody y yo"), esto puede ser simplemente su propia proyección; en todo caso su pedido de protección es constante en su correspondencia.

Pero en sus amigos no solo buscaba protección sino también identificarse con ellos. Aunque cercano a todos, se identificaba mayormente con Manuel Moreno Jimeno y con Pedro Lastra. El primero fue su mejor amigo de juventud y Lastra, el de los últimos años de su vida. Uno peruano del Ande, otro chileno, pero ambos tenían en común una simplicidad, amabilidad y autenticidad que Arguedas valoraba. En una carta a Lastra, le dice:

> Yo me formé en el campo; no alcancé a dominar la compleja sabiduría de la ciudad; el desgarramiento que el antiguo dolor del pueblo y la grandeza y ternura del paisaje andinos produjeron en mi infancia, mantuvieron en mí una "ingenuidad" que es la fuente de mis sin sinsabores y de mi fuerza. Tú, en cambio, has lidiado siempre con hombres de la ciudad y te ves obligado a leer mucho. Sin embargo, la pureza de tu ser aparece como absolutamente incorruptible y siento que ella se funda en el respeto a principios que son los mismos que a mí me sustentan, o que creo que son los mismos.[28]

Consciente de las diferencias que lo separaban de Lastra, le bastaba con compartir sus principios. Cuando le dice "la pureza de tu ser aparece como absolutamente incorruptible", está expresando su admiración por la autenticidad del amigo.

En el año 2014 tuve la oportunidad de entrevistar a Pedro Lastra. Me dijo que su amigo era un caballero y que lo que más valoraba de la gente, en especial de los escritores, era que fueran auténticos. Como hemos dicho, en su última novela Arguedas distingue entre los escritores profesionales y los que escriben por vocación; cuando le pregunté a Lastra por qué hizo esta distinción, me contestó:

> La idea de un escritor profesional le parecía artificiosa. Yo creo que eso puede ser injusto también. Y creo que él también reconocía eso. En algún momento hablando le dije "yo creo que a ti no te gusta nada de fulano, pero mira hay ciertas cosas" [...] y él me decía "sí, es que

28 José María Arguedas, Lima, Pedro Lastra, Santiago de Chile, 26 de abril de 1962, en Edgar O'Hara, ed., *Cartas de José María Arguedas a Pedro Lastra* (Santiago de Chile: LOM Ediciones, 1997), 20.

> hay artificio, hay como una máquina de hacer". En cambio, para él la literatura era una cosa vivida, vital, en la que se revelaba un mundo profundo y una visión de la gente. Entonces, claro, él resultaba un escritor tan distinto a estos recursos llamativos que podían sorprender al lector pero que estaban tan distanciados de la intensidad de lo humano (como él lo entendía) porque así se acercaba a la gente. [...] se sentía distanciado de estos escritores para quienes el oficio literario era la manifestación de un talento [...] lo comprometía todo aquello que tenía que ver con un sentido de comunión humana. Un día José María me habló de Washington Delgado, quien era una gran persona. José María le tenía una gran adhesión a Washington, por la persona que era. Entonces un día me dijo que había este poeta, Washington Delgado (a quien yo no había leído) y me citó unos versos de él. No se sabía todo el poema, "Para vivir mañana", que dice: "Para vivir mañana debo ser una parte de los hombres reunidos, una flor tengo en la mano, un día canta en mi interior igual que un hombre". Incluso me escribió esos versos en un papelito. Y me decía: Esta es una poesía que importa. Entonces uno se daba cuenta de que lo que le importaba era esto, la poesía no como un ejercicio de la belleza como perfección sino de la comunión humana.[29]

Así, según Lastra, Arguedas valoraba el sentido de pertenecer a una comunidad y a la condición humana; para él, el objetivo de escribir no debería estar separado del objetivo de la vida: la solidaridad.

Al igual que Lola Hoffman, Lastra también le ofreció apoyo emocional al escritor cuando viajó a Santiago. En una carta de 1963, Arguedas le dice:

> No sé cómo expresarte mi afecto. Jamás he tenido por nadie la confianza, la fe que te profeso. Déjame, hermano, o permite decirte que me siento feliz cuando descubro con orgullo que en algo me parezco a ti. Trabajaré sin quebranto hasta concluir la novela que reinicié en Santiago. Aquí recuperé mis posibilidades creadoras peligrosamente opacadas por el exceso de sufrimientos. Tú sabes, hermano, que en gran parte te debo a ti este milagro, y a tres personas más de las cuales solo a una conoces. Creo que la única forma posible de retribuir tanto amor y energías que Uds. me dieron con el desinterés que casi desesperadamente buscaba, es concluir la novela.[30]

En esa época, 1963, Arguedas estaba escribiendo *Todas las sangres* y al mismo tiempo su matrimonio pasaba por una nueva crisis que le hacía

29 Pedro Lastra, entrevista de la autora, Lima, 24 de abril de 2014.

30 José María Arguedas, Lima, a Pedro Lastra, Santiago de Chile, 22 de marzo de 1963, en Edgar O'Hara, ed., *Cartas de José María Arguedas a Pedro Lastra*, 71.

imposible encontrar la paz mental que su escritura necesitaba. Como hemos visto en otra carta a su psicoanalista, justo entonces le estaba agradecido a Lola Hoffmann, a Beatriz (un amor platónico) y a Gaby Heneike por el apoyo y la motivación para escribir.

La novela se publica finalmente en 1964, pero Arguedas continúa su batalla interior hasta que decide acabar con su vida en 1969. En una carta a John Murra, en la que lo pone al tanto de su vida personal y académica, comparte con él las razones de su sensible personalidad: "Yo fui tocado por un gran dolor en un periodo en que lo que uno come y ve se convierte en la parte de la materia carnal; mi comida estuvo espolvoreada de dolor de orfandad y de ternura".[31] Como dije en capítulos anteriores, sus recuerdos de infancia, tanto los buenos como los que lo atormentaban, permanecerían siempre con él y determinarían sus relaciones con la gente. Y también, en última instancia, lo llevarían a dar fin con su propia mano el último capítulo de su vida.

31 José María Arguedas, Lima, a John Murra, 3 de mayo de 1967, en Murra y López-Baralt, ed., *Las cartas de Arguedas*, 155.

CAPÍTULO 5

LA ATENCIÓN POR EL ENTORNO

En su correspondencia, Arguedas se describe a sí mismo como alguien que presta mucha atención a su entorno. Posiblemente por su inmersión temprana en la cultura andina, se considera muy cercano a la naturaleza y enraizado en la sonoridad del mundo, en especial en la música. Su condición migrante le dio también la posibilidad de acercarse de manera diferente a su medio. Cada vez que viajaba fuera del Perú no podía evitar comparar los nuevos lugares con su propio país. El propósito de este capítulo es analizar la relación del escritor con lo que le rodea, más allá de los lazos que estableciera con las personas. Con cada país, Arguedas estableció un tipo diferente de conexión; además, la naturaleza y la música siempre fueron poderosos referentes para él. Considerando la importancia de sus impresiones de viaje, en la primera parte de este capítulo analizaré el efecto que le causaron los países que visitó. En la segunda parte, me concentraré en su relación con la naturaleza y la música, y cómo esta le permitió establecer una comunicación sinestésica con el medio natural.

Impresiones de viaje

La migración marcó la vida y obra de Arguedas, quien desde la infancia se movió alrededor de diferentes ciudades y pueblos del Perú. Este proceso migratorio fue progresivo: de pequeños pueblos a ciudades más grandes, hasta llegar finalmente a la capital. Luego, sobre todo por razones profesionales, el escritor tuvo la oportunidad de viajar varias veces y algunos viajes tuvieron un impacto importante en su vida. Tanto dentro como fuera del país, viajar no solo amplió sus horizontes geográficos sino su comprensión de la sociedad peruana, comprensión que se vio reflejada en su obra literaria. Desde su primer libro de cuentos, *Agua*, a su novela final, *El zorro de arriba y el zorro de abajo,* el entorno geográfico de cada historia cambia desde la aldea andina hacia la complejidad de una ciudad portuaria en la costa. La mayor complejidad de la trama y el desplazamiento espacial refleja su experiencia personal de migración. Al estudiar su obra literaria, en especial su última novela, Cornejo Polar propone la noción de *sujeto migrante* como una nueva categoría de análisis de la obra arguediana. El autor afirma:

> No en vano Arguedas se autodefinió como un forastero permanente y elaboró sutiles y agobiadas consideraciones sobre lo que llamaba el "forasterismo", esa desasosegante experiencia de ser hombre de varios mundos, pero a la larga ninguno, y de existir siempre -desconcertado- en tierra ajena. Creo que a la luz de su novela final, en la que es tan evidente la marca semántica de la migración, se puede releer toda la obra de Arguedas en esa misma clave [...]. De este modo, cabría definir la producción de Arguedas como la gesta del migrante.[1]

Aunque pasó más tiempo en algunos lugares que en otros, sus viajes a Chile, los Estados Unidos, Europa y África fueron de gran impacto en su vida.

Seguramente para Arguedas el país más importante después del Perú es Chile, pues fue el refugio donde encontró la paz mental para escribir, una paz que era incapaz de encontrar en su propio país. El escritor necesitaba una cierta distancia de la realidad peruana y de sus problemas personales. Chile le permitió también estar en contacto directo con su psicoanalista, Lola Hoffmann. Después de la Guerra del Pacífico en 1879, la relación entre peruanos y chilenos nunca había sido buena, pero, durante los años 1960 y el comienzo de 1970 (cuando Arguedas viajó a Chile), el gobierno de Salvador Allende brindaba una atmósfera positiva para los intelectuales de tendencias socialistas como Arguedas. Después del golpe de Augusto Pinochet en 1973, el escenario cambió de manera dramática y muchos intelectuales se exilaron o fueron asesinados. También, como me dijo Pedro Lastra, su amigo chileno, Arguedas seguramente idealizó Chile porque el grupo de amigos que lo rodeaba era el círculo de sus lectores, aquellos que habían leído sus novelas y que le tenían profunda admiración, y por ello le ofrecieron el afecto y la ternura que siempre necesitó.[2]

1 Antonio Cornejo-Polar, "Condición migrante e intertextualidad multicultural: el caso de Arguedas". *Revista de Crítica Literaria Latinoamericana*, XXI. 42 (1995): 101-109, cita en pág. 103.

2 Pedro Lastra, entrevista de la autora, Lima, 24 de abril de 2014.

En las cartas de Arguedas a Pedro Lastra, podemos encontrar emotivas expresiones sobre sus relaciones con el Perú y Chile, y cómo estas afectaban su escritura. En 1962 el escritor escribe a Lastra acerca del Perú:

> El Perú es un país tan bello, tan profundo como cruel en estos tiempos. Esta lucha bárbara me resultaba estimulante antes, me inspiraba: pero luego de unos problemas psíquicos muy duros que no pude vencer, empecé a deprimirme y lo que antes me impulsaba hoy me desalienta.[3]

No solo en esta ocasión Arguedas se refiere al Perú como un país donde la belleza de la naturaleza está en discordia con la injusticia de su sociedad. Opuesto a esto, en la misma carta, dice que Chile es un paraíso:

> Mi estadía de diez días en Santiago fue para mí una estadía en el paraíso. Allí no están Uds. cargados de los irrefrenables resentimientos que aquí atormentan al pueblo y a la clase media, especialmente el bestial desprecio de las clases "aristocráticas" y ricas por indios y cholos.[4]

Es posible también que esta impresión "paradisiaca" de Chile, aparte del afecto que recibió allí, se deba a que los contrastes raciales no son tan evidentes como en otros países andinos como el Perú o Bolivia.

Ese mismo año, pero en otra carta, escribe a Lastra:

> También creo, quizá "ingenuamente", aunque me baso en hechos "objetivos" que el hombre de Santiago es menos amargo que el de Lima. Ya te dije a qué atribuía esta diferencia. En el Perú y, especialmente en Lima, la vida es de una crueldad, de una brutalidad espantosa.[5]

El año 1962 fue un año de elecciones presidenciales en el Perú y, como ocurre por lo general en estos periodos, la atmósfera era conflictiva y tensa, y los contrastes sociales del país se acentuaban mucho más. Al momento de escribir su carta en 1962, era presidente Manuel Prado Ugarteche, pero en julio de ese año Víctor Raúl Haya de la Torre del APRA ganó en las urnas. Sin embargo, el ejército consideró que las elecciones habían sido fraudulentas y en 1963 un golpe militar tomó el poder, y luego Fernando Belaúnde Terry fue elegido democráticamente. Al contrario, la atmósfera política en Chile no era tan turbulenta y esto pudo hacerle

---

3 José María Arguedas, Lima, a Pedro Lastra, Santiago de Chile, 8 de febrero de 1962, en Edgar O'Hara, ed., *Cartas de José María Arguedas a Pedro Lastra* (Santiago de Chile: LOM Ediciones, 1997), 16.

4 Ibíd.

5 José María Arguedas, Lima, a Pedro Lastra, Santiago de Chile, 26 de abril de 1962, en O'Hara, ed., *Cartas de José María Arguedas a Pedro Lastra*, 20.

creer que Chile era más tranquilo y su sociedad más estable. Arguedas reconoce, empero, que su impresión de los chilenos podía ser "ingenua".

En 1963, Arguedas le agradece a Lastra por haberlo acompañado durante el proceso de escribir *Todas las sangres*, aunque esta gratitud se extiende a este "pueblo de hermanos". Esto lo ayudó a superar la soledad que sentía en el Perú, donde los que le rodeaban tal vez no eran la compañía apropiada:

> Acabo de escribir la cuartilla 400 de *Todas las sangres*. Creo que estoy verdaderamente a la mitad de la obra. Pero he pasado solo días con fiebre y me siento muy decaído. Ningún día dejé, sin embargo de escribir. Vuelvo a repetirte, querido hermano, que esta inmensa fuerza que siento se lo debo a Uds. y especialmente a dos mujeres en Santiago. ¡La vida es así! Y para unos brota de fuentes especiales. Yo estaba siendo aniquilado por la soledad; ahora tengo un pueblo de hermanos que me acompañan por dentro: tú especialmente...[6]

Las "dos mujeres" a la que se refiere son Lola Hoffmann y su amor platónico Beatriz. Así, ese país se vuelve para él sinónimo de paz, afecto y amor. Allá fue capaz de encontrar la "hermandad" que le proporcionó el apoyo que necesitaba.

En contraste con Chile, los Estados Unidos era un país que le inspiraba temor, respeto y admiración, pero no afecto. Aunque siempre tuvo interés de conocerlo, le tomó más de diez años obtener el permiso oficial de la embajada para que le dieran la visa. En una carta que escribió a su hermano en 1951, expresa su decepción de haber perdido la oportunidad de ir a Estados Unidos y de tener un buen puesto de trabajo en Chosica:

> Nos han ocurrido sucesos muy excepcionales, malos y buenos, durante todo este tiempo. Primero estuve a punto de viajar a los Estados Unidos, pues fui propuesto para el Decanato del Departamento de Ciencias Sociales en la Nueva Escuela Normal Central que funcionará el año entrante en Chosica. Todo parecía seguro. El ministro aceptó mi designación de muy buen grado, el director de la Escuela me tiene una gran estimación, y todos los que debían informar acerca de mí lo hicieron elogiándome calurosamente. Pero al final, la Embajada de los Estados Unidos me vetó. Este suceso me causó una impresión muy dura. Iba a ganar un excelente sueldo y podía haber

6 José María Arguedas, Lima, a Pedro Lastra, Santiago de Chile, 20 de mayo de 1963, en Edgar O'Hara, ed., *Cartas de José María Arguedas a Pedro Lastra*, 36.

cumplido una buena tarea, para la cual estoy bien preparado. Y se arruinó el proyecto.[7]

Perder el puesto de decano en la principal escuela normal de Lima en esa época, la Escuela Normal Central, fue un golpe muy duro para él. Uno de los requisitos para el puesto de decano del Departamento de Ciencias Sociales en esta normal era tomar un curso en Estados Unidos. La Embajada de este país probablemente lo vetó por su afinidad con la izquierda peruana. Debemos recordar que era el periodo del "macartismo" (por Joseph McCarthy, senador estadounidense que impulsó una persecución anticomunista) y se manejaba una "lista negra" de personas sospechosas de tener vínculos con el comunismo.

En 1960, cuando Arguedas termina de escribir su novela *El Sexto*, que narra su experiencia carcelaria, escribe a su amigo John Murra manifestándole su preocupación de que la publicación de esta novela podría dañar su reputación en Estados Unidos. Algunos de sus personajes estaban relacionados a la empresa minera Cerro de Pasco —la inversión de capital estadounidense más importante en el Perú, pero también una fuente de explotación de la gente local.[8] Dice a Murra:

> Pero ya he abusado mucho de la estimación que le guardo hablándole de mis cosas. Me falta sólo un detalle. El gobierno de los Estados Unidos me hundirá aún más en la lista negra después de la publicación de *El Sexto*, porque uno de los personajes principales es un minero de Morococha que habla de los horrores cometidos por los "gringos" en aquellos años en que figuraba a la puerta de su club un letrero que decía: "Prohibida la entrada a los peruanos y a los perros". No hay odio contra los Estados Unidos como país en el libro. Sería absurdo, sino contra la Cerro de Pasco que ha simbolizado casi de manera exclusiva en el Perú a los Estados Unidos, desgraciadamente, hasta el auge de la International Petroleum que ha pasado ahora a primer plano.[9]

7 José María Arguedas, Lima, a Arístides Arguedas, Caraz, 2 de agosto de 1951, en Carmen María Pinilla, ed., *Arguedas en familia: cartas de José María Arguedas a Arístides y Nelly Arguedas, a Rosa Pozo Navarro y Yolanda López Pozo* (Lima: Fondo Editorial de la Pontificia Universidad Católica del Perú, 1999), 220-221.

8 En 1902 unos inversionistas estadounidenses crearon la empresa Cerro de Pasco Corporation, que fue el poder dominante en la minería peruana por medio siglo. A finales de 1960, cuando se comenzó a criticar la política exterior estadounidense, la empresa sufrió una oposición creciente por sus prácticas laborales injustas. Ver Saint Louis University Libraries Special Collections: Archives and Manuscripts, "Cerro de Pasco Corporation (1902-1974)," Saint Louis University Libraries Special Collections: Archives and Manuscripts, http://archon.slu.edu/?p=creators/creator&id=47

9 José María Arguedas, Lima, a John Murra, 21 de noviembre de 1960, en John V. Murra y Mercedes López-Baralt, eds., *Las cartas de Arguedas* (Lima: Fondo Editorial de la Pontificia Universidad Católica del Perú, 1996), 51.

En esta cita Arguedas deja claro su énfasis de que no odia a Estados Unidos como país, sino que está en contra de las injusticias cometidas por la empresa minera Cerro de Pasco. Finalmente el escritor puede viajar al país del norte en 1965, después de su primer intento de suicidio, cuando el ministro peruano de Educación intercedió por él.[10] En otra de sus cartas a Murra, le expresa lo complacido que está después de recibir la invitación de visitar Estados Unidos:

> Me llamó Cadwell para darme la noticia de que me invitaba para una visita por dos meses a los Estados Unidos. Esta noticia me sorprendió y me produjo una emoción muy grata: estaba frente a un hombre valiente por razón de su rectitud e inteligencia. Sentí como que me quitaban unos grilletes de los pies. Debo hacer yo mi propio itinerario. Viajaré en abril. Le dije a Caldwell que te pediría consejos para el itinerario, lo mismo que a Carlos Cueto. ¡Qué te parece esta noticia? [sic] Yo sé que los "comunistas" dirán que me he vendido al imperialismo. Nada de eso me importa. No soy sectario; por fortuna he alcanzado a liberarme de todo tipo de sectarismo, de estos y de los otros, igualmente deformantes: el de las antipatías personales. Trato de juzgar con objetividad.[11]

Ahora que la posibilidad de visitar Estados Unidos está cerca de su alcance, Arguedas se preocupa también por la reacción del Partido Comunista en el Perú. Pero, como dice en esta carta, no es "sectario" y se considera liberado de toda ideología. Cuando llega a Nueva York, después de pasar por la capital, comparte sus impresiones con su amigo Murra:

> He caminado anoche tres horas por New York. Algo nuevo bulle en mi espíritu y en mis nervios. El contraste (complementario con Washington) es quizá lo más intranquilizador que he visto nunca. Washington me dio la impresión de la capital de un imperio, ciudad que va creciendo a medida que se la contempla; toda ella hecha de silencio, de masas de edificios y de espacios. Ciudad única a la que no entendí de primera vista.[12]

Resalto la intensidad de la descripción del escritor al referirse a una de las ciudades más importantes de los Estados Unidos: "Algo nuevo bulle en mi espíritu y en mis nervios". Frente a la grandiosidad de la capital del "imperio", se muestra perplejo y confiesa no haber entendido al comienzo esta

10 Nota del editor en John V. Murra y Mercedes López-Baralt, *Las cartas de Arguedas*, 110.

11 José María Arguedas, Lima a John Murra, 28 de octubre de 1964, en Murra y López-Baralt, *Las cartas de Arguedas*, 110-111.

12 José María Arguedas, Nueva York, a John Murra, 6 de abril de 1965, en Murra y López-Baralt, *Las cartas de Arguedas*, 121.

ciudad "hecha de silencio, de masas de edificios y de espacios", en contraste con la mayoría de las ciudades latinoamericanas de esa época que tenían calles estrechas y estaban rodeadas más de ruido que de edificios. Además, Arguedas estaba acostumbrado a los grandes espacios naturales enmarcados por la naturaleza. Su experiencia sensorial al llegar a Estados Unidos es completamente nueva para él y hace que cambie su perspectiva del mundo. De hecho, en otra carta a Murra le dice:

> La perspectiva de las cosas y del mundo cambia cuando se la contempla desde este país; diría que se aclara mucho más. Le decía a Alberto Escobar que, aquí se ha aplicado, hasta donde puedo asegurar, todo lo descubierto por el ingenio humano. Se ha aprovechado al máximo la técnica, y el país tan fabulosamente rico ha producido riquezas que han hecho correr las de una gran parte del mundo hacia acá. Creo que es lógico que el norteamericano defienda su modo de vivir, pero como ya lo necesario para sostenerlo no solo depende de los Estados Unidos se ve en el aprieto de tratar de imponer normas a muchos otros países. Inevitable en los imperios de toda la historia.[13]

Este pasaje muestra la independencia ideológica del escritor y cómo su amplitud de miras lo ayuda a comprender este país objetivamente, no solo reconociendo su esplendor sino también mostrándose consciente de su poderío económico sobre otras naciones.

Pero lo que realmente hace que se conecte es todo aquello que estimula sus sentidos, por ejemplo, la música. Por esta razón queda fascinado con Nueva Orleans:

> Fue buena la idea de enviarme a New Orleans, ¡qué ciudad! Anoche escuché tres horas un conjunto de jazz que Chase me recomendó a última hora [...] el que tocaba el bajo de metal, era joven y gringo. En un barrio de una obscenidad indescriptible esta isla luminosa, el gran corazón de un pueblo creo que endurecido por el poder y el afán infatigable y aparentemente irrefrenable de acumular poder. Los Estados Unidos constituyen, creo, un peligro descomunal para América Latina pero acaso el único camino de su salvación.[14]

Al tiempo que reconoce la enorme amenaza que Estados Unidos representa para los países latinoamericanos al ser una potencia mundial, es capaz también de apreciar su fabuloso desarrollo y cultura. Sin embargo,

13 José María Arguedas, Bloomington, a John Murra, 24 de abril de 1965, en John V. Murra y Mercedes López-Baralt, *Las cartas de Arguedas*, 122.

14 José María Arguedas, Tejas, a John Murra, 4 de mayo de 1965, en Murra y López-Baralt, *Las cartas de Arguedas*, 124.

por lo menos en este fragmento, pareciera que el escritor confunde las políticas gubernamentales con los sentimientos de la gente del país cuando dice: "el gran corazón de un pueblo creo que endurecido por el poder".

En otro pasaje, Arguedas también se queja de la falta de tiempo "para la vida" en los Estados Unidos:

> Las Universidades de Cornell y Bloomington son gigantes. Nada falta aparentemente; sólo que para un latino eso se siente demasiado ajustado. Todos están apremiados de tiempo. No hay tiempo para la vida.[15]

Para el escritor, los recursos económicos y materiales que se encuentran en las universidades norteamericanas no son suficientes para poder disfrutar de la vida. Por una parte, tiene dudas acerca del ritmo más rápido de la vida americana típica en una ciudad cosmopolita como Nueva York. Por otra parte, valora el paisaje de la ciudad. En un artículo que escribe para un periódico peruano, después de su visita a Nueva York, escribe:

> En Nueva York los ojos se olvidan de las montañas y de los ríos, de los arbustos floridos, de los abismos sonoros o desérticos, del canto de los pájaros y de los hombres que contemplan, absortos o tristes, en silencio, su propio corazón. Entre ese orden de lo desmesurado entre los monstruos felices que son los puentes, las prodigiosas carreteras, los rascacielos iluminados o quietos, el hombre camina apurado, y yo también caminaba contagiado, al ritmo que los otros, pero contemplando todo ese artificio descomunal con un entusiasmo casi infantil. ¡Obra del hombre, ese monstruo que debía asustarme solo estimulaba mi fe, lo que hay de poderoso en la médula y en la mente humana! Y buscaba cómo en qué parte de la ciudad, podía depositar mi mano para acariciar la ciudad. No encontré símbolo alguno que lo representara. Quizá esa ciudad no acepta, no conoce y aún rechaza la ternura. Y un buen latinoamericano, de adentro, sospecha -con ingenuidad- que ese gigante rechaza y probablemente rechazará por mucho tiempo lo que más necesita.[16]

Inmerso como estaba en creencias andinas, Arguedas considera que todo está vivo; por tanto, describe la ciudad de Nueva York como si tuviera una personalidad humana: "Quizá esa ciudad no acepta, no conoce y aún rechaza la ternura". En algún momento quiere acariciar la ciudad porque siente su falta de afecto, pero al contrario de cualquier pueblo o ciudad

15 José María Arguedas, Tejas, a John Murra, 4 de mayo de 1965, en Murra y López-Baralt, *Las cartas de Arguedas*, 125.

16 José María Arguedas, "New York y Quito", *El Comercio*, 17 de octubre de 1965, sección dominical.

latinoamericana, en Nueva York no puede encontrar dónde ofrecer su tierno gesto. A pesar de todo, la contemplación de la ciudad estimula su "fe" en el poder de la humanidad.

Como veremos en la siguiente parte, la naturaleza es una referencia fundamental para Arguedas. Es por esto que cuando visita cualquier país, relaciona lo que ve con sus memorias del paisaje peruano. Por ejemplo, cuando estando en Europa tuvo que dar una charla en la UNESCO, no pudo evitar comparar la complejidad del paisaje peruano con la simplicidad del europeo. La belleza del medio ambiente peruano le da la fuerza para lidiar con los problemas sociales de su país, como le dice a su gran amigo Moreno Jimeno:

> ¡Si el Perú no fuera tan bello nuestra agonía sería más corta, y nos moriríamos o fugaríamos pronto! Te digo esto último, porque ayer pasé en la Unesco tres pequeñas películas que traje; pudimos acompañarlas con la música que también traje en discos y cinta. Cómo resalta la prodigiosa naturaleza, su incomparable belleza, después de haber recorrido esta Europa plana e uniforme. Así como en monumentos históricos Europa es infinita, el Perú es por su naturaleza, sobrecogedor, y bien sabes cómo toda esta inmensidad es acogedora y tierna.[17]

Orgulloso de la belleza natural del Perú, Arguedas lo compara con los monumentos históricos de Europa. La música y la naturaleza en su conjunto es lo que hace posible soportar el sufrimiento que produce la injusticia social del país.

De igual manera, cuando visita Alemania y Austria, le conmueve la vista del río Rin y los bosques austríacos. En una postal que envía a su amigo José Ortiz Reyes, escribe:

> La visión de Alemania y Austria es acaso más necesaria para un peruano. Son países oscuros, aún a pesar de su cáscara perfectamente industrializada. Me he estremecido con el Rin y con Salzburgo. El bosque tiene música de Mozart y algo todavía bárbaro. Ya charlaremos.[18]

Cuando Arguedas dice que "El bosque tiene música de Mozart y algo todavía bárbaro", la expresión sirve de metáfora para alcanzar cierto equilibrio que se conserva en estos países entre cultura y naturaleza, y

---

17 José María Arguedas, París, a Moreno Jimeno, 6 de julio de 1958, en Roland Forgues, ed., *La letra inmortal*, 139.

18 José María Arguedas, Viena, a José Ortiz Reyes (¿julio-agosto de 1967?), en Alejandro Ortiz, ed., *Recuerdos de una amistad*, 233.

que contrasta marcadamente con la realidad peruana donde la belleza de la naturaleza arrolla la complejidad de la cultura.[19]

La ciudad europea que más lo impresiona es París, al punto que escribe un artículo de prensa sobre la misma. En una carta a su discípulo y amigo Alejandro Ortiz, el escritor le menciona este artículo:

> Y recibo como cosa natural tu afirmación de que eres más discípulo mío que de Leví-Strauss. Yo te he dado la médula. Tú puedes llegar a ser una auténtica continuación y culminación de lo que yo he hecho. Y eso no habría sido posible sin París. ¿Leíste mi artículo publicado en el suplemento "El Comercio" y en un libro de lectura (de Duviols) para la enseñanza del castellano en Francia, que apareció con el título de "París y la Patria"? Lo escribí apenas llegado de Europa, de París, en 1960. Dije lo que te está pasando: En ningún lugar del mundo se intensifica más la patria en cada quien que en París, cuando esa Patria existe y con una densidad tan fenomenal como el Perú.[20]

Esta carta la escribe en 1969, su último año de vida y también el más difícil emocionalmente para él. Todavía tenía recuerdos poderosos de la ciudad europea que lo había inspirado y hecho repensar acerca de las cualidades de su propio país. En ese entonces, Alejandro Ortiz estaba en París terminando su doctorado en Antropología bajo la tutoría de Claude Lévi-Strauss. Arguedas fue quien animó a su discípulo a irse a Francia y recibir la formación apropiada necesaria para continuar con el proyecto de estudiar las comunidades andinas y sus tradiciones orales.

A continuación, transcribo un pasaje del artículo en el que Arguedas describe sus impresiones acerca de París y presenta una ciudad todavía conectada con la naturaleza:

> En el parque de Luxemburgo y en la avenida de L'Observador, estatuas, bosques, fuentes, jardines, casas, palacios, palomas y gorriones, son parte de una especie de universo musical creado para inspirar, consolar, acariciar y abrigar al ser humano, para alentarlo y vivificarlo, como los ríos y las aves de los campos naturales, como las flores y los

19 Raymond Williams analiza la relación entre país y ciudad desde una perspectiva económica. En su libro del mismo nombre, Williams establece las categorías de "país" y "ciudad" como espacios culturales. Raymond Williams, *The Country and the City* (NY: Oxford University Press, 1975).

20 José María Arguedas, Santiago de Chile, a Alejandro Ortiz Rescaniere, París (¿3 de marzo de 1969?), en Alejandro Ortiz, ed., *Recuerdos de una amistad*, 281-282.

> árboles de las regiones incultas a cuyo contacto el espíritu humano se renueva o parece renovarse.[21]

A diferencia de Nueva York o Washington, Arguedas se siente más afín con París, una ciudad que, a sus ojos, era de alguna manera musical y había logrado llevar el mundo natural a sus ciudadanos, logrando de ambas formas levantar sus propios espíritus. El escritor dice que en lugares como París "el espíritu humano se renueva o parece renovarse". A primera vista, la ambivalencia de esta última oración parece un poco extraña. Pero, como hemos visto antes, la ambigüedad es característica del retrato que Arguedas hace de sí mismo. Y por la profunda conciencia de sus propios problemas psicológicos, pudo haber considerado que el contacto directo con la naturaleza era el mejor paliativo, sino una cura en sí misma, para sus dolencias emocionales. Por lo tanto, esta oración puede ser interpretada como una referencia inconsciente de la posibilidad de no ser nunca capaz de aliviar por completo su problemático espíritu.

Desde el momento de su llegada a París, su conexión con la ciudad fue tan evidente que aprendió de manera muy natural a disfrutar de unos de los placeres más tópicos de la ciudad:

> Ahora comprendemos o conocemos las causas por las cuales el mismo día de nuestra llegada a la ciudad permanecimos durante casi dos horas en un café y descubrimos, sorprendidos, que de veras es placentero estarse así, mirando la ciudad o charlando frente a una taza de café. Lo que antes habíamos considerado como algo inexplicable y absurdo.[22]

Contemplar la ciudad sentado en un café le permitió darse cuenta de que cada una de las costumbres parisinas era fundamentalmente una experiencia sanadora en un mundo abigarrado.

En 1958, cuando estuvo en España para terminar su tesis doctoral, Arguedas tuvo la oportunidad de viajar a Marruecos y su impresión de África fue diametralmente opuesta a la que le produjo Europa. El escritor encontró similitudes en este país con las regiones andinas del Perú:

> De África hablaremos personalmente. Sólo te diré que en Tetuán estuve caminando siete horas conteniendo a duras penas las lágrimas. No es posible concebir mayor miseria, más extraño e inquietante mundo,

21 José María Arguedas, "París y la patria", *El Comercio*, 7 de diciembre de 1958, sección dominical, en *Katatay*, 1 (Junio 2005): 166-171, cita en pág.166-167.

22 Ibíd., cita en pág.168.

> ni un pueblo aparentemente más digno de la solidaridad humana. No me acordé de nada, no sentí sed ni hambre, fascinado y estremecido por el sector moro de la ciudad. Anduve sin parar, deteniéndome sólo instantes frente a las tiendas y a las cuevas de los artesanos, a los predicadores, mendigos, cantores y mezquitas, desde las diez y media hasta las cinco y media. Sin duda ese mundo tiene muchas semejanzas con lo indio de nuestro país, al que cuanto más tiempo pasa más lo amo y extraño.[23]

En esta carta Arguedas revela de nuevo la emocionalidad de un lenguaje para describir una ciudad que abruma sus sentidos y su sensibilidad social; una experiencia sinestésica que trata de representar en su correspondencia. El escritor describe su fascinación diciendo que no sintió "sed ni hambre"; la estimulación excesiva de sus sentidos lo hicieron sumergirse en la belleza y efervescencia social que le recordaba a su pueblo natal.

En la siguiente parte nos concentraremos en esta estimulación excesiva de sus sentidos, pero a través de la música y la naturaleza. De esta manera, podremos entender mejor la manera en que el escritor se conecta al mundo usando una forma sinestésica de comunicación.

La música y la naturaleza

William Rowe, uno de los intelectuales arguedianos que ha estudiado el rol de la música en la obra del escritor, describe la sutileza de Arguedas para interactuar con la realidad. Rowe considera que "Toda la obra de Arguedas tiene un elemento de percepción muy fina. Una parte de ese trabajo múltiple tiene que ver con percibir la realidad del modo más fino posible sin que las grandes teorías, los dogmatismos, las disciplinas intelectuales, la herencia del pasado y los prejuicios del lenguaje impidan esa percepción muy fina".[24] Esta escritura sensorial e intuitiva que caracteriza la escritura arguediana se aplica también a su correspondencia. Sin embargo, antes de volcarnos a analizar fragmentos de varias de sus cartas que ilustran su modo sensorial de expresión, necesitamos comprender ciertos conceptos del mundo andino y cómo estos influyeron en la percepción fundamental del mundo por parte del escritor.

---

23 José María Arguedas, Bermillo de Sayago, España, a Emilio Westphalen, París, 11 de mayo de 1958, en Inés Westphalen, ed., *El río y el mar*, 178.

24 William Rowe, "Arguedas: una obra múltiple en amor y fuego. José María Arguedas 25 años después", en *Amor y fuego: José María Arguedas 25 años después*, ed., Maruja Martínez y Nelson Manrique (Lima: DESCO, CEPES y SUR, 1995), 354.

En efecto, Arguedas percibía la realidad de una forma muy cercana a la perspectiva andina para comprender el mundo, forma que internalizó durante su infancia por el contacto directo con la gente andina más cercana a él y luego por sus estudios antropológicos, a menudo guiados por su intuición.[25] La obra literaria arguediana muestra un narrador solidario con la problemática andina, pero también presenta a un contador de cuentos andinos. Manuel Larrú ofrece la siguiente hipótesis:

> El autor implícito en la obra de Arguedas transita por un proceso de cambio a nivel representacional y, por tanto, ideológico. Lo que observamos es que el punto de vista del narrador/yo poético, construido en su producción textual, pasa por un desplazamiento desde un narrador indigenista (más relacionado a un punto de vista occidental que se solidariza con otro indio) a un pensamiento andino (un narrador/yo poético andino que habla de su cultura ya no solo como denuncia, sino en toda su complejidad).[26]

Por tanto, Arguedas, a través de su obra, muestra una manera de ver, sentir y experimentar un mundo que no es el occidental. Por ejemplo, un claro concepto andino en su escritura es aquel que se refiere a la naturaleza viviente o *kawsay*, el cual considera que no hay separación entre el ser humano y los elementos del mundo natural; sino que más bien entre ellos hay una especie de interacción comunitaria. En la noción *kawsay* el espacio no es uniforme, sino que presenta fisuras que evidencia un espacio distinto al del mundo occidental.[27]

Otro concepto importante de la cosmovisión andina que se refleja en la escritura arguediana es la división del mundo en pares complementarios y opuestos *(yanatin)* que puede dar lugar a combinaciones muy complejas relacionadas a la estructura del tiempo y del espacio.[28] Así, vida y muerte son complementarias para los andinos; la muerte no es un final sino un acceso a otra forma de existencia en el mundo. Federico García señala que: "La tristeza que ocasiona la muerte de un ser querido es mitigada por el convencimiento de que la vida continúa, aunque no en un

25 Alejandro Ortiz Rescaniere, "Vigencia de la obra de José María Arguedas", en *Arguedas: la dinámica de los encuentros culturales* (Tomo III), ed., Cecilia Esparza (Lima: Fondo Editorial de la Pontificia Universidad Católica del Perú, 2013): 15-19.

26 Manuel Larrú, "De una visión indigenista a una visión andina en la obra de José María Arguedas", *Con Textos Revista Crítica de Literatura* 1 (2010): 11-28, cita en pág. 11-12.

27 Manuel Larrú, "De una visión indigenista a una visión andina en la obra de José María Arguedas," 22.

28 Ibíd., 23.

cielo o un infierno abstractos, según la tradición occidental, sino en otra forma superior y concreta que, a su vez, terminará a su tiempo para volver a comenzar en otro ciclo aún mayor y trascendental. Es por ello que el hombre andino entierra a sus muertos en la compañía del canto y de la música".[29] Recordemos que Arguedas pidió en su último diario que se tocara música andina en su funeral: "En voz del charango y de la quena, lo oiré todo".[30] De hecho, como lo había pedido, hubo música andina y se cantaron canciones que celebraban el comienzo de un nuevo ciclo, el ciclo que anunció en el "¿Último diario?" de su novela *El zorro de arriba y el zorro de abajo.* Según la relación del hombre con la naturaleza que existe en los Andes, Federico García afirma:

> A diferencia de la metafísica occidental, el hombre no ha sido creado a imagen y semejanza de Dios, y por consiguiente no es el amo y señor del universo. Es únicamente Pachap churin, es decir, "Hijo del Cosmos", y por ello mismo, deudor y tributario de su fuerza. Para la cultura andina el hombre es una forma más, ni superior ni inferior, sino exactamente igual a las infinitas formas que adopta la vida en el concierto de los mundos. Vale tanto como un insecto, por insignificante que parezca, o la piedra que cae de la montaña.[31]

Enraizado en la cosmovisión andina, para Arguedas la muerte era parte de un ciclo natural que no conlleva un tránsito a una forma superior de vida. Considerando lo dicho por García en la cita anterior, el cese de la vida humana implica que el hombre vuelve al Cosmos, al que pertenece, pero transformado. Por tanto, el escritor usa su suicidio como metáfora de la renovación del Cosmos; su muerte sería el incentivo de un nuevo "ciclo" histórico.[32] Esta integración de los seres humanos con su medio es característica de las sociedades orales como la andina. Arguedas se familiarizó con la cosmovisión andina comunicándose oralmente con la gente indígena. Por tanto, la *oralidad* es otro elemento clave en la comprensión de la visión de mundo de los Andes.

Autores como Walter Ong destacan que en las culturas orales el sentido del oído se impone al de la vista, y también que en estas culturas hay

---

29 Federico García y Pilar Roca. *Pachakuteq: una aproximación a la cosmovisión andina* (Lima: Fondo Editorial del Pedagógico San Marcos, 2010), 67.

30 José María Arguedas, *El zorro de arriba y el zorro de abajo.* (Lima: Editorial Horizonte, 2001), 236.

31 Federico García y Pilar Roca. *Pachakuteq: una aproximación a la cosmovisión andina*, 67.

32 Arguedas, *El zorro de arriba y el zorro de abajo*, 235.

mayor integración de todos los sentidos.[33] Deberíamos tomar en cuenta que, en América Latina, la escritura prevaleció como el medio dominante de comunicación durante los tiempos coloniales, lo cual hizo que se asociara por lo general con la elite cultural y, como apunta Martin Lienhard, incluso hoy, oralidad también denota la cultura "del pueblo" (es decir, aquellas personas que no pertenecen a las clases dominantes).[34] Al enraizar su escritura en la oralidad, el escritor que nos ocupa logra no solo la transmisión de la historia oficial, sino que también traduce su heterogénea multiplicidad. Como apunta Aymará de Llano, las extensas descripciones arguedianas de la naturaleza son un intento de traducir imaginativamente la manera quechua de ver el mundo en una forma de conocimiento occidental. [35]

Para generar un efecto "aural" en su escritura y aproximarlo a la oralidad, Arguedas se vale de la música. La presencia de la música en la escritura arguediana es evidente. Es así que William Rowe nos dice que "El sonido viene a ser la materia misma del empuje utópico de los textos de Arguedas"[36] y que, en toda la obra arguediana, la música representa un modelo de conocimiento que no separa el sujeto del objeto, constituyendo así una alternativa al racionalismo occidental como medio de transmitir verdadero conocimiento que estimula no solo la vista sino el oído.[37]

La música y su relación con la naturaleza son elementos importantes de la cosmovisión andina. Orgulloso de la posesión de este conocimiento, Arguedas escribió el poema titulado "Llamado a algunos doctores",

33 Las investigaciones que tratan de la relación entre oralidad y alfabetización, y el impacto que esta última produce en las culturas orales proviene de diferentes disciplinas y perspectivas. El proceso de creación de teorías ha generado un debate entre dos enfoques aparentemente opuestos. Uno de estos se llama "la gran línea divisoria" y el otro "los nuevos estudios literarios". En términos generales, las teorías de la gran línea divisoria establecen una diferencia más definida entre culturas orales y las que conocen la escritura. Este enfoque considera que las culturas orales son más auditivas, rítmicas, colectivas, espontáneas, contextualizadas y que tienen todos los sentidos integrados; en cambio, las que conocen la escritura son más visuales, objetivas, abstractas, individualistas, ordenadas y descontextualizadas. Las teorías de la gran línea divisoria atribuyen estas diferencias al hecho de que la adquisición gradual de la escritura produce un cambio sensorial/cognitivo en la percepción del mundo. Eric Havelock, Walter Ong y Jack Goody pertenecen a esta tradición. Ver Ruth Finnegan, *Literacy and Orality: Studies in the Technology of Communication* (Oxford: Basil Blackwell, 1988).

34 Martín Lienhard, *Cultura popular andina y forma novelesca: zorros y danzantes en la última novela de Arguedas* (Lima: Tarea, 1981), 70.

35 Aymará de Llano, "La lucha por re-conquistar la letra. El lenguaje en la escritura de José María Arguedas", *Lhymen* IV, 3 (mayo 2005): 29-42.

36 William Rowe, *Ensayos arguedianos* (Lima: Sur, 1996), 67.

37 William Rowe, *Ensayos arguedianos*, 118.

después de que un grupo de intelectuales criticara su novela *Todas las sangres*.[38] Como respuesta a lo que considera una humillación, compuso el poema, en el cual, como señala Rowe, "se burla, desde una posición de conocimiento andino tradicional, de una ideología científica que es incapaz de recocer la sabiduría andina".[39] Rowe afirma también que de toda la obra arguediana, la novela *El zorro de arriba y el zorro de abajo* es "sin duda alguna la que desarrolla de manera más completa el concepto de música como modo de conocimiento" subvirtiendo las categorías del conocimiento occidental.[40] Pero la música no fue solo parte de su escritura sino su fuente de inspiración. En una carta de 19 de diciembre de 1968, le dice a su psicoanalista:

> Anoche, en viaje de Lima acá vine repitiendo una intraducible canción quechua que me hizo recordar mi queridísima amiga Racila. Le he creado dos estrofas más, porque sólo nos acordamos de una cuyo contenido le explicaré en Santiago. ¡Yo siempre he escrito algo mientras todo mi espíritu nadaba en la luz de estas canciones quechuas! Creo haber encontrado la del *Zorro de arriba y el zorro de abajo.* Ese tipo de música caldea la memoria y funde como ninguna otra cosa en un solo torrente de vidas.[41]

Por tanto, la música —especialmente la andina— era un componente esencial de su proceso creativo de escritura. Este pasaje nos muestra cómo una simple canción quechua tiene el poder de conectarlo con los recuerdos cruciales que le permiten escribir como si fuera un "torrente".

Su apreciación musical hizo que se convirtiera también en promotor entusiasta de la música andina. Por eso está encantado de promover con su amigo José Ortiz una de sus pasiones:

> ¡Es muy probable que me haga cargo de un ciclo de charlas en Radio Nacional! Las charlas tendrían este título: "Cantos y Fiestas del Perú Andino". Haremos viajar a los radio-escuchas por los diferentes paisajes del Ande y les haremos escuchar la voz más pura del pueblo que

---

38 Ver "Llamado a algunos doctores" en el Apéndice 3.

39 "...mocks, from the position of traditional Andean knowledge, a scientific ideology that is incapable of recognizing Andean wisdom". William Rowe, "Arguedas Music, Awareness, and Social Transformation", in *Reconsiderations for Latin American Studies*, ed. Ciro Sandoval & Sandra M. Boschetto (Ohio: Ohio University Center for Latin American Studies, 1998), 35-50. Cita en pág. 36.

40 "...undoubtedly the one that most fully develops the concept of music as a mode of knowledge". Ibíd., 47.

41 José María Arguedas, Lima, a Lola Hoffman, Santiago de Chile, 19 de diciembre de 1968, en John V. Murra y Mercedes López Baralt, *Las cartas de Arguedas*, 185-186.

> vive en esos paisajes; y esa voz será también la expresión más profunda de la misma tierra, del Perú del Ande.[42]

Al decir "esa voz será también la expresión más profunda de la misma tierra", el escritor está creando una comunicación sinestésica por la cual el sonido se conecta a la propia materialidad de la tierra.

Los esfuerzos de Arguedas en la promoción de la música andina fueron más allá de diseminarla a través de la radio; apoyó directamente a los músicos y grabó sus canciones.[43] Dado que pasó su infancia rodeado de gente del Ande, su sensibilidad por su música y canciones fue profunda. Cuando el escritor estaba enseñando en Sicuani, escribe lo siguiente a José Ortiz in 1939: "La sierra me deslumbró a mi vuelta. Me volví muy sensible. No podía oír un *wayno* en la calle sin emocionarme hasta el extremo; seguía a los pandilleros —aquí salen a cantar en las calles en las fiestas— conteniendo materialmente las lágrimas".[44] Podemos ver que esta conexión con la música andina era enormemente poderosa. No solo esta lo conmovía y le daba la inspiración para escribir; también tenía este mismo efecto la música clásica. Eso le dice a su amigo Moreno Jimeno, con quien aprendió a apreciar a Bach:

> Nosotros, Enmanuel, no podemos dejar de querernos; a lo más llegaremos al resentimiento hondo y muy hondo para amanecer más fuertemente unidos. Humilde como mi propia alma, más limpio que yo, tú Enmanuel me enseñaste las cosas más complejas de la ciudad: a Bach, por ejemplo. Oyendo una pieza de Bach en tu cuarto de Sebastián Barranca encontré el verdadero rostro de Antero de "Los ríos profundos". ¿Te acuerdas?[45]

Antero es uno de los personajes principales de *Los ríos profundos*, el dueño del *zumbayllu*, el trompo que a ojos de los niños estaba cargado de magia. El nombre de *zumbayllu*, explica Arguedas en la novela, es una

42 José María Arguedas, Lima, a José Ortiz Reyes, Lima, 6 de enero de 1938, en Alejandro Ortiz Rescaniere, ed., *José María Arguedas. Recuerdos de una amistad* (Lima: Fondo Editorial de la Pontificia Universidad Católica del Perú, 1996), 59.

43 Olga Zevallos, entrevista de la autora, Lima, 4 de junio de 2010.

44 José María Arguedas, Lima, a José Ortiz Reyes, Sicuani, 9 de octubre de 1939, en Ortiz Rescaniere, ed., *José María Arguedas. Recuerdos de una amistad*, 70.

45 José María Arguedas, a Manuel Moreno Jimeno, 18 de junio de 1966, en Roland Forgues, ed., *José María Arguedas: la letra inmortal. Correspondencia con Manuel Moreno Jimeno* (Lima: Ediciones de los Ríos Profundos, 1993), 151.

onomatopeya que describe este juguete y que sintetiza el movimiento de luz y sonido en una sola palabra.[46]

El escritor internaliza la música toda su vida al punto de que no solo la usa para su obra, sino que encuentra otras ocasiones para cantar. A continuación, presento un pasaje de una carta a su amigo John Murra donde le cuenta lo que hizo en una conferencia en la ciudad de México:

> Cuando estuvieron los estudiantes de antropología en México me hicieron dar una conferencia sobre indigenismo. Estuvo mala en la parte que pensé que expondría más lúcidamente. ¡Y ocurrió lo inverosímil! Como yo dijera en el curso de la charla, que había aprendido a cantar como indio cuando era niño, un mexicano me pidió que cantara, al final de la charla. ¡Y lo hice! Desde ese solemnísimo estrado canté la cosecha de alberjas. Fue escuchada la canción con indescifrable y sorpresivo fervor. Y al final la sala estalló en aplausos. Lo que no pude explicar bien con palabras, un poco a lo Guaman Poma, lo dije con el lenguaje menos preciso pero más iluminado del arte.[47]

Es de particular interés que Arguedas se compare con Guamán Poma de Ayala, cronista quechua del siglo XVI, que escribió *El primer Nueva Crónica y Buen Gobierno* para llamar la atención de los principales problemas que confrontaba el Virreinato del Perú en ese momento. Al ser hablante de quechua, el estilo de Guamán Poma estaba también enraizado en la oralidad, y era una mezcla de castellano y quechua. El destinatario de esta carta, John Murra, estuvo a cargo (con Rolena Adorno) de la primera transcripción crítica de esta crónica en 1980.[48]

Por haber crecido rodeado de naturaleza, Arguedas estimuló sus sentidos de manera sinestésica. Lo visual y lo aural estaban conectados en su experiencia del mundo. Por eso podemos encontrar la presencia de la naturaleza en su correspondencia. Por ejemplo, en una carta que escribe desde Cuzco a su amigo Moreno Jimeno, le dice:

> Es la tierra más linda de estos valles; molles, pisonayes, el pisonay es un árbol inmenso, que en este tiempo se carga de unas flores rojas

46 José María Arguedas, *Los ríos profundos* (Madrid: Cátedra, 1995), ver el capítulo seis: "Zumbayllu."

47 José María Arguedas, Lima, a John Murra, 3 de noviembre de 1967, en John V. Murra y Mercedes López-Baralt, ed., 161-162.

48 Guamán Poma de Ayala, Felipe, fl. 1613. *El primer Nueva Crónica y Buen Gobierno*, ed. John V. Murra, Rolena Adorno y Jorge L. Urioste (México: Siglo XXI, 1980).

> estupendas; todo el pie del árbol se alfombra del rojo; yo tenía cuatro años cuando salí de allí pero me acuerdo perfectamente.[49]

Aquí el escritor está describiendo Andahuaylas, su pueblo natal. Luis Jaime Cisneros afirma que en la correspondencia a Moreno Jimeno los paisajes aparecen como medio de estimular el cuerpo y el alma; también son vehículo de amistad y comprensión.[50] Al venir de una cultura oral andina y con una relación cercana con la naturaleza, su descripción de la zona andina es potente y constante en sus cartas. En una de ellas, alienta a su amigo a vivir allí: "Y la Sierra te hará un bien que no sospechas. Vivir aquí hermano. Vivir aquí siempre. Esto es más puro como paisaje y como gente".[51] Aunque su amigo no pudiera vivir con él allí, Arguedas disfruta en la descripción del lugar y tal vez le transmite la magia de la naturaleza:

> A ti que te gusta levantarte temprano: en los eucaliptos que rodean nuestra casa cantan todas las aves de esta tierra; abrirás la ventana y hablarás con ellas; verás cómo llega el sol a estos eucaliptos. Podemos ser esos días los hombres más felices del mundo. Hay aquí hermosísimas...verdaderas maravillas, en tu alma tiernísima ellas harán el más bello y el más humano poema. A veces, en las tardes ¡cómo pienso en que tu espíritu se confundirá con la hermosura de esta tierra![52]

La naturaleza lo enviste de poder. Inmerso en ella, su amigo podría hablar con los pájaros y fundirse con el espíritu de la naturaleza. Siendo ambos poetas, Arguedas tenía la certeza de que la experiencia sería una fuente de inspiración poética para su amigo.

La naturaleza lo ayudaba también a expresar afecto, como cuando le escribe a su cuñada, Alicia Bustamante:

> Pero anoche me fui a las doce, estuvimos en un ensayo de la velada. ¡Cómo me acordé de ustedes! Sobre el agua del río brillaba la luna, a todo lo largo del río; el puente es muy largo, más de cien metros, y me quedé un rato allí. Casi todos los árboles que orillan el río se distinguían perfectamente, son eucaliptos grandes. Este es uno de esos panoramas únicos del Perú. El paisaje tenía una gran dulzura al mismo

49 José María Arguedas, Sicuani, a Manuel Moreno Jimeno, Lima, 25 de septiembre de 1939, en Forgues, *José María Arguedas: la letra inmortal*, 64.

50 Luis Jaime Cisneros, "Arguedas: a propósito de unas cartas", *Boletín de la Academia Peruana de la Lengua* 25 (1995): 117-131.

51 José María Arguedas, Sicuani, a Manuel Moreno Jimeno, Lima, 7 de enero de 1940, en Forgues, *José María Arguedas: la letra inmortal*, 67.

52 José María Arguedas, Sicuani, a M. Moreno Jimeno, Lima, 9 de abril de 1939, en Forgues, ed. *José María Arguedas: la letra inmortal*, 58.

> tiempo que una profunda fuerza. Nadie ha pintado eso ni lo podrá hacer. ¡Cómo me acordé de ustedes! Casi me sentía en comunión con ustedes; con la Ratita y contigo que son mi vida.[53]

Contemplando la belleza natural, se acuerda de sus seres queridos y quiere estar con ellos para compartir el espectáculo. El escritor describe en detalle el paisaje y proyecta en sí mismo las cualidades que sus emociones le insinúan: "El paisaje tenía una gran dulzura al mismo tiempo que una profunda fuerza". Aquí el uso de la palabra "comunión" resalta la integración entre naturaleza, aquellos por él amados y él mismo. Podemos invocar otra vez a Burke y su concepto de "consubstanciación", que implica que podemos estar sustancialmente uno con el otro.[54]

A mediados de 1950 Arguedas tuvo un romance con Vilma Ponce cuando estaba haciendo trabajo de campo en el valle de Mantaro y escribía su novela *Los ríos profundos*. Este romance fue significativo para él no solo por el lado afectivo de la relación, sino también por el ambiente natural en el que esta se dio, el pueblo de Apata. Nuevamente, el escritor mezcla sus sentimientos hacia la naturaleza con los suyos personales. En una carta que le escribe a Vilma, Arguedas le habla de su pasión por el lugar y su gente:

> Nada me parece igual a ti en Lima, nada me parece más hermoso que tu compañía y ¡Apata! Será porque has nacido y te has criado en un lugar tan bello que tu corazón es noble y generoso. En mis horas de desaliento te recuerdo y recuerdo los bosques de alisos y eucaliptos, los dos ríos que circundan el valle de Apata; nuestro paseo por Paucar, por Santa María, por Iscos, las alamedas, esa pequeña cumbre desde donde se ve "Perdón Pampa" como un verdadero paraíso; y te recuerdo a ti, los besos que te di en esa pequeña cumbre y comprendo que soy feliz y que lo seré aún mucho más, y que el precio que pago por ti y por haber conocido tu maravilloso Apata es en realidad bien merecido.[55]

El escritor atribuye la generosidad de la persona, en este caso de su amante, a su proximidad con la belleza de la naturaleza. Estando en Lima,

53 José María Arguedas, Sicuani, a Alicia Bustamante, Lima, 1939, en Carmen María Pinilla, ed. *Apuntes inéditos: Celia y Alicia en la vida de José María Arguedas* (Lima: Fondo Editorial de la Pontificia Universidad Católica del Perú, 2007) 94.

54 Kenneth Burke, *A Rhetoric of Motives* (Berkeley: University of California Press, 1969), 21.

55 José María Arguedas, Lima, a Vilma Ponce Martínez, Huancayo, 2 de abril de 1955, en Carmen María Pinilla, ed., *Arguedas en el valle del Mantaro* (Lima: Fondo Editorial de la Pontificia Universidad Católica del Perú, 2004), 149.

lejos de Vilma, no solo la extraña, sino también echa de menos el paisaje de Apata y los lugares donde solían encontrarse, conformando todo esto una simbiosis entre la mujer, el pueblo y el paisaje:

> Mamita, a mi nombre diles que volveré a las alamedas de Apata, a los árboles de la plaza, al río, al pueblo de Izcos, a todos los campos donde fui feliz; diles que volveré, que necesito de ellos, nuevamente, para fortalecer mi cuerpo y mi alma; dile lo mismo a nuestro pequeño altillo, y a todos, a tu propio corazón.[56]

Arguedas sentía un profundo respeto por todas las cosas, las vivas y las inanimadas, y las trataba como si fueran iguales. Cuando viajaba fuera del país, con frecuencia quedaba prendido del paisaje. En una carta que escribe desde Alemania a Lola Hoffmann, su psicoanalista chilena, le dice:

> Ayer navegué sobre el Rhin. Hubiera deseado hacerlo de rodillas. Era un dios, un dios grande. Todo lo que la civilización ha hecho por encubrir su divinidad no ha logrado sino exaltar su aire, su profundidad mítica. Es un dios como el Apurímac o el Wilcamayo.[57]

El escritor expresa el sentido religioso que tiene el río; desearía venerarlo como si fuera un dios y compara este río que nace en los Alpes suizos con ríos peruanos como el Apurímac, un personaje importante de su novela *Los ríos profundos.*

Tampoco cuando estaba en Nueva York pudo encontrar mejor manera de manifestar su admiración que comparar esta ciudad con el poderoso río Amazonas:

> ¡Qué inconmensurable es el ser humano! Me siento en Nueva York tan feliz como en día de Navidad en una aldea andina. Tengo la impresión de estar en un universo que no parece hecho por el hombre. Es tan poderoso como el Amazonas.[58]

En una carta que escribe a Murra en 1965, muestra otra vez su sensibilidad por la naturaleza incluso en el centro de la capital de Estados Unidos, Washington, DC.:

---

56 José María Arguedas, Lima, a Vilma Ponce Martínez, Huancayo, 6 de junio de 1956, en Pinilla, ed., *Arguedas en el valle del Mantaro*, 183.

57 José María Arguedas, Alemania, a Lola Hoffmann, Santiago de Chile, (¿septiembre de 1962?), en John V. Murra y Mercedes López-Baralt ed., *Las cartas de Arguedas*, 90.

58 José María Arguedas, Nueva York, a Lola Hoffmann, Santiago de Chile (¿6 de abril de 1962?), en Murra y López-Baralt ed., *Las cartas de Arguedas*, 119.

> ¿Recuerdas a las ardillas que juegan en los grandes parques de Washington? En cierta forma son mejores que el obelisco y el capitolio.[59]

Para Arguedas, el obelisco y el capitolio representan el poder humano y la civilización, mientras que las ardillas son vestigios del mundo natural cuya pureza resalta en medio de la ciudad. Qué inofensivas y reconfortantes le parecen las ardillas en contraste con los grandes monumentos de la ciudad que cargan el peso de una historia humana compleja.

Su conexión e identificación con la naturaleza y la música constituye otra manera de construirse a sí mismo como puente de comunicación. Su apreciación de la experiencia sensorial hace que invite retóricamente a sus interlocutores a sentir la estimulación sensorial y, a través de ella, adquirir conocimiento. Por ejemplo, en una carta a su amigo y discípulo, Ortiz Rescaniere, lo anima a someterse directamente al influjo poderoso del puerto de Chimbote: "Chimbote, el universo más espantoso y fuerte al mismo tiempo! Serás bárbaramente feliz cuando lo conozcas".[60] En la misma carta le dice también que nada puede sustituir la experiencia de estar cerca de la gente:

> Tienes que venir a nutrirte ahora de la carne del pueblo, pasando por pellejerías que a lo mejor tu pellejo se ha de resistir a aguantar. Nada puede ofrecer lo que el pueblo da cuando se está con él, cuerpo a cuerpo, aliento a aliento.[61]

Esto refleja lo que Carmen Pinilla investiga en su libro *Arguedas: conocimiento y vida*, donde defiende la tesis de que el escritor valoraba el conocimiento adquirido a través de una vivencia personal por encima del conocimiento científico puramente racional. La autora considera que Arguedas, después de leer a Wilhem Dilthey, encontró el soporte teórico para sus intuiciones. Dilthey, filósofo, historiador y sociólogo, fue uno de los autores que el escritor leyó en el Instituto de Etnología, cuando estudiaba Antropología. Pinilla dice: "Sucede que nuestro escritor encontró en Dilthey la fundamentación de todos sus puntos de vista acerca de la correspondencia entre él y su pueblo, entre sus vivencias y las de su mundo

---

59 José María Arguedas, Nueva York, a John Murra, 6 de abril de 1965, en Murra y López-Baralt, *Las cartas de Arguedas*, 121.

60 José María Arguedas, Lima, a Alejandro Ortiz Rescaniere, París, 27 de agosto de 1968, en Ortiz Rescaniere, ed., *José María Arguedas. Recuerdos de una amistad*, 268.

61 Ibíd., 269.

social".[62] De hecho, el pensador propone que existimos solo en relación con el mundo y que la idea de mundo no es solo intelectual sino adscrita a la experiencia de vida.[63]

Arguedas es ante todo un escritor de experiencias y afectos. Pedro Lastra compartió conmigo una anécdota que describe bien la fascinación de Arguedas por la naturaleza. Según Lastra, esta también estaba ligada a la sensibilidad poética del escritor:

> Yo siempre sentí que la escritura de Arguedas era la escritura de un poeta. Usted descubre cómo hay ahí una tensionalidad lírica que recorre toda su escritura. Aún en situaciones de gran violencia hay un *elan* poético que lo sostiene todo y que le permite precisamente operar todas estas transfiguraciones, lo que ocurre a través de la palabra que hace que el lenguaje que él crea —porque él creó esa maravilla expresiva— sea un hallazgo poético en la más amplia dimensión. Eso lo han advertido varios lectores, que hay una tensionalidad poética. [...] Ahora esta dimensión, me parece a mí, se explica no solo a través de su cosmovisión andina, aunque eso sea un fundamento, sino que hay una vivencia transfiguradora. Yo asistí a un par de experiencias de cómo vivía la naturaleza. Un día íbamos bajando de la casa de una amistad y a la bajada había un sauce enorme, había un riachuelo. Uno ve un árbol y sigue ¿verdad?, pero él se detuvo y se quedó mirando y dice: "Este árbol es un Dios". Fue impresionante, porque no era una frase. Yo lo miré y era como si estuviera transfigurado. Otro día estábamos en Chosica, años después, de pronto entramos en un bosquecillo con árboles muy grandes y él estaba muy fascinado y de pronto cantó un pájaro, yo no me acuerdo que pájaro fue, él dijo el nombre, cantó muy hermoso, y yo lo miraba porque era una verdadera transfiguración y uno se sentía contagiado con eso. Yo empezaba a escuchar a los pájaros de otra manera. Y él me dijo: "Ese pájaro, ese canto, es raro aquí porque ese pájaro abunda en otras regiones". Al describir un pájaro hace una caracterización geográfica, pero esa es la caracterización de un poeta. Su visión del mundo era transformadora, porque para él todas las cosas estaban vivas.[64]

Lastra considera que la capacidad de transfiguración que la naturaleza tenía sobre él iba más allá de la cosmovisión andina incorporada en su visión de mundo y, de hecho, estaba más cercana a su inherente sentido

62 Carmen María Pinilla, ed., *Arguedas: conocimiento y vida* (Lima: Fondo Editorial de la Pontificia Universidad Católica, 1994), 94.

63 Wilhelm Dilthey, *Teoría de las concepciones del mundo*, tr. Julián Marías (Madrid: Revista de Occidente, 1974).

64 Pedro Lastra, entrevista de la autora, Lima, 24 de abril de 2014.

poético. Es probable que ambas fuentes hayan coincidido verdaderamente en este hombre singular.

Esto último podría ser confirmado por el propio Arguedas. En *Apuntes inéditos,* hay una cronología que hizo Arguedas para mandársela a Ángel Flores, jefe de la edición en español de la revista *Américas* de la OEA. En ella el escritor revela una forma peculiar de aprender en la cual la conexión sensorial con la naturaleza juega un papel destacado. Explica:

> Estoy seguro que ninguna criatura formada, como yo, en los Andes indígenas ha logrado penetrar en esos universos espirituales tan sustancialmente como yo; y ninguna de esas criaturas bajadas a la ciudad y asimiladas a ella, iniciadas y practicantes de profesiones y artes propias de la ciudad, ha conservado como yo la esencia de lo indígena peruano (indígena en el sentido de indio, de lo indio como cultura que a pesar de los muchos cambios ha permanecido distinta de lo occidental).[65]

Podemos ver que Arguedas es consciente de su singularidad y se constituye como puente cultural y vehículo de cambio para sociedad peruana. Esta construcción retórica de sí mismo se basa en diferentes estrategias: afecto, oralidad, y conexión directa con la naturaleza y la gente. Usando el concepto de "retórica invitacional" de Sonja Foss y Cindy Griffin,[66] podríamos decir que el escritor está invitando a los peruanos a seguir la senda abierta por él y constituirnos todo el tiempo en puentes culturales de una sociedad dominada por la diversidad, el cambio y las contradicciones.

Al salvar la distancia entre el escritor y la persona, su suicidio fue un final natural en medio del caótico futuro representado por Chimbote. Sin embargo, el escritor transformó su suicidio en un momento crucial de la historia peruana. Si durante su vida, Arguedas sirvió como singular puente cultural; después de él cualquiera de nosotros puede salvar la distancia que nos separa si decidimos seguir su ejemplo para lograr entendernos mejor entre nosotros y comprender el mundo complejo que nos rodea.

---

65 José María Arguedas, Lima, a Angel Flores, 23 de noviembre de 1955, en Pinilla, ed., *Apuntes inéditos*, 168.

66 "La retórica invitacional, desarrollada por Sonja K. Foss y Cindy L. Griffin en 1995 es una alternativa a la concepción tradicional de la retórica como persuasión. La retórica invitacional se define como una invitación al entendimiento como medio de crear una relación fundada en la igualdad, el valor inmanente y la auto determinación. Constituye una invitación a que la audiencia entre en el mundo del retórico y lo vea de la manera del retórico. Es una forma de comunicación diseñada para generar el entendimiento entre personas con diferentes puntos de vista". Stephen W. Littlejohn & Karen A. Foss., *Encyclopedia of Communication Theory* (Los Angeles: Sage, 2009), 569.

CONCLUSIONES

En este libro hemos visto que José María Arguedas fue consciente de su singularidad y que, por eso mismo, se constituyó como eslabón cultural y vehículo de cambio para el conjunto de los peruanos. Sus cartas fueron el espejo en el que se observaba y son ahora el lugar donde nosotros podemos estudiarlo a él. Mediante su vida y obra, el escritor propuso una nueva lógica para poder entender la naturaleza de la sociedad en la que vivió. Al construirse como puente intercultural de su sociedad, invitó a los peruanos a que imaginaran la manera en que podrían superar las diferencias entre ellos.

Aquí, hemos analizado cómo Arguedas se presentaba a sí mismo cuando escribía su correspondencia personal. Este autorretrato podría ser interpretado, hasta cierto punto, como una construcción artificial en la que ponía de relieve los rasgos por los que quería la gente lo recordase.

Arguedas se insertó vigorosamente en el abismo entre las culturas de los Andes y la costa occidentalizada. Esto le permitió comenzar a construir canales de comunicación, sin precedentes en el Perú, siendo él mismo un puente viviente. Modelando así su persona, reveló su estrategia comunicativa de presentarse como una plataforma verbal maleable entre las dos culturas. Hoy en día se entiende mejor que nunca su excepcional capacidad de vinculación, porque el escritor predijo el futuro.

En su proceso de crecimiento y desarrollo como profesional que vive entre dos culturas, creó para sí mismo no solo una nueva identidad sino también una nueva lógica. De hecho, sus cartas son lugares de invención retórica, donde Arguedas produce una retórica única para presentarse como mediador estructural, cultural e interpersonal.

Aunque fue incapaz de resolver sus propios conflictos internos, generados por sus traumáticas experiencias infantiles y su posición marginal en la sociedad peruana, se construyó como metáfora de la nación —una nación plagada de contradicciones y ambigüedades— permitiendo que los grupos dominantes aprendieran acerca de la cultura andina a través de su obra.

Arguedas no era indio, pero representó al pueblo indígena colocándose en el lugar del "otro". El hecho de haber crecido entre sirvientes indígenas le permitió cambiar el concepto de mestizaje, de manera que fuera entendido no como una mezcla racial sino cultural, fruto de una elección y no como algo predeterminado. Él mismo se consideraba representante de la mezcla cultural de la sociedad peruana.

Se sentía más cómodo hablando en quechua, pero ser bilingüe no fue lo que dio a Arguedas la capacidad de relacionarse con facilidad con la gente andina; lo determinante fue el haber estado expuesto desde niño a la cultura oral. Esta circunstancia fue crucial en el desarrollo de su personalidad e intereses, y guio su búsqueda de conocimiento.

Estaba convencido de que su misión en esta vida era reivindicar la cultura andina, preservar su identidad y hacer que el resto del país estuviera consciente de ella. Sin embargo, no pretendía conservar una cultura andina que fuera estática, cosa por demás imposible; Arguedas sabía que la cultura occidental estaba cambiando la andina. De hecho, mientras estudiaba el valle del Mantaro, notó que aunque esta región tenía una importante influencia del castellano, la cultura tradicional incorporaba el influjo foráneo y lo transformaba, sin perder su propia identidad, creando una cultura sincrética.[1]

Es difícil decir si Arguedas concibió su suicidio como parte integral de su última novela, o si este fue resultado de una combinación natural de su proceso creativo y su condición mental. Pero podríamos interpretar su suicidio como un símbolo mítico del comienzo de una nueva era en la historia peruana. De esta manera, habría transformado su biografía en una metáfora del Perú.

Sus recuerdos infantiles son uno de los temas recurrentes más prominentes en sus cartas. En ellas describe su infancia con ambigüedad, entre la felicidad y el sufrimiento, enraizada en un contexto cultural andino

1 Ver Carmen María Pinilla, ed., *Arguedas en el valle del Mantaro* (Lima: Fondo Editorial de la PUCP, 2004).

particular. Sus memorias expresan no solo su conexión con la cultura andina, sino también las experiencias traumáticas de esa etapa de su vida. La ambivalencia de los recuerdos del niño es constante en su correspondencia, y refleja las contradicciones de Perú.

A pesar de su sentimiento de orfandad, Arguedas guardó, hasta de adulto, recuerdos muy positivos de la cultura andina de la que se nutría y donde se empapó de una forma diferente de conocimiento que le permitió detectar las sutilezas de la naturaleza.

En su correspondencia, las memorias de niño muestran sentimientos encontrados de sufrimiento y ternura, con énfasis en la necesidad de protección, la identificación con la cosmovisión andina y la creación de un nuevo sentido de "otredad", mucho más relacionada con las emociones que con la cultura. Al construir su pasado, Arguedas puede hacer uso de la alteridad producto de sus traumas infantiles y de las experiencias paliativas con los sirvientes indígenas, para otorgarse un papel fundamental en la vinculación cultural del Perú.

Debido a las experiencias compartidas con los indios, Arguedas fue capaz de diferenciar su proyecto de otros tipos de indigenismo, aquellos externos a la cultura andina. Sentía que su misión era hablar del Ande y su gente, tal como él lo había visto y conocido en persona, y no —a la manera de escritores que no conocieron esta cultura directamente— como había sido representada hasta entonces.

En la escritura arguediana podemos notar una actitud mesiánica. El escritor pensaba que tenía el conocimiento y por tanto la responsabilidad de dar a conocer a la sociedad peruana en su conjunto la realidad de los pueblos indígenas desde adentro, no de manera artificial como un intruso. Tenía una relación íntima con ellos y quería verter esta intimidad en su literatura, desarrollando lo que Estelle Tarica llama un indigenismo "íntimo".

Arguedas afirma explícitamente que el Perú —con toda su intensidad, belleza y contradicciones— vive en su interior. Y esta convicción de su capacidad de incorporar este sentimiento de ser la personificación del país es lo que lo ayuda en su proceso creativo.

Una de las principales metas de Arguedas era preservar la cultura quechua, un objetivo que lo convirtió —siendo hablante quechua— en el centro del proyecto de integración cultural a través de la construcción de nuevos puentes de comunicación. Así, por ejemplo, al traducir los mitos de Huarochirí, el escritor tuvo la oportunidad de volver a contar una tradición oral milenaria a los peruanos de su tiempo. Estos mismos mitos serían plasmados en su última novela, *El zorro de arriba y el zorro de abajo.*

Importantes figuras de la literatura y pensadores aparecen en su correspondencia, tales como César Vallejo y José Carlos Mariátegui —con quienes compartió su preocupación por entender el Perú. Entre los escritores extranjeros, destaca Walt Whitman, cuya poesía refleja también el sentimiento de identificación con su propio país, los Estados Unidos.

Arguedas sugiere que, al igual que Vallejo, su obra podría provocar una profunda transformación en la consciencia peruana; hasta cierto punto, lo logró. Hoy en día se lo considera un héroe cultural; la gente común y corriente —especialmente de la región andina— se siente profundamente identificada con él y no con otros escritores peruanos.

Siguiendo la tradición de otros bardos nacionales, Arguedas se acerca a la realidad de manera orgánica, integrando naturaleza y sociedad en una unidad. Al igual que Walt Whitman, hereda la tradición de los escritores románticos que personificaron a la nación recobrando su cultura popular, rescatando sus mitos y folclore. El escritor representa su personificación al mantener viva, en su propio ser, la historia de su país.

En términos profesionales, prefirió presentarse con orgullo como escritor de ficción. Creía que su obra creativa se nutría de la realidad, pero usaba la mitología andina como hilo conductor. Al ser antropólogo, siempre estuvo pendiente de las tradiciones orales mientras viajaba por los Andes.

Arguedas expresaba en sus cartas su pasión por la obra creativa y se enorgullecía por la capacidad de la literatura de anunciar la realidad. También tenía una verdadera vocación de maestro, vocación evidente no solo cuando enseñaba en la escuela secundaria en Sicuani, Cuzco, sino también en su escritura.

Es notable el énfasis que puso en negar que era un "intelectual". Sin embargo, la imagen que presenta de su "ignorancia" contrasta con la cantidad de libros que menciona con toda confianza en sus cartas, destacando su intención de hacer que sus estudiantes leyeran algunos de estos en sus clases.

El escritor se constituye como un *intelectual híbrido*, el cual de acuerdo con Lambright es el que "comienza la tarea de desentrañar el discurso dominante sobre la nación y proponer maneras alternativas de comprender y estar en el Perú".[2] Para él, además de ser ficción, la escritura literaria debería ser una senda para la comprensión del dolor y las miserias humanas. Para Arguedas, es más importante dar testimonio, a través de la literatura, de las injustas condiciones en las que viven los desposeídos.

Arguedas aprendió una lógica diferente no solo por su dominio tanto de la oralidad, como de la escritura entendida como técnica; sino también, por la hábil orquestación de todos sus sentidos, especialmente el del oído, lo que le permitió una mayor integración con el mundo exterior, que posteriormente expresó en su escritura literaria.

La proyección de su ser en tanto autor lo presenta como un escritor en búsqueda de un nuevo estilo para describir adecuadamente realidades diferentes, sus desacuerdos y encuentros. Se muestra urgido de transformar el castellano en un medio verbal que pueda representar mejor al indio de los Andes.

Ficción y realidad van de la mano en su obra literaria, la cual puede ser considerada en su conjunto como un testimonio poderoso. La forma testimonial de su escritura le dio la posibilidad de describir a la sociedad peruana de manera inclusiva como ningún otro escritor lo había hecho antes.

Arguedas se impuso una misión: lograr que los peruanos, sobre todo los de Lima y de la costa, entendieran mejor la realidad social, política y cultural del Perú profundo de su tiempo. Pensaba que, en especial, a través de su obra literaria peruanos y no peruanos podrían llegar a comprender de manera más exacta a su sociedad.

Es importante resaltar que la correspondencia de Arguedas muestra también la apertura de sus opiniones políticas, como muestran sus comentarios acerca de los Estados Unidos en algunas de sus cartas. Solo en las que escribe a Hugo Blanco el escritor expresa una actitud más explícitamente revolucionaria, pero parece ser una excepción producida por la política del momento y la influencia de su segunda esposa Sybila Arredondo. El escritor fue ante todo un alma artística con una sensibilidad social, interesado en mejorar la calidad de vida del pueblo andino.

También le preocupaba que el conjunto de la sociedad no reconociera la cultura andina como la esencia de la cultura del país. Arguedas fue más un militante cultural que político y predijo que la transformación

2 Anne Lambright, *Creating the Hybrid Intellectual: Subject, Space, and the Feminine in the Narrative of José María Arguedas* (Lewisburg, PA: Bucknell University Press, 2007), 10.

social del Perú se daría más por la resistencia cultural andina que por una revolución de tipo político.

Arguedas enmarca su obra literaria como testimonio y exhortación para que nos volvamos más vigilantes y compasivos acerca de la injusticia social en el Perú. No fue un líder político sino un testigo que ofreció su testimonio y se valió de la literatura para describir la realidad del país.

Su personalidad era intensa, algo que se refleja en la forma que escribe. El lenguaje que usa tiene un tono dramático, a veces optimista, otras desesperanzador. Aunque hay algunas diferencias estructurales en la manera en que se dirige a sus distintos corresponsales — diferencias en el uso de palabras polisílabas y de construcciones oracionales complejas[3]— en su escritura epistolar hay un flujo de afecto común. En cuanto a los temas analizados en este libro, hay más similitudes que diferencias en sus estrategias comunicativas debido a su poética cultural y su práctica escritural.

En su correspondencia sobresale el hecho de que era una persona muy emotiva. Se presentaba como un escritor que dejaba de lado la racionalidad y se dejaba llevar por sus emociones. Sus cartas revelan de manera invariable su estado emocional, la intensidad de su lenguaje, el tono afectivo que permea su escritura —en suma, al hombre detrás de su texto. Podríamos decir que Arguedas considera que la mejor forma de comunicarse con sus receptores es la autenticidad y el afecto.

En varias de sus cartas y en testimonios Arguedas resalta su condición de huérfano (en quechua, *wakcha*). Como señala Mercedes López-Baralt, el escritor proyecta la circunstancia biográfica de orfandad en su condición marginal de estar entre dos mundos, el andino y el occidentalizado, construyéndose como puente vivo y agónico. Dado que valoraba la pertenencia a una comunidad y a la condición humana, para él, el propósito de la escritura no debía estar separado del propósito de la vida —la solidaridad.

Podemos usar la categoría propuesta por Cornejo Polar, el *sujeto migrante,* para comprender la relación de Arguedas con otros países. En sus cartas vierte las impresiones que le producen, pero probablemente el país más cercano a su corazón —después del Perú— fue Chile, el cual representó un refugio donde encontró la paz mental para escribir que no hallaba en su propio país. Allí, una cierta "hermandad" le proporcionaba el apoyo que necesitaba.

3 Ver Apéndice para leer algunas de sus cartas.

En contraste con Chile, los Estados Unidos era un país que le inspiraba miedo, respeto y admiración, pero no afecto. Inmerso en creencias andinas, Arguedas consideraba que todas las cosas estaban vivas; sin embargo, no encontró en Nueva York un lugar donde pudiera ofrecer su ternura.

A diferencia de algunas ciudades americanas como Nueva York o Washington DC, Arguedas fue más sensible a París, ciudad que a su manera de ver era más musical y que tenía la virtud de acercar el mundo natural a los citadinos.

Para el escritor, la música y la naturaleza hacen posible que los seres humanos soporten el sufrimiento que la injusticia social produce en el Perú. Las fuentes principales de inspiración fueron la música y la naturaleza porque lo ayudaban a conectarse con su lado creativo, permitiéndole producir la escritura sensorial e intuitiva que caracteriza su obra literaria.

La manera en que Arguedas percibía la realidad era más cercana a la cosmovisión andina, aquella que había internalizado durante su infancia por el contacto directo con las comunidades serranas vecinas. Por tanto, el escritor no estableció una separación entre los seres humanos y los elementos del mundo natural. Por el contrario, se nota una profunda interacción entre ambos dominios en su obra. La música andina (que imita conmovedoramente las voces de la naturaleza y del corazón) fue un componente esencial en su proceso creativo. Arguedas valoraba el conocimiento adquirido a través de la experiencia y no solo el puramente racional y científico; prefería seguir sus intuiciones.

Para continuar estudiando la correspondencia arguediana sería importante contextualizar mejor las prácticas epistolares en el Perú de mediados del siglo XX, en especial las de la región andina. Dado que no hay mucha bibliografía sobre este tema, sería necesario hacer historia oral acerca de estas prácticas.

Aunque el tema central de este libro han sido las cartas de Arguedas, se podría usar la historia oral producto de los testimonios de los entrevistados en una investigación complementaria sobre la recepción que tuvo el propio escritor. Cada una de las personas que entrevisté fue capaz de percibir un ángulo diferente del escritor, aunque todos se sintieron identificados con él. Esto podría implicar que cada una proyectó sus intereses y personalidad en Arguedas o que él tenía una capacidad de empatía y de conexión con diverso tipo de gente.

APÉNDICE 1

Tupac Amaru Kamaq taytanchisman (haylli - taki) A nuestro padre creador Tupac Amaru (himno - canción)

En José María Arguedas, *Obras completas,* Tomo V (Lima: Editorial Horizonte, 1983), 223-233.

A Doña Cayetana, mi madre india, que me protegió con sus lágrimas y su ternura, cuando yo era niño huérfano alojado en una casa hostil y ajena. A los comuneros de los cuatro ayllus de Puquio en quienes sentí por vez primera la fuerza y la esperanza.

Tupac Amaru, hijo del Dios Serpiente; hecho con la nieve del Salqantay; tu sombra llega al profundo corazón como la sombra del dios montaña, sin cesar y sin límites.

Tus ojos de serpiente dios que brillaban como el cristalino de todas las águilas, pudieron ver el porvenir, pudieron ver lejos. Aquí estoy, fortalecido por tu sangre, no muerto, gritando todavía.

Estoy gritando, soy tu pueblo; tú hiciste de nuevo mi alma; mis lágrimas las hiciste de nuevo; mi herida ordenaste que no se cerrara, que doliera cada vez más. Desde el día en que tú hablaste, desde el tiempo en que luchaste con el acerado y sanguinario español, desde el instante en que le escupiste a la cara; desde cuando tu hirviente sangre se derramó sobre la hirviente tierra, en mi corazón se apagó la paz y la resignación. No hay sino fuego, no hay sino odio de serpiente contra los demonios, nuestros amos.

Está cantando el río,
está llorando la calandria,
está dando vueltas el viento;
día y noche la paja de la estepa vibra;
nuestro río sagrado está bramando;
en las crestas de nuestros Wamanis montañas, en su dientes, la nieve gotea y brilla.
¿En dónde estás desde que te mataron por nosotros?

Padre nuestro, escucha atentamente la voz de nuestros ríos; escucha a los temibles árboles de la gran selva; el canto endemoniado, blanquísimo del mar; escúchalos, padre mío, Serpiente Dios. ¡Estamos vivos; todavía somos! Del movimiento de los ríos y las piedras, de la danza de árboles y montañas, de su movimiento, bebemos sangre poderosa, cada vez más fuerte. ¡Nos estamos levantando, por tu casa, recordando tu nombre y tu muerte!

En los pueblos, con su corazón pequeñito, están llorando los niños.
En las punas, sin ropa, sin sombrero, sin abrigo, casi ciegos,
los hombres están llorando, más tristes, más tristemente que los niños.
Bajo la sombra de algún árbol, todavía llora el hombre, Serpiente Dios,
más herido que en tu tiempo; perseguido, como filas de piojos.
¡Escucha la vibración de mi cuerpo!
Escucha el frío de mi sangre, su temblor helado.
Escucha sobre el árbol de lambras el canto de la paloma abandonada, nunca amada;
el llanto dulce de los no caudalosos ríos, de los manantiales que suavemente brotan al mundo.
¡Somos aún, vivimos!

De tu inmensa herida, de tu dolor que nadie habría podido cerrar, se levanta para nosotros la rabia que hervía en tus venas. Hemos de alzarnos ya, padre, hermano nuestro, mi Dios Serpiente. Ya no le tenemos miedo al rayo de pólvora de los señores, a las balas y la metralla, ya no le tememos tanto. ¡Somos todavía! Voceando tu nombre, como los ríos crecientes y el fuego que devora la paja madura, como las multitudes infinitas de las hormigas selváticas, hemos de lanzarnos, hasta que nuestra tierra sea de veras nuestra tierra y nuestros pueblos nuestros pueblos.

Escucha, padre mío, mi Dios Serpiente, escucha:
las balas están matando,
las ametralladoras están reventando las venas,
los sables de hierro están cortando carne humana;
los caballos, son sus herrajes, con sus locos y pesados cascos, mi cabeza, mi estómago están reventando,
aquí y en todas parte;
sobre el lomo helado de las colinas de Cerro de Pasco,
en las llanuras frías, en los caldeados valles de la costa,
sobre la gran yerba viva, entre los desiertos.

Padrecito mío, Dios Serpiente, tu rostro era como el gran cielo, óyeme: ahora el corazón de los señores es más espantosos, más sucio, inspira más odio. Han corrompido a nuestros propios hermanos, les han volteado el corazón y, con ellos, armados de armas que el propio demonio de los demonios no podría inventar y fabricar, nos matan. ¡Y sin embargo, hay una gran luz en nuestras vidas! ¡Estamos brillando! Hemos bajados a las ciudades de los señores. Desde allí te hablo. Hemos bajado como las interminables filas de hormigas de la gran selva. Aquí estamos, contigo, jefe amado, inolvidable, eterno Amaru.

Nos arrebataron nuestras tierras. Nuestras ovejitas se alimentan con las hojas secas que el viento arrastra, que ni el viento quiere; nuestra única vaca lame agonizando la poca sal de la tierra. Serpiente Dios, padre nuestro: en tu tiempo éramos aún dueños, comuneros. Ahora, como perro que huye de la muerte, corremos hacia los valles calientes. Nos hemos extendido en miles de pueblos ajenos, aves despavoridas.

Escucha, padre mío: desde las quebradas lejanas, desde las pampas frías o quemantes que los falsos wiraqochas nos quitaron, hemos huido y nos hemos extendido por las cuatro regiones del mundo. Hay quienes se aferran a sus tierras amenazadas y pequeñas. Ellos se han quedado arriba, en sus querencias y, como nosotros, tiemblan de ira, piensan, contemplan. Ya no tememos a la muerte. Nuestras vidas son más frías, duelen más que la muerte. Escucha, Serpiente Dios: el azote, la cárcel, el sufrimiento inacabable, la muerte, nos han fortalecido, como a ti, hermano mayor, como a tu cuerpo y tu espíritu. ¿Hasta dónde nos ha de empujar esta nueva vida? La fuerza que la muerte fermenta y cría en el hombre ¿no puede hacer que el hombre revuelva el mundo, que lo sacuda?

Estoy en Lima, en el inmenso pueblo, cabeza de los falsos wiraqochas. En la Pampa de Comas, sobre la arena, con mis lágrimas, con mi fuerza, con mi sangre, cantando, edifiqué una casa. El río de mi pueblo, su sombra, su gran cruz de madera, las yerbas y arbustos que florecen, rodeándolo, están, están palpitando dentro de esa casa; un picaflor dorado juega en el aire, sobre el techo.

Al inmenso pueblo de los señores hemos llegado y lo estamos removiendo. Con nuestro corazón lo alcanzamos, lo penetramos; con nuestro regocijo no extinguido, con la relampagueante alegría del hombre sufriente que tiene el poder de todos los cielos, con nuestros himnos antiguos y nuevos, lo estamos envolviendo. Hemos de lavar algo las culpas por siglos sedimentadas en esta cabeza corrompida de los falsos wiraqochas, con lágrimas, amor o fuego. ¡Con lo que sea! Somos miles de millares, aquí, ahora. Estamos juntos; nos hemos congregado pueblo por pueblo, nombre por nombre, y estamos apretando a esta inmensa ciudad que nos odiaba, que nos despreciaba como a excremento de caballos. Hemos de convertirla en pueblo de hombres que entonen los himnos de las cuatro regiones de nuestro mundo, en ciudad feliz, donde cada hombre trabaje, en inmenso pueblo que no odie y sea limpio, como la nieve de los dioses montañas donde la pestilencia del mal no llega jamás. Así es, así mismo ha de ser, padre mío, así mismo ha de ser, en tu nombre, que cae sobre la vida como una cascada de agua eterna que salta y alumbra todo el espíritu y el camino.

Tranquilo espera,
tranquilo oye,
tranquilo contempla este mundo.
Estoy bien ¡alzándome!
Canto;
bailo la misma danza que danzabas
el mismo canto entono.
Aprendo ya la lengua de Castilla,
entiendo la rueda y la máquina;
con nosotros crece tu nombre;
hijos de wiraqochas te hablan y te escuchan
como el guerrero maestro, fuego puro que enardece, iluminando.
Viene la aurora.
Me cuentan que en otros pueblos
los hombres azotados, los que sufrían, son ahora águilas, cóndores de inmenso y libre vuelo.
Tranquilo espera.
Llegaremos más lejos que cuanto tú quisiste y soñaste.
Odiaremos más que cuanto tú odiaste;
amaremos más de lo que tú amaste, con amor de paloma encantada, de calandria.
Tranquilo espera, con ese odio y con ese amor sin sosiego y sin límites, lo que tú no pudiste lo haremos nosotros.
Al helado lago que duerme, al negro precipicio,
a la mosca azulada que ve y anuncia la muerte
a la luna, las estrellas y la tierra,
el suave y poderoso corazón del hombre;
a todo ser viviente y no viviente,
que está en el mundo,
en el que alienta o no alienta la sangre, hombre o paloma, piedra o arena, haremos que se regocijen, que tengan luz infinita, Amaru, padre mío.
La santa muerte vendrá sola, ya no lanzada con hondas trenzadas ni estallada por el rayo de pólvora.
El mundo será el hombre, el hombre el mundo, todo a tu medida.

Baja a la tierra, Serpiente Dios, infúndeme tu aliento; pon tus manos sobre la tela imperceptible que cubre el corazón. Dame tu fuerza, padre amado.

APÉNDICE 2

Poncoq mosqoynin (Qatqa runapa willakusqan)
El sueño del pongo (cuento quechua)

En José María Arguedas, *Obras completas,* Tomo V (Lima: Editorial Horizonte, 1983), 249-257.

A la memoria de Don Santos Ccoyoccsi Ccataccamara, Comisario Escolar de la comunidad de Umutu, provincia de Quisquipanchis, Cuzco.

Don Santos vino a Lima seis veces; consiguió que lo recibieran los Ministros de Educación y dos Presidentes. Era monolingüe quechua. Cuando hizo su primer viaje a Lima tenía más de sesenta años de edad; llegaba a su pueblo cargando a la espalda parte del material escolar y las donaciones que conseguía. Murió hace dos años. Su majestuosa y tierna figura seguirá protegiendo desde la otra vida a su comunidad y acompañando a quienes tuvimos la suerte de ganar su afecto y recibir el ejemplo de su tenacidad y sabiduría.

Un hombrecito se encaminó a la casa-hacienda de su patrón. Como era siervo iba a cumplir el turno de pongo, de sirviente en la gran residencia. Era pequeño, de cuerpo miserable, de ánimo débil, todo lamentable; sus ropas, viejas.

El gran señor, patrón de la hacienda, no pudo contener la risa cuando el hombrecito lo saludó en el corredor de la residencia.

—¿Eres gente u otra cosa? —le preguntó delante de todos los hombres y mujeres que estaban de servicio.

Humillándose, el pongo no contestó. Atemorizado, con los ojos helados, se quedó de pie.

—¡A ver! —dijo el patrón— por lo menos sabrá lavar ollas, siquiera podrá manejar la escoba, con esas sus manos que parece que no son nada. ¡Llévate esa inmundicia! —ordenó el mandón de la hacienda.

Arrodillándose, el pongo le besó las manos al patrón y, todo agachado, siguió al mandón hasta la cocina.

* * *

El hombrecito tenía el cuerpo pequeño, sus fuerzas eran sin embargo como las de un hombre común. Todo cuanto le ordenaban hacer lo hacía bien. Pero había un poco como de espanto en su rostro; algunos siervos se reían de verlo así, otros lo compadecían. "Huérfano de huérfanos; hijo del viento de la luna debe ser el frío de sus ojos, el corazón pura tristeza", había dicho la mestiza cocinera, viéndolo.

El hombrecito no hablaba con nadie; trabajaba callado; comía en silencio. Todo cuanto le ordenaban, cumplía. "Sí, papacito; sí, mamacita", era cuanto solía decir.

Quizá a causa de tener una cierta expresión de espanto y por su ropa tan haraposa y acaso, también, porque no quería hablar, el patrón sintió un especial desprecio por el hombrecito. Al anochecer, cuando los siervos se reunían para rezar el Ave María, en el corredor de la casa-hacienda, a esa hora, el patrón martirizaba siempre al pongo delante de toda la servidumbre; lo sacudía como a un trozo de pellejo.

Lo empujaba de la cabeza y lo obligaba a que se arrodillara y así, cuando ya estaba hincado, le daba golpes suaves en la cara.

—Creo que eres perro. ¡Ladra! —le decía.

El hombrecito no podía ladrar.

—Ponte en cuatro patas —le ordenaba entonces.

El pongo obedecía, y daba unos pasos en cuatro pies.

—Trota de costado, como perro —seguía ordenando el hacendado.

El hombrecito sabía correr imitando a los perros pequeños de la puna.

El patrón reía de muy buena gana; la risa le sacudía todo el cuerpo.

—¡Regresa! —le gritaba cuando el sirviente alcanzaba trotando el extremo del gran corredor.

El pongo volvía, corriendo de costadito. Llegaba fatigado.

Algunos de sus semejantes, siervos, rezaban mientras tanto el Ave María, despacio rezaban, como viento interior en el corazón.

—¿Alza las orejas ahora vizcacha! ¡Vizcacha eres! —mandaba el señor al cansado hombrecito. —Siéntate en dos patas; empalma las manos.

Como si en el vientre de su madre hubiera sufrido la influencia modelante de alguna vizcacha, el pongo imitaba exactamente la figura de uno de esos animalitos, cuando permanecen quietos, como orando sobre las rocas. Pero no podía alzar las orejas.

Golpeándolo con la bota, sin patearlo fuerte, el patrón derribaba al hombrecito sobre el piso de ladrillo del corredor.

—Recemos el Padrenuestro —decía luego el patrón a sus indios, que esperaban en fila.

El pongo se levantaba a pocos, y no podía rezar porque no estaba en el lugar que le correspondía ni ese lugar correspondía a nadie.

En el oscurecer, los siervos bajaban del corredor al patio y se dirigían al caserío de la hacienda.

—¡Vete, pancita! —solía ordenar, después, el patrón al pongo.

***

Y así, todos los días, el patrón hacía revolcarse a su nuevo pongo, delante de su servidumbre. Lo obligaba a reírse, a fingir llamo. Lo entregó a la mofa de sus iguales, los colonos.

Pero... una tarde, a la hora del Ave María, cuando el corredor estaba colmado de toda la gente de la hacienda, cuando el patrón empezó a mirar al pongo con sus densos ojos, ése, ese hombrecito, habló muy claramente. Su rostro seguía un poco espantado.

—Gran señor, dame tu licencia; padrecito mío, quiero hablarte —dijo.

El patrón no oyó lo que oía.

—¿Qué? ¿Tú eres quien ha hablado u otro? —preguntó.

—Tu licencia, padrecito, para hablarte. Es a ti q quien quiero hablarte —repitió el pongo.

—Habla... si puedes... —contestó el hacendado.

—Padre mío, señor mío, corazón mío —empezó a hablar el hombrecito — Soñé anoche que habíamos muerto los dos, juntos; juntos habíamos muerto.

—¿Conmigo? ¿Tú? Cuenta todo, indio —le dijo el gran patrón.

—Como éramos hombres muertos, señor mío, aparecimos desnudos, los dos, juntos; desnudos ante nuestro gran Padre San Francisco.

—¿Y después? ¡Habla! —ordenó el patrón, entre enojado e inquieto por la curiosidad.

—Viéndonos muertos, desnudos, juntos, nuestro gran padre San Francisco nos examinó con sus mojos que alcanzan y miden no sabemos hasta qué distancia. Y a ti y a mí nos examinaba, pesando, creo, el corazón de cada uno y lo que éramos y lo que somos. Como hombre rico y grande, tú enfrentas esos ojos, padre mío.

—¿Y tú?

—No puedo saber cómo estuve, gran señor. Yo no puedo saber lo que valgo.

—Bueno. Sigue contando.

—Entonces, después, nuestro Padre dijo con su boca: "De todos los ángeles, el más hermoso, que vega. A ese incomparable que lo acompañe otro ángel pequeño, que sea también el más hermoso. Que el ángel pequeño traiga una copa de oro, y la copa de oro llena de la miel de chancaca más transparente.

—¿Y entonces? —preguntó el patrón.

Los indios siervos oían, oían al pongo, con atención sin cuenta pero temerosos.

—Dueño mío; apenas nuestro gran Padre San Francisco dio la orden, apareció un ángel, brillando, alto como el sol; vino hasta llegar delante de nuestro Padre, caminando despacito. Detrás del ángel mayor marchaba otro pequeño, bello, de luz suave como el resplandor de las flores. Traía en las manos una copa de oro.

—¿Y entonces? —repitió el patrón.

"Ángel mayor; cubre a este caballero con la piel que está en la copa de oro; que tus manos sean como plumas cuando pasen sobre el cuerpo del hombre", diciendo, ordenó nuestro gran Padre. Y así, el ángel excelso, levantando la miel con sus manos, enlució tu cuerpecito, todo, desde la cabeza hasta las uñas de los pies. Y te erguiste, solo; en el resplandor del cielo la luz de tu cuerpo sobresalía, como si estuviera hecho de oro, transparente.

—¿Y entonces? —preguntó el patrón.

Así tenía que ser —dijo el patrón, y luego preguntó:

—¿Y a ti?

—¿Y entonces, —preguntó el patrón.

Cuando tú brillabas en el cielo, nuestro gran Padre San Francisco volvió a ordenar: "Que de todos los ángeles del cielo venga el de menos valer, el más ordinario. Que ese ángel traiga en un tarro de gasolina excremento humano".

—¿Y entonces?

—Un ángel que ya no valía, viejo, de patas escamosas, al que no le alcanzaban las fuerzas para mantener las alas en su sitio, llegó hasta nuestro gran Padre; llegó bien cansado, con las alas chorreadas, trayendo en las manos un tarro grande. "Oye, viejo —ordenó nuestro gran Padre a ese pobre ángel— embadurna el hombre de este hombrecito con el excremento que hay en esa lata que has traído; todo el cuerpo, de cualquier manera; cúbrelo como puedas. ¡Rápido!". Entonces, con sus manos nudosas, el ángel viejo, sacando el excremento de la lata, me cubrió, desigual, el cuerpo, así como se echa barro en la pared de una casa ordinaria, sin cuidado. Y aparecí avergonzado, en la luz del cielo, apestando…

—Así mismo tenía que ser —afirmó el patrón— ¡Continúa! ¿O todo concluye ahí?

—No padrecito mío, señor mío. Cuando nuevamente, aunque ya de otro modo, nos vimos juntos, los dos, ante nuestro gran Padre San Francisco, él volvió a mirarnos, también nuevamente, ya a ti ya a mí, largo rato. Con sus ojos que colmaban el cielo, no sé hasta qué honduras nos alcanzó, juntando la noche con el día, el olvido con la memoria. Y luego dijo: "Todo cuanto los ángeles debían hacer con ustedes ya está hecho. Ahora ¡lámanse el uno al otro! Despacio, por mucho tiempo". El viejo ángel rejuveneció a esa misma hora; sus alas recuperaron su color negro, su gran fuerza. Nuestro Padre le encomendó vigilar que su voluntad se cumpliera.

APÉNDICE 3

LLAMADO A ALGUNOS DOCTORES

En John V. Murra y Mercedes López-Baralt, *Las cartas de Arguedas.* Lima: Fondo Editorial de la Pontificia Universidad Católica del Perú, 1969, 256-59.

A Carlos Cueto Fernandini y John V. Murra

***

Arguedas escribió el poema "Llamado a algunos doctores" originalmente en quechua. La versión en español —del propio autor— se publicó en *El Comercio* de Lima el 10 de julio de 1966. La versión original apareció el 17 de julio de 1966 en el mismo periódico.

Dicen que ya no sabemos nada, que somos el atraso, que nos han de cambiar la cabeza por otra mejor.

Dicen que nuestro corazón tampoco conviene a los tiempos, que está lleno de temores, de lágrimas, como el de la calandria, como el de un toro grande que se degüella; que por eso es impertinente.

Dicen que algunos doctores afirman eso de nosotros; doctores que se reproducen en nuestra misma tierra, que aquí engordan o que se vuelven amarillos.

Que están hablando pues; que están cotorreando si eso les gusta. ¿De qué están hechos los sesos? ¿De qué está hecha la carne de mi corazón?

Los ríos corren bramando en la profundidad. El oro y la noche, la plata y la noche temible forman las rocas, las paredes de los abismos en que el río suena; de esa roca están hechos mi mente, mi corazón, mis dedos.

¿Qué hay a la orilla de esos ríos que tú no conoces, doctor?

Saca tu larga-vista, tus mejores anteojos. Mira, si puedes.

Quinientas flores de papas distintas crecen en los balcones de los abismos que tus ojos no alcanzan, sobre la tierra en que la noche y el oro, la plata y el día se mezclan. Esas quinientas flores son mis sesos, mi carne.

¿Por qué se ha detenido un instante el sol, por qué ha desaparecido la sombra en todas partes, doctor?

Pon en marcha tu helicóptero y sube aquí, si puedes. Las plumas de los cóndores, de los pequeños pájaros se han convertido en arco iris y alumbran.

Las cien flores de la quinua que sembré en las cumbres hierven al sol en colores; en flores se han convertido la negra ala del cóndor y de las aves pequeñas.

Es el medio día; estoy junto a las montañas sagradas; la gran nieve con lampos amarillos, con manchas rojizas, lanza su luz a los cielos.

En esta tierra fría siembro quinua de cien colores, de cien clases, de semillas poderosas. Los cien colores son también mi alma, mis infatigables ojos.

Yo, aleteando amor, sacaré de tus sesos las piedras idiotas que te han hundido.

El sonido de los precipicios que nadie alcanza, la luz de la nieve rojiza que, espantando, brilla en las cumbres;

el jugo feliz de millares de yerbas, de millares de raíces que piensan y saben, derramaré en tu sangre, en la niña de tus ojos.

El latido de miradas de gusanos que guardan la tierra y luz, el vocerío de los insectos voladores, te los enseñaré, hermano, haré que los entiendas.

Las lágrimas de las aves que cantan, su pecho que acaricia igual que la aurora, haré que las sientas y las oigas.

Ninguna máquina difícil hizo lo que sé, lo que sufro, lo que del gozo del mundo gozo.

Sobre la tierra, desde la nieve que rompe los huesos hasta el fuego de las quebradas, delante del cielo, con su voluntad y con mis fuerzas hicimos todo esto.

¡No huyas de mí, doctor, acércate! Mírame bien, reconóceme. ¿Hasta cuándo he de esperarte?

Acércate a mí; levántame hasta la cabina de tu helicóptero. Yo te invitaré el licor de mil savias diferentes;

la vida de mil plantas que cultivé en siglos, desde el pie de las nieves hasta los bosques donde tienen sus guaridas los osos salvajes.

Curaré tu fatiga que a veces te nubla como bala de plomo; te recrearé con la luz de las cien flores de quinua, con la imagen de su danza al soplo de los vientos; con el pequeño corazón de la calandria en que se retrata el mundo; te refrescaré con el agua limpia que canta y que yo arranco de la pared de los abismos que templan con su sombra a nuestras criaturas.

¿Trabajé siglos de años y meses para que alguien que no me conoce y a quien no conozco me corte la cabeza con una máquina pequeña?

No, hermanito mío. No ayudes a afilar esa máquina contra mí; acércate, deja que te conozca; mira detenidamente mi rostro, mis penas; el viento que va de mi tierra a la tuya es el mismo; el mismo viento respiramos; la tierra en que tus máquinas, tus libros y tus flores cuentas, baja de la mía, mejorada, amasada.

Que afilen cuchillos, que hagan tronar zurriagos; que amasen barro para desfigurar nuestros rostros; que todo eso hagan.

No tememos a la muerte; durante siglos hemos ahogado a la muerte con nuestra sangre, la hemos hecho danzar en caminos conocidos y no conocidos.

Sabemos que pretenden desfigurar nuestros rostros con barro; mostrarnos así, desfigurados, ante nuestros hijos para que ellos nos maten.

No sabemos bien qué ha de suceder. Que camine la muerte hacia nosotros; que vengan esos hombres a quienes no conocemos. Los esperaremos en guardia; somos hijos del padre de todos los ríos, del padre de todas las montañas. ¿Es que ya no vale nada el mundo, hermanito doctor?

No contestes que no vale. Más grande que mi fuerza en miles de años aprendida; que los músculos de mi cuello en miles de meses, en miles de años fortalecidos, es la vida, la eterna vida, el mundo que no descansa, que crea sin fatiga; que pare y forma parte del tiempo, sin fin y sin principio.

APÉNDICE 4

Carta de Arguedas a Manuel Moreno Jimeno

En Forgues, ed. *José María Arguedas: la letra inmortal*, 83-84.

[Carta mecanografiada]

Sin fecha
[julio-agosto de 1940]

Querido Enmanuel:

Hoy concluyeron los exámenes semestrales en el Colegio; apenas libre de este trabajo que ya conoces —he leído 220 pruebas— me doy el gusto de escribirte.

El comentadísimo viaje a México nos dio dos oportunidades de estar juntos, las cuales no han hecho sino aumentar mi ansia de verte aquí, en mi casa. No me canso de hablarte de este deseo en todas mis cartas. Y ahora me acuerdo más, porque mañana llega Pepe Quimper del Cuzco y estará en la casa creo que hasta el lunes. Me calienta que otros lleguen tan fácilmente y que te sea tan difícil venir. Yo y la Ratona hemos estado hablando de esto ahora, porque voy a buscar una gallina en bicicleta, por los alrededores, para convidar a don Pepe; cuando tú llegues iremos los dos. ¿Tú montas bicicleta?

Encontramos el pueblo un poco triste, a la vuelta. Hacía un frío apreciable y nos costó trabajo acomodarnos de nuevo. Las últimas ferias dominicales, que han sido formidables, nos han vuelto a calentar el espíritu, y ahora estamos otra vez felices en Sicuani, que es, y ahora lo comprendo más, un pueblito interesantísimo y alegre. El último domingo tomé 16 fotografías de la feria, una información casi completa que voy a mandar a "La Prensa". Mis alumnos, los mejores del año pasado, han seguido superándose, ahora tengo maduro el proyecto de hacer un texto de lectura para Geografía Humana y Social del Perú con los trabajos de los muchachos. Será un lindo esfuerzo. Tú comprendes muy bien que el estilo y la expresión de los muchachos es mucho más accesible y legítima para los colegiales de todas partes, que esos inmundos textos que los negociantes escriben conforme al programa. Mi aspiración era hacer un texto de Geografía, pero quizá no pueda salir completo, y entonces haremos un libro de lectura. En mi próxima carta te enviaré dos exámenes semestrales de este curso, para que comprendas cuánta razón tengo de alentar este proyecto.

El 28 en la tarde voy a reunir en mi casa a un grupo de cinco alumnos para leerles el poema de Emilio Prados, leeré también tus poemas inéditos, con la conciencia de que con esto no falto a mi palabra empeñada, porque los alumnos estos, pueden considerarse como que sólo tú y yo los hubiéremos leído.

He encargado a Alicia que me envíe el libro de poemas de Prados, que hay en Rosay, cobrando el dinero que me deben de "Canto Kechwa", me ofrece enviarlo, ojalá me llegue para hacerlo libro de lectura. Te voy a dar otro encargo importante. Me dijo el Flaco Tauro, que tenía varios libros para mí, que llegaron a su apartado, tú comprendes que siempre es de cortesía elemental, dar recibo de lo que uno recibe, pero como no sé qué libros serán, y a lo mejor hay algo que valga la pena, llama por teléfono al flaco y dile que estos libros te los deje empaquetados en la Peña como dirigidos a ti, o sea con tu nombre, y me los envías en el primer correo.

¿Te viste con el Capitán Méndez? Me interesa saber esto, le escribo en este correo, ya cuando me contestes avísame qué resultado tuvo tu conversación con él.

Casi desde que llegué he empezado a trabajar "Yawar Fiesta", lo estoy haciendo con más voluntad y soltura que nunca. Y ahora comprendiendo que no fue un mal el haberlo retardado tanto; tengo ya un poco más de solidez, mal o bien, será ese libro todo lo que yo puedo producir. Pretendo que sea la descripción más fiel, y la más completa, de todo el mundo del Perú serrano, indio, mestizo y de la gente desarraigada; la del otro lado. Me siento realmente dispuesto, cuando escribo, tengo la conciencia y la convicción, de que vive en mí, con la suficiente pasión y verdad, este mundo del Perú, tan hermoso, tan pleno de dolor y de lucha, tan grande y noble para ser descrito en una novela. Ojalá pueda hacerlo. Cuando tú vengas, pienso que ha de estar concluido. La Rata ha de copiar, y su compañía me da valor.

¿Cuándo vienes, hermano? Vente con Ali, en Enero. A tu vista verdearán los cerros, y se animará el campo con las lluvias. Los cuatro seremos el grupo más hermoso que hay en el Perú. Porque nunca he querido tanto a Ali, a ti. Y si pudiera venir el Oso, sería ideal. Pero no conviene que el Oso venga, porque capaz de quedarse otros siete años.

Saluda a tus viejitos, a mi tocayo, al Ternero, a todos los de tu casa, y tú recibe el abrazo de tus hermanos, Rata y José.

José María

APÉNDICE 5

Carta de José María Arguedas a su primera esposa Celia Bustamante
En Pinilla, ed. *Apuntes inéditos*, 136.

[Carta manuscrita sin fecha; por el contenido
podría corresponder a abril de 1944]

Ratita:

El carro llegó anoche tarde, y hoy me levanté a las siete y media para buscar tu carta. Sale el carro a las ocho y media o nueve; por eso te pongo más líneas apuradas. Tu carta me ha llegado como el contenido del poema de Whitman. ¡No podría decirte lo bien! ¡Cómo te adoro y te admiro, y cómo amo el instante en que empezaste a quererme! ¡Con una compañía como tú, con tu amor, con tu espíritu fuerte a mi lado, bien podemos vencer a la muerte, y atajarla hasta cuando hayamos rendido a la vida todo nuestro fuego! ¿Es acaso el instante más feliz de mi vida! Estoy iluminado y purificado porque he sentido toda la luz de tu alma. Siempre me parecía que había más hondura en tu alma, que todavía yo no había llegado hasta su último secreto. Hoy recuerdo la luz que vi en tus ojos la primera vez que me abriste un poco tu alma, en el "Holanda" hace como ocho años. Sí, era puro y sensible y podía sentir la belleza de las cosas. ¡Pero jamás había encontrado hasta entonces la más grande, y absoluta belleza!: la del alma humana cuando es pura, fuerte y capaz de un perfeccionamiento infinito. Desde ese instante debiste haber sido dueña de mi vida; mi guía y mi escudo; porque yo soy débil, y los trabajos que pasé enternecieron mi corazón en vez de endurecerlo. Yo también he pasado malas noches, estas tres últimas me hizo falta el Sedobral y el hotel está muy malo. Ya te contaré. Ayer me descubrí un pique y tengo el pie hinchado. Jorge me cura y me ayuda. Me iré pasado mañana, cuando esté bien. Si no sale carro a tiempo ya no me escribas.

Te adoro,

Aché

¡Qué lindo lo de Juan!

APÉNDICE 6

Carta de José María Arguedas a Enrique Congrains

En Pinilla, ed. *Apuntes inéditos*, 241-243.

[Carta mecanografiada, sin firma]

Lima, 21 de febrero de 1959

Querido Enrique:

Ayer terminé de leer tu novela. Esperé llevarla a Supe, pero la comencé en la noche, en mi cama, y me agarró. Seguí de largo hasta concluirla.

Debo confesarte que la leí con desesperación creciente. ¿Qué has hecho con tu estilo, Enrique? No comprendo cómo tu deseo de modernizar o de refinar tu estilo ha podido llevarte al extremo de retorcerlo hasta comprometer gravemente una obra maravillosa. Porque la obra es maravillosa, a pesar de esta terrible envoltura en que nos las has ofrecido. Estoy en la más compleja de las situaciones a que lectura alguna me haya llevado: a pesar de que las partes narrativas son tan difíciles, tan desesperantes por difíciles, los diálogos demuestran lo que eres y lo que sabes; están tan vivamente afincadas en la verdad de nuestra atroz población de las barriadas, brotan tan directa y misteriosamente de su entraña, de su propia garganta, que so basta para hacer del libro una narración formidable, cautivante. Aunque desespere.

Hay en ti, queridísimo Enrique, el autor que me pareció encontrar desde las primeras líneas que leí de ti: el muchacho que ha vivido y sentido en su carne lo más terrible de nuestro drama limeño, de la urbe que crece amontonando los desechos humanos de las provincias, amontonándolas y macerándolas, en un producto bajo cuya apariencia horripilante algo grande se forma. ¡Qué distinto tu relato de los de Ribeyro! Tú eres la vida que marchará cada vez más esplendente, que nadie detendrá. Nuestro buen Ribeyro es el caballero refinado y escéptico que jamás llegará a la obra grande.

Quizás has pasado por alto, a causa de otras preocupaciones, más apremiantes aunque menos fundamentales, un principio al que yo también he faltado algunas veces, por egoísmo; es el siguiente: la obra no es para nosotros mismos, para nuestro propio y personal regocijo; es para los demás. Cuando releo mis trabajos a la luz de este principio encuentro mejor todo lo que escribí para revelar, para enunciar, para mostrar lo que no se sabe de nuestro pueblo y que es imperativo que se sepa. Cuando me aparté de este principio, me enmelé en palabras, en imágenes, más gratas y necesarias para mí mismo, para mi miserable persona, que para la gente a que estoy obligado, a quienes debo mi vida. He padecido horrores bajo esta experiencia; puedo confesarte que he llegado a derramar lágrimas de desesperación y de vergüenza. No hace mucho que me ha sucedido eso, releyendo algunas páginas de "Los ríos profundos" que acaban de enviarme por avión, el primer ejemplar. Tengo la idea de que con tu novela en cierta forma ha ocurrido lo mismo.

Quizá debiste encuadrar muy claramente el escenario. Se presenta en forma sumamente borrosa, con cierto misterio, que vale muy poco en comparación con lo que hubiera significado para el Perú y los otros países mostrar con claridad qué es eso, cómo es. No pienso en una descripción preliminar y directa. Pienso solo en una descripción. Y luego el análisis de los personajes, de lo que ocurre en sus almas que tú tanto conoces y amas, ¿por qué tratar de analizarlo en ese estilo tan "erudito"? No sabes cuánto he padecido por ti al leerlo. Aunque me atacaba el júbilo al comprobar que *harás,* que sin duda harás la grande obra, que yo todavía tendré tiempo de leerla. Porque como concepción y aun como realización, "No una, sino muchas muertes" es una más vasta y profunda obra.

Yo conozco, o creo conocer, la crisis por la que supongo que atravesabas cuando escribiste esta novela. Por fortuna no eres un autor que nació *hecho.* Eres de los que se va haciendo. ¿Cuánto padecí para poder expresarme? Lo que a mí me salvó fue el temor; temía traicionar a quienes me amaron y me prohijaron en mi niñez. Creo que últimamente ese fuego sagrado se había apagado un poco. No en vano se vive en esta ciudad cruel más de veinte años. Aquí parece que todos y todo contribuyen a amansarse, a domesticarse. ¡Qué le haremos! Menos mal que creo que me he dado cuenta todavía algo a tiempo.

El tema de tu obra no puede ser mejor, la trama contiene al tema en toda su magnitud. Hazaña grande. Es el envase lo que no corresponde, lo que ha quedado perturbado. Y sabes cuán importante es eso, tratándose de la literatura. Pero, sin embargo, creo que tu dominio de la palabra ha aumentado. Hasta me parece que el libro fuera un ensayo tenaz, dirigido a todos los puntos, en ese sentido. Yo escribiría de nuevo esa obra. ¿Te dije que "Agua" la escribí tres veces? Y únicamente porque era el estilo el que no me convencía, el argumento era exactamente el mismo.

Te ruego que me perdones por no haberme enterado inmediatamente [de] que tu libro estaba en venta. Lo supe por Salazar, cuando le pedí que me lo prestara. Adquirí inmediatamente la colección. Después tu mamá me trajo un ejemplar. Habló con Celia.

Espero tu respuesta. No solo por cambiar algunas ideas, sino para saber de ti. ¿Qué me dices de Sofo? ¿No piensas que entre Ribeyro y yo lo enterramos? Esa es la impresión que se tiene unánimemente en Lima, aunque la polémica lo haya favorecido con la venta de algunas decenas de ejemplares más de su libro.

APÉNDICE 7

Copia de carta manuscrita de José María Arguedas a Pedro Lastra
En Edgar O'Har, ed., *Cartas de José MAría Arguedas a Pedro Lastra*, 29-30.

Queridísimo Pedro: 13

[illegible]

[illegible] k'onk'oykuy, churiy,
[illegible] k'ochk'ankichu:
[illegible]
[illegible]
[illegible];
[illegible]
[illegible]

(No has de olvidarte, hijo mío,
jamás has de olvidarte:
eres la sangre de la sangre,
has de volver para la sangre,
fortalecido;
como el gavilán que sube al cielo
cuyo vuelo nadie alcanza)

Es posible que a Rendón Willka el Perú nuevo no desarraigado de su tradición y lanzado como una flecha al infinito – no lo alcancen quienes [illegible].

Te ruego despedirme de nuestros hermanos Hugo, Toti, Edmundo. En el corazón de ellos, o por ellos [illegible] que me [illegible] a volver a la plenitud de la vida, y a Chile, este grandísimo país, casi libre.

A persona [illegible] de la [illegible]

José María.

31 de marzo, 196[illegible]

Transcripción de carta manuscrita:
Carta José María Arguedas, Lima, Perú, a Pedro Lastra, Santiago, Chile, Marzo 22, 1963.
En Edgar O'Hara, ed., *Cartas de José María Arguedas a Pedro Lastra*, 71-72.

Queridísimo Pedro:

No sé cómo expresarte mi afecto. Jamás he tenido por nadie la confianza, la fe que te profeso. Déjame, hermano, o permite decirte que me siento feliz cuando descubro con orgullo que en algo me parezco a ti. Trabajaré sin quebranto hasta concluir la novela que reinicié en Santiago. Aquí recuperé mis posibilidades creadoras peligrosamente opacadas por el exceso de sufrimientos. Tú sabes, hermano, que en gran parte te debo a ti este milagro, y a tres personas más de las cuales solo a una conoces. Creo que la única forma posible de retribuir tanto amor y energías que Uds. me dieron con el desinterés que casi desesperadamente buscaba, es concluir la novela.

Permíteme transcribir el harawi que he escrito en la obra, canto con el cual la comunidad de Lahuaymarca despide al joven Demetrio Rendón Wilka cuando parte hacia Lima. Ese será uno de los personajes más difíciles de la novela:

Ama K'onk'aychu, churiy,
amapuni K'onk'ankichu:
yawarpak'mi ripukunki
yawarpak'mi kutimunki
kallpachask'a;
anka hina manchay k'awak'
mana pipa aypanan rapra.

(No has de olvidarte, hijo mío,
jamás has de olvidarte:
vas en busca de la sangre,
has de volver para la sangre,
fortalecido;
como el gavilán que todo lo mira
cuyo vuelo nadie alza)

Es posible que a Rendón Wilka —el Perú nuevo no desarraigado de su tradición y lanzado como una flecha al infinito— no lo alcancen sus enemigos.

Te ruego despedirme de nuestros hermanos Dago, Poli, Edmundo. En ti les doy un abrazo a ellos, a las tres señoras que me auxiliaron a volver a la pelinitud de la vida, y a Chile, esta amadísima patria, casi libre.

Y perdona la solemnidad de tu hermano indio

José María

22 de Marzo, 1963

APÉNDICE 8

Carta de José María Arguedas a John Murra

En John V. Murra and Mercedes López-Baralt, ed. *Las cartas de Arguedas*, 181-183.

[Carta mecanografiada]

Lima, 17 de diciembre, 1968

Querido John:

Recibí tu carta aquí. Llegué el viernes, hoy es martes. Estuve en Santiago más de seis semanas. Me fui en las peores condiciones: luego de dos semanas de agonía, volví a la vida y hasta logré escribir el tercer capítulo de mi novela, capítulo crucial, pues pude salir del atolladero sociológico que no me permitía levantar vuelo. Luego de dos días de discusiones con [Aníbal] Quijano, de a cuatro horas cada una, logré el convencimiento definitivo de que la novela va bien. A Quijano le parecían malos los dos capítulos propiamente dichos (II y III) por las mismas razones que me hacían dudar a mí de su calidad: no reflejaban fielmente la realidad de Chimbote. ¡Felizmente! la novela, para ser tal, tiene que ser el reflejo de lo que soy yo y a través mío, si es posible, el reflejo de Chimbote: de ese inapresible hervidero humano y a través de ese hervidero, mi propio hervidero que es fenomenal, del Perú actual y del descomunalmente no diría que martirizado sino acicateado hombre actual. Las criaturas que alcancé a crear en mis novelas anteriores son la huella tenaz de las que conocí en el Perú y con las que me identifiqué y por lo mismo las modifiqué, caricaturicé o idealicé hasta el infinito. -Pero hace sólo cuatro días que estoy en Lima y ya se me quitaron las ganas de vivir. En Santiago tengo un hogar, dos madres, una criada muy semejante a las que me protegieron en mi infancia, muchas mujeres maravillosas y felizmente inalcanzables: aquí tengo una esposa que es amantísima e inteligente, inmejorable gerente o directora de una librería, animadora, la mejor, de grupos juveniles muy activos, ardiente compañera en el lecho y, por eso, para mí temible. - Me vuelvo a Santiago, John. No sé por cuanto tiempo. Sybila ha aceptado con lucidez y decisión esta solución que es buena y ella lo ve como la mejor, no por las consideraciones que a ti te expongo, sino porque en mi casa no se puede trabajar, porque el ambiente de Lima es triturante y en cambio en Santiago tengo una casa tranquila, ambiente inmejorablemente sedante... Así quizá concluya de escribir la novela. Ahora apenas puedo escribir una carta y eso por ser a ti, por estar destinada a ti. He arreglado mis cosas en la Universidad Agraria: me darán licencia hasta agosto de 1969. Tengo con qué vivir yo y mi familia hasta esa fecha. En Santiago se vendió en diez meses la edición íntegra (5.000) de *Los ríos profundos*, sale otra en estos días y sale también en estos días

Yawar fiesta en la Editorial Universitaria de Santiago. Espero vivir, allá, hasta concluir la novela. Luego que venga lo que venga. - El ambiente del Perú, como siempre, es para gente con nervios bien puestos: los míos están, como ya sabes, en las finales. Pero haré la novela. Los estímulos son muy grandes. Nunca he sido más estimado por la buena gente. - Ya veo que tú también peleas duro. Y nuestros casos son en mucho semejantes. A ti se te considera una especie de gigante algo incomprensible en tanto que muestra maravillosamente su potencia pero no la ejercita, en obras perdurables, ni en un centésimo de energía. "¡Ya saldrá!", les digo. Nos ha dado con sus enormes manos tantas cosas. Pero, por eso mismo la gente espera y está constantemente pendiente de ti. Se te cita como ejemplo máximo de lo máximo que puede ofrecer la etnología como instrumento y posibilidad. Ayer nomás en La Molina, entre Aste, [Walter] Quinteros, Ratto y [César] Benavides se decía eso. Y con eso se demostraba que la etnología es mucho más fecunda que la sociología. - Bueno John: estoy pésimo, pero acabo de hacer el curriculum vitae y lo voy a enviar a Rumanía. Únicamente a una reunión como esa quizá tendría fuerzas para concurrir. ¿Y el curso de quechua, cuándo es? Te abraza,

José

¡Cómo se murió Carlos Cueto!

APÉNDICE 9

Carta de José María Arguedas a Lola Hoffmann
En John V. Murra y Mercedes Lopez-Baralt, ed. *Las cartas de Arguedas*, 184-186.

[Carta mecanografiada]

Lima, 19 de diciembre de 1968

Mamá Lola:

Mientras le escribo, la pequeña casa del antiguo hotel en que vivo está rodeada exactamente por catorce niños de entre 4 y 10 años que chillan con toda la alegría y fuerza de su bella infancia. Encontré la casa mucho más desordenada que nunca; mi mesa escritorio tiene, sin exagerar, tres rumas de papeles y revistas que dejan apenas espacio para la máquina de escribir. La mayor parte son revistas y libros que fueron llegando por correo dirigidas a mí, otra parte son papeles y revistas de Sybi que ahora es una especie de jefe de redacción de la buena revista *Mujer*. El water del baño hay que hacerlo funcionar metiendo el brazo hasta el codo; las cortinas siguen prendidas con unos alfileres que aquí llamamos imperdibles; para encontrar un par de zapatos la misma Sybi tiene que ponerse a cuatro pies y gastar unos diez minutos durante los cuales no deja de lanzar buenas exclamaciones de impaciencia y cólera. Nos hemos juntado dos desordenados con la diferencia de que yo tuve la mayor parte de mi vida quien me ayudara a conservar las cosas en orden.

Felizmente Sybila ha entendido lúcidamente la situación. Vamos a adquirir un sitio cerca; yo voy a ir a Chimbote por un par de semanas, luego me voy a Santiago hasta marzo o abril, inclusive; mientras tanto Sybila verá el trámite que se requiere para la cooperativa a que pertenecemos pueda construirnos una casita funcional en que yo pueda trabajar. Si eso no se ha conseguido, o algo en Santiago o me voy a Caraz que es un maravilloso pueblo que está cerca de Chimbote, en la zona de la sierra, a dos mil metros de altura y donde mi amigo Jorge Angeles me ofreció todo el segundo piso de su casa. El Museo de Puruchuco está caldeado ahora hasta los tuétanos; está al pie de una cordillera seca que refleja el calor del sol como un espejo; por otra parte, me he vuelto a venir, cuando mis energías empezaban a encenderse, cuando mi resquebrajado mundo interior se enfilaba en un torrente; cuando a a luz de la sabiduría, del amor y de la contagiante e irradiante vitalidad de usted, el hervidero de Chimbote a través del cual iba vaciándose mi propio hervidero y acaso el del propio ser humano actual, nunca más candentemente acicateado, se volcaba ya en el curso de un relato múltiple. Allí, en ese relato, podía darse desde el regocijo del chancho feliz que se revuelve en el fango cargado de la esencia del mundo hasta la de Maxwell, el "cuerpo de paz" norteamericano cuya maravillosa angustia me fue transmitida más que por las palabras por los hechos, eso sí, novelescos que vivió en las oficinas del Departamento de Folklore y en Puno, hechos de los que me informé y que yo he idealizado y caricaturizado. ¡Tengo que volver a continuar este trabajo, allí donde mejor lo puedo hacer! Ahora estoy ya de nuevo, como le dije ayer al Dr. León [su psiquiatra limeño], deseando un poco densamente la muerte; me ha vuelto el dolor a la nuca; y sólo así me di cuenta de que ese dolor me había desaparecido. Santiago es para mí un completo sanatorio de estímulos, de sedantes; la propia Sybila, por mi modo de ser, creo que significa más para mi trabajo estando lejos de aquí donde la veo sólo en la noche. Cuando estoy ausente, ella se multiplica, los domingos esta casa está llena de jóvenes que trabajan y se divierten y están dispuestos [a] cualquier sacrificio por la causa del Perú. A ellos no sólo no les importa el desorden sino que lo crean y se sienten mejor en el desorden, o por lo menos así me parece.

Anoche, en viaje de Lima acá vine repitiendo una intraducible canción quechua que me hizo recordar mi queridísima amiga Racila. Le he creado dos estrofas más, porque sólo nos acordamos de una cuyo contenido le explicaré en Santiago. ¡Yo siempre he escrito algo mientras todo mi espíritu nadaba en la luz de estas canciones quechuas! Creo haber encontrado la del *Zorro de arriba y el zorro de abajo.* Este tipo de música caldea la memoria y funde como ninguna otra cosa en un solo torrente miles de vidas.

Sybi es una mujer joven e incomparablemente cálida y cariñosa en el lecho. Yo sigo teniendo una especie de temor religioso a los tipos de relación tan quemantes. La vitalidad que se vierte en esos encuentros me deja como exangüe y como excesivamente recompensado. ¡Debo hacer algo importante para recibir ese bien, al final de la obra! Mientras tanto me hacen mucho bien, me mueven los amores caballerescos. Los otros, los vierto en el relato cuando es menester. Usted me entiende, Lola. Yo he sido y seguiré siendo aún una especie de ángel caído que busca su redención. No creo merecer la vida; o mejor para merecerla debo hacer algo cada día y ese algo es únicamente escribir, como sólo en Santiago, por ahora, alcanzo a hacerlo. Aquí me devoro yo mismo e la candela de las reflexiones sin salida, de reproches absurdos y algo suicidas. ¡Me voy allá! Me bastará con que usted me reciba una vez cada quince días para hablar con esa especie de distancia que es como la que hay entre el sol y las criaturas que reciben su calor; la más próxima, la más respetuosa, la que prontamente hace brotar semillas. Cuando esté a mitad del curso de la novela es posible que la pueda hacer ya en cualquier sitio, sobre todo en Caraz. – Me he sentido mucho mejor escribiéndole. Ayer y hoy me sentí pésimo y el coro de los chiquillos no deja hacer nada ni siquiera oír la cinta de la relajación. Hay en los 27 chalecitos de este hotel probablemente unos cien niños y nuestra casita está en el pasaje que comunica un tercio del hotel con la calle de salida donde hay un acueducto y frente mismo a la casa hay un fantástico árbol o dos que forman un arco donde los niños pueden subir, y desde allí chillan como condenados. Desde mañana me iré a algún sitio. Me vine demasiado pronto, porque ahora no puedo moverme hasta que pase la bendita pascua. - Reciba usted el recuerdo de este buen hijo viejo y casi irremediablemente regalón, aunque no aspira a ser más, y más bien menos, que "Edmundo" o el "Cant".

José María

APÉNDICE 10

Carta de José María Arguedas a su hermano Arístides Arguedas

En Pinilla, ed. *Arguedas en familia*, 278-281
[Carta mecanografiada con últimas líneas manuscritas, despedida y firma]

Santiago, 12 de mayo de 1969

Querido hermano:

Desde que tomé las píldoras no he podido recuperar mi estado de salud verdadero. Donde mejor me he sentido ha sido siempre, desde entonces, en esta ciudad. Aquí vivo en casa de una señora que me atiende y quiere como a un hijo. y una psicoanalista que me sacaba de los estados de falta de ánimo y de postración en que caigo desde las píldoras más aguda que antes. Creo que has de recordar cómo desde casi la niñez caía en esos estados de ansiedad. En el internado de Abancay sentía angustia y una especie de aproximación inminente de la muerte. Otra vez me fui, por uno de esos ataques, de Lima a San Juan; y a Yauyos. Un matrimonio realmente normal me habría seguramente curado de esos trastornos; pero Celia era, tú lo sabes, entre muy protectora y tiránica. Con Sybila el asunto se perturbó por falta de comprensión mía hacia ella que tampoco tenía medios de hacerme entender que su falta de prejuicios estaba sostenida por una lealtad y amor maravillosos. Luego, los niños de ella fueron inconquistables para mí que casi siempre he tenido facilidad para hacerme querer con los niños. En este viaje todo fue bien, mejor que otras veces. Sybila renunciaba a mi compañía con un tremendo sacrificio de su parte, porque sabía que aquí podía escribir. Esta última vez en menos de dos meses escribí dos capítulos y medio de la nueva novela. No es muchísimo. Algo más de cien páginas sobre un tema muy difícil. Acordamos de encontrarnos con Sybila en Arequipa. Los pasajes en LAN los consigue mi suegro muy baratos y fui por tierra de Tacna, vía Moquegua, que no conocía. En Arequipa con nuestros primos los Pozo y tío Abel la pasamos maravillosamente bien. Estuvimos alojados en la casa de Helena Pozo que está casada con un médico cariñosísimo y muy generoso. Allí escribí unas siete páginas en siete días y Sybila copió 105 páginas a máquina y paseamos de lo lindo. Volví seguro de que a ese ritmo concluiría la novela en tres meses más. Y no he hecho nada. En Quilpué, una población próxima, alcancé a escribir algo, alojado donde un camarada sin igual como amigo y como intelectual. Ahora estoy sin poder escribir nada. Algo peor que en Lima. Si sigo así una semana más regresaré e iré a casa de Jorge Angeles, a Caraz donde me sentí tan estupendamente bien. Todos estos últimos años los he pasado así, luchando con la angustia y la impotencia. Por eso te visitaba tan espaciadamente, no por falta de amor. Ahora estoy preocupado hasta los tuétanos por el peligro en que Sybila me dice que está Nelly de que la consideren excedente en su colegio. Sería la catástrofe. Ya le he dicho a Sybi que me haga un cable apenas sepa si el peligro ha sido conjurado.

Mi caso es tan increíble. Las novelas que he escrito están empezando a ser tomadas en cuenta seriamente en todas partes. Se está haciendo una traducción al italiano de "Los ríos" y de "Todas las sangres"; he recibido una hermosísima carta de una escritora rusa que está traduciéndolas al ruso. La carta es admirable por la comprensión que demuestra por el libro y la gentileza y respeto entre fraternal y cortés con que me trata. He tenido que renunciar aun viaje a Bucarest y a Berlín, adonde me invitaban con todos los gastos, y acabo de revivir una propuesta para ocuparme durante cinco meses en Berlín únicamente de mis libros. ¡Nuestro gran viejo, hermano; esos viajes que hice con él, por Pampas, Huancayo y luego Yauyos! Ese viaje que hicimos al Cuzco y Abancay y las haciendas del Viejo. La bárbara forma en que nos trataban en casa de la madrastra; mi aproximación tan entrañable a los niños en todo ese tiempo, todo eso formó la base, el material incomparable de mis trabajos. Nuestros ríos y precipicios, esos personajes sin paralelo que son los vecinos, mestizos, chalos y que comuneros... Pero me duele mucho la cabeza. Dile, hermanito, a Nelly que pienso en ella casi todos los días. ¡Qué mujer fuerte y dulce! Dile que no desmaye; que yo estaré allá muy pronto si ando mal y si mejoro estaré en Julio. Que de todos modos algo le conseguiremos, aunque no creo que la echen de su puesto. Lleva, por favor, esta carta a Nelly, pues es para ti, para tu mujer y para nuestra hermana. Yo sufro mucho. El prestigio que he alcanzado me ha costado realmente lágrimas de sangre de las que en lugar de arrepentirme me siento orgulloso. Ojalá me pase ese dolor a la nuca, ¡Si hubiera podido encontrarme con Sybila unos diez años antes todo habría sido mejor! Ella es una mujer formidable pero quizá algo demasiado joven para mí, no por nada, sino porque a veces interpreté mal cosas puras de ella. Abrácenme, hermanos. Tengo mucha pena de estar lejos y de no poder escribir. Cuando Nelly me hace cariño me siento como un niño, como cuando en la casa de doña Grimanesa me echaba a dormir en el regazo de doña Cayetana o contemplaba a José Delgado y a don Felipe Mayhua o a Victor Pusa como a una especie de árboles misteriosamente protectores. Aquí, la doctora Hoffmann y la señora Angelita me quieren casi tanto como ustedes, pero creo que ya no pueden hacer mucho por mí. Finalmente, he decidido despachar esta carta a casa de Nelly. Acuérdense de mí con el mayor cariño posible. Yo tengo mucho de nuestro viejo, mi corazón y mi alma.

Así, mucho como yo era nuestro viejo: todo el corazón de

Pepe

Nuestro padre me sacaba por las noches al corredor y al ver el cielo se me quitaba la angustia. Entonces entre los cinco y seis años, me espantaba por las noches.

BIBLIOGRAFÍA

Adenaqué Velásquez, Raúl. "Correspondencia entre José María Arguedas y Luis E. Valcárcel". *La Casa de Cartón Revista de Cultura* 21 (2000): 1-22.

Aibar Ray, Elena. *Identidad y resistencia cultural en las obras de José María Arguedas*. Lima: Fondo Editorial de la Pontificia Universidad Católica del Perú, 1992.

Albright, Alex. "Ammons, Kerouac, and Their New Romantic Scrolls". En Jack Kerouac, *On the Road*, 115-140. Harold Bloom, editor. Broomall, PA: Chelsea House Publishers, 2004.

Alvarado, Mariano. "Movimiento campesino y la Reforma Agraria en el Perú". *Nueva Sociedad* 35 (1978): 103-13.

Amaru Revista de Artes y Ciencias 11 (Dic. 1969). Edición especial dedicada a José María Arguedas.

Amezcua Pérez, Francisco, ed. *Arguedas: entre la antropología y la literatura*. México: Ediciones Taller Abierto, 2000.

Antropológica 20 (2002). Edición especial dedicada a José María Arguedas.

Appadurai, Arjun. *Modernity at Large: Cultural Dimensions of Globalization*. Minneapolis: University of Minnesota Press, 1996.

Arguedas, José María. *Agua y otros cuentos indígenas*. Lima: Editorial Milla Batres, 1975.

—. *Amor mundo y otros cuentos*. Lima: Francisco Moncloa Editores, 1967.

—. *Breve antología didáctica*. Lima: Editorial Horizonte, 2005.

—. *Canto kechwa*. Lima: Editorial Horizonte, 1989.

—. *Cuentos olvidados*. Lima: Ediciones Imágenes y Letras, 1973.

—. *Cuzco*. Lima: Corporación Nacional de Turismo, 1947.

—. *Dioses y hombres de Huarochirí: narración quechua recogida por Francisco de Ávila.* Lima: Museo Nacional de Historia, 1966.

—. *Dos estudios sobre Huancayo.* Huancayo: Universidad Nacional del Centro del Perú, Departamento de Publicaciones, 1978.

—. *El indigenismo en el Perú.* México: Universidad Autónoma de México, 1979.

—. *El Sexto.* Lima: Librería J. Mejía Baca, 1961; Barcelona: Editorial Laia, 1974.

—. *El zorro de arriba y el zorro de abajo.* Lima: Editorial Horizonte, 2001.

—. *Formación de una cultura nacional indoamericana.* México: Siglo XXI, 1981.

—. *Indios, mestizos y señores.* Lima: Editorial Horizonte, 1985.

—. *José María Arguedas. Una recuperación indigenista del mundo peruano: una perspectiva de la creación latinoamericana.* Barcelona: Anthropos, 1992.

—. *Katatatay y otros poemas Huc Jayllicunapas.* Lima: Instituto Nacional de Cultura, 1972.

—. "La literatura como testimonio y contribución". *Cuadernos Arguedianos* 3 (2000): 9-14

—. "La novela y el problema de la expresión literaria en el Perú". En: Dora Sales, *José María Arguedas: Qepa Wiñaq...: siempre literatura y antropología.* Madrid: Iberoamericana; Frankfurt am Main: Vervuert, 2009, 153-162.

—. "La soledad cósmica en la poesía quechua". *Casa de las Américas* II. 15-16 (1962-1963): 15-25.

—. *Las comunidades campesinas de España y Perú.* Lima: Departamento de Publicaciones de la Universidad Nacional Mayor de San Marcos, 1968.

—. "Las comunidades de Castilla y el Perú, estructura social del grupo: cooperación, dos economías, dos mundos". *Revista del Museo Nacional* 32 (1963): 81-88.

—. *Los ríos profundos.* Lima: Editorial Horizonte, 2001.

—. "New York y Quito". *El Comercio,* 17 de octubre de 1965, sección dominical.

—. *Nosotros los maestros.* Lima: Editorial Horizonte, 1986.

—. *Nuestra música popular y sus intérpretes.* Lima: Mosca Azul, 1977.

—. *Obras completas.* Lima: Editorial Horizonte, 1983.

—. "París y la patria". *El Comercio,* 7 de diciembre de 1958, sección dominical. En *Katatay* 1 (Junio 2005): 166-71.

—. *Perú vivo.* Lima: Editorial Mejía Baca, 1966.

—. "¿Qué es el folklore?". *Cuadernos Arguedianos* 3 (2000): 15-26.

—. "Recopilación de relatos orales. Departamento de Junín (Huancayo y Tarma)". En *Archivo Etnográfico José María Arguedas.* Comisión del Centenario del Natalicio de José María Arguedas.

—. *Señores e indios: acerca de la cultura quechua.* Buenos Aires: Arca, 1976.

—. *Todas las sangres.* Buenos Aires: Editorial Losada, 1968.

—. *Tupac Amaru kamaq taytanchisman; haylli-taki. A nuestro padre creador Tupac Amaru.* Lima: Ediciones Salqantay, 1962.

—. *Yawar fiesta.* Lima: Editorial Horizonte, 2007.

—. "Yo soy hechura de mi madrastra," *Martín Revista de Artes y Letras* 10 y 11 (2004): 195-198.

— editor. *Mitos, leyendas y cuentos peruanos.* Lima: Casa de la Cultura, 1970.

Arguedas, Nelly Daniela. "Testimonio: la partida". *Cuadernos Arguedianos* 3 (2000): 71-75.

Arredondo, Sybila. Entrevista de Maruja Barrig. *Runa Revista del Instituto Nacional de Cultura* 6 (Noviembre-diciembre de 1977): 14-15.

Arroyo Posadas, Moisés. *José María Arguedas: etapas de su vida.* Abancay: Ediciones Amankay, 1972.

Auccahuaque, Egidio. "José María Arguedas por Alejandro Ortiz Rescaniere". *Revista Peruana de Literatura* 1 (2002): 161-165.

Auerbach, Erich. *Mimesis: The Representation of Reality in Western Literature.* Princeton, NJ: Princeton University Press, 2003.

Bajtin, Mijail. *The Dialogic Imagination: Four Essays.* Austin: University of Texas Press, 1981.

—. *Problems of Dostoevsky's poetics.* Minneapolis: University of Minnesota Press, 1984.

Ballón, Enrique. "El manuscrito de Huarochirí". En *Antología general de la prosa en el Perú: los orígenes de lo oral a lo escrito* (Tomo I), Alberto Escobar, editor, 61-2. Lima: Ediciones Edubanco, 1986.

—. "El motivo de los zorros y la literatura formal peruana". En *Antología general de la prosa en el Perú: los orígenes de lo oral a lo escrito* (Tomo I), 109-113. Alberto Escobar, editor. Lima: Ediciones Edubanco, 1986.

Bannet, Eve Tavor. *Empire of Letters: Letter Manuals and Transatlantic Correspondence, 1688-1820.* NY: Cambridge University Press, 2005.

Barrenechea, Ana María. "Autobiografía y epistolario: a propósito de una carta a Sarmiento Frías". *Filología* 2 (1988): 45-62.

Barrig, Maruja. "Testimonios". *Revista del Instituto Nacional de Cultura* 6 (1977): 11-16.

Beaujour, Michel. *Poetics of the Literary Self-Portrait.* NY: New York University Press, 1992.

Berger, Peter L. y Thomas Luckmann. *La construcción social de la realidad.* Buenos Aires: Amorrortu, 1986.

Berntsen, Dorthe & David C. Ruben. *Understanding Autobiographical Memory.* NY: Cambridge University Press, 2012.

Bhabha, Homi K. *The Location of Culture.* NY: Routledge, 1994.

Black, Edwin. "The Second Persona". *Quarterly of Journal Speech* 56, no. 2 (April 1970): 109-119.

Blanco, Hugo y José María Arguedas. "Correspondencia entre Hugo Blanco y José María Arguedas". *Cuadernos Arguedianos* 3 (2000): 79-93.

Bluestein, Gene. *Poplore Folk and Pop in American Culture.* Boston: University of Massachussets Press, 1994.

Blume, Harold. *The Anxiety of Influence: A Theory of Poetry.* NY: Oxford University Press, 1973.

Braun, Bruce. *The Intemperate Rainforest: Nature, Culture, and Power on Canada's West Coast.* Minneapolis: University of Minnesota Press, 2002.

Breckenridge, Keith. "Love Letters and Amanuenses: Beginning the Cultural History of the Working Class Private Sphere in Southern Africa, 1900-1933". *Journal of Southern African Studies* 26, 2 (June 2000): 337-48.

Burke, Kenneth. *A Rhetoric of Motives.* Berkeley: University of California Press, 1969.

Cabel, Jesús. *Arguedas entre el fuego y el desierto. Estancia en Ica.* Lima: Editorial San Marcos, 2007.

Cafferata Farfán, Alfredo. *José María Arguedas: comunidades campesinas y el aporte antropológico arguediano.* Lima: Talleres Tipográficos, 2005.

Camacho, Enrique. *Misión en Chimbote y mi encuentro con Arguedas.* Lima: Centro de Estudios y Publicaciones, 2011.

Cantavella, Juan. "Epistolarios de escritores: escritura y persona". *Cuadernos Hispanoamericanos* 463 (1989): 127-137.

Casa de la Cultura del Perú. *Primer Encuentro de Narradores Peruanos, Arequipa, 1965.* Lima: Casa de la Cultura, 1969.

Castro-Klarén, Sara. "Como chancho, cuando piensa: el afecto cognitivo en Arguedas y el con-verter animal". *Revista Canadiense de Estudios Hispánicos* 26 (2001-2002): 25-39.

—. *El mundo mágico de José María Arguedas.* Lima: IEP, 1973.—. "Mundo y palabra: hacia una problemática del bilingüismo en Arguedas". *Revista del Instituto Nacional de Cultura* 6 (1977): 8-10.

—. "Testimonio sobre preguntas a José María Arguedas". *Hispamérica* 10 (1975): 45-54.

Chavarría, Jesús. "The Intellectuals and the Crisis of Modern Peruvian Nationalism: 1870-1919". *Hispanic American Historical Review* 50, no. 2 (May 1970): 257-78.

Ciplijauskaité, Biruté. "La construcción del yo y la historia en los epistolarios". *Monteagudo* 3 (1988): 61-72.

Cisneros, Luis Jaime. "Arguedas: a propósito de unas cartas". *Boletín de la Academia Peruana de la Lengua* 25 (1995): 117-131.

Clifford, James & George E. Marcus. *Writing Culture: The Poetics and Politics and Ethnography*. Berkeley: University of California Press, 1985.

Collado Román, Humberto. *El último atardecer de José María Arguedas: textos vitales*. Lima: IRP, 2009.

Columbus, Claudette Kemper. *Mythological Consciousness and the Future: José María Arguedas*. NY: P. Lang, 1986.

Cornejo Polar, Antonio. "Condición migrante e intertextualidad multicultural: el caso de Arguedas." *Revista de Crítica Literaria Latinoamericana* 21, no. 42 (1995): 101-109.

—. *Escribir en el aire: ensayo sobre la heterogeneidad socio-cultural en las literaturas andinas*. Lima: CELACP, 2003.

—. *José María Arguedas, el desmitificador del indio y del mito indigenista*. Chicago: University of Chicago Center for Latin American Studies, 1981.

—. *Los universos narrativos de José María Arguedas*. Lima: Editorial Horizonte, 1997.

—. "Mestizaje and Hybridity: The Risks of Metaphors". En Del Sarto, Ríos & Trigo, *The Latin American Cultural Studies Reader*, 760-764.

—. "Mestizaje, Transculturation, Heterogeneity". En Del Sarto, Ríos & Trigo, *The Latin American Cultural Studies Reader*, 117-119.

—. "Un ensayo sobre 'Los zorros' de Arguedas". En *El zorro de arriba y el zorro de abajo. Edición crítica*, 297-306. Eve-Marie Fell, editora. México: Fondo de Cultura Económica, 1996.

—. "Una heterogeneidad no dialéctica: sujeto y discurso migrantes en el Perú moderno". *Revista Iberoamericana* LXII.62 (1996): 837-844.

—. y Alberto Escobar, Martin Lienhard, William Rowe. *Vigencia y universalidad de José María Arguedas*. Lima: Editorial Horizonte, 1984.

—. y Gonzalo Portocarrero, Julio Ortega, Alberto Flores Galindo. *Los hervores de Chimbote en El zorro de arriba y el zorro de abajo de José María Arguedas*. Chimbote: Río Santa Editores, 2006.

Cortes, Enrique. "Writing the Mestizo: Jose Maria Arguedas as Ethnographer". *Latin American and Caribbean Ethnic Studies* 4, no. 2 (July 2009): 171-89.

Croce, Marcela, comp. *Polémicas intelectuales en América Latina. Del meridiano intelectual al caso Padilla (1927-1971).* Buenos Aires: Ediciones Simurg, 2006.

Damian, Máximo. Entrevista de la autora. Lima, Perú, 18 de agosto de 2009.

De Ávila, Francisco. *Dioses y hombres de Huarochirí.* Traducción de José María Arguedas. México: Siglo XXI, 1975.

De Grandis, Rita. *El segundo encuentro de los zorros de José María Arguedas.* Montreal: Département d'etudes anciennes et modernes Université de Montreal, 1988.

— y Oscar Quezada. *Dos estudios sobre Arguedas.* Lima: Facultad de Ciencias de la Comunicación, Centro de Investigación en Comunicación Social de la Universidad de Lima, 1990.

De Llano, Aymará. "La lucha por re-conquistar la letra. El lenguaje en la escritura de José María Arguedas". *Lhymen* 4.3 (mayo 2005): 29-42.

—. *Pasión y agonía: la escritura de José María Arguedas.* Mar del Plata, Argentina: Latinoamericana Editores, 2004.

Del Sarto Ana, Alicia Rios & Abril Trigo, ed. *The Latin American Studies Reader.* Durham, NC: Duke University Press, 2004.

Decker, William. *Epistolary Practices: Letter Writing in America before Telecommunications.* Chapel Hill: University of North Carolina Press, 1998.

Degregori Carlos Iván y Gonzalo Portocarrero. *Cultura y globalización.* Lima: Red para el Desarrollo de las Ciencias Sociales en el Perú, 2002.

Díaz Ruiz, Ignacio. *Literatura y biografía en José María Arguedas.* México: Universidad Nacional Autónoma de México, 1991.

Dilthey, Wilhelm. *Teoría de las concepciones del mundo.* Julián Marías, traductor. Madrid: *Revista de Occidente,* 1974.

Documento desclasificado: http://www.foia.cia.gov/sites/default/files/document_conversions/89801/DOC_0000013615.pdf

Dussel, Enrique. "World System and Trans-Modernity", *Nepantla: Views from the South* 3, no. 2 (2002): 21-44.

Eagleton, Terry. "Book review of Mimesis: The Representation of Reality in Western Literature by a London Review of Books. http://www.lrb.co.uk/v25/n20/terry-eagleton/pork-chops-and-pineapples (descargada el 20 de abril de 2014).

Ebert, Anne. "La representación de las Américas coloniales en los cuadros de castas". *Scientia* 10, 10 (2011): 139-153. http://www.urp.edu.pe/urp/modules/centros/centroinvestigacion/humanidades/anneebert.pdf

Ebbinghaus, Hermann. *Memory: A Contribution to Experimental Psychology.* Henry A. Ruger & Clara E. Bussenius, trad. NY: Columbia University Teachers College, 1913.

Escobar, Alberto. *Arguedas o la utopía de la lengua.* Lima: Instituto de Estudios Peruanos, 1984.

—. *El imaginario nacional. Moro, Westphalen, Arguedas: una formación literaria.* Lima: Instituto de Estudios Peruanos, 1989.

—. "La utopía de la lengua en el primer Arguedas". *Revista de Crítica Literaria* 11 (1980): 8-39.

—. editor. *Antología general de la prosa en el Perú: los orígenes de lo oral a lo escrito.* Tomo I. Lima: Ediciones Edubanco, 1986.

Esparza, Cecilia. *El Perú en la memoria: Sujeto y nación en la escritura autobiográfica.* Lima: Red para el Desarrollo de las Ciencias Sociales, 2006.

—. "Un niño con ojos y oídos de adulto: autorrepresentación en la obra epistolar de José María Arguedas". En *Arguedas: la dinámica de los encuentros culturales* (Tomo II), 69-80. Editado por Cecilia Esparza, et al. Lima: Fondo Editorial de la Pontificia Universidad Católica del Perú, 2013.

—. et al., ed. *La dinámica de los encuentros culturales.* Lima: Fondo Editorial de la PUCP, 2013.

Espezúa Salmón, Dorian. "El proyecto arguediano de construir una lengua literaria nacional". *Letras* 83 (117) 2011.

Ezell, Margaret. *Social Authorship and the Advent of Print.* Baltimore: Johns Hopkins University Press, 1999.

Fabian, Johannes. *Time and the Other: How Anthropology Makes its Object.* NY: Columbia University Press, 2014.

Fairclough, Norman. *Analysing Discourse: Textual Analysis for Social Research.* Londres: Routledge, 2003.

Finnegan, Ruth. *Literacy and Orality: Studies in the Tecnology of Communication.* Oxford: Basil Blackwell, 1988.

Flores Galindo, Alberto. *Dos ensayos sobre José Maria Arguedas.* Lima: SUR Casa de Estudios del Socialismo, 1992.

—. "Intelectuales, sociedad e identidad en el Perú: los últimos años de Arguedas". *Libros y Artes* 11 (Sep. 2005): 23-26.

Forgues, Roland. "Arguedas: génesis de una pasión". *Socialismo y Participación* 47 (Set. 1989): 7-11.

—. *José María Arguedas: del pensamiento dialéctico al pensamiento trágico. Historia de una utopía.* Lima: Editorial Horizonte, 1989.

—. editor. *Arguedas y* Los ríos profundos. Grenoble: Presses Universitaires du Mirail, 2004.

—. editor. José María Arguedas. *La letra inmortal: correspondencia con Manuel Moreno Jimeno.* Lima: Ediciones de los Ríos Profundos, 1993.

Franco, Sergio R., ed. *José María Arguedas: hacia una poética migrante.* Pittsburgh: IILI, 2006.

Garcia Canclini, Nestor. *Hybrid Cultures: Strategies for Entering and Leaving Modernity.* Minneapolis: University of Minnesota Press, 1995.

García, Federico y Pilar Roca. *Pachakuteq, una aproximación a la cosmovisión andina.* Lima: Fondo Editorial del Pedagógico San Marcos, 2010.

García, Raquel, ed. "Las cartas de José María Arguedas a Ángel Rama". *Fórnix* 2 (2000): 9-28.

Gee, James Paul. *An Introduction to Discourse Analysis: Theory and Method.* Londres: Routledge, 1999.

Geertz, Clifford. *Conocimiento local: ensayos sobre la interpretación de la cultura.* Barcelona: Paidós Ibérica, 1983.

Godenzzi, Juan C. *En las redes del lenguaje: cognición, discurso y sociedad en los Andes.* Lima: Universidad del Pacífico, 2005.

Gogol, Eugene. *The Concept of the Other in Latin American Liberation: Fusing Emancipatory Philosophic Thought and Social Revolt.* Lanham, MD: Lexington Books, 2002.

González, Galo Francisco. *Amor y erotismo en la narrativa de José María Arguedas.* Madrid: Editorial Pliegos, 1990.

Gonzales Salinas, Gilmar. "La vida pública y la vida privada de J.M. Arguedas". *Cuadernos de Literatura* 5 (1997): 5-16.

Gonzales Triana, Jaime, ed. *Cubapaq A Cuba, José María Arguedas.* Cuzco: Dirección de Cultura del Cuzco, 2013.

Goody, Jack. *The Interface between the Written and the Oral.* NY: Cambridge University Press, 1987.

Grass, Gunter. *El tambor de hojalata.* Barcelona: Círculo de Lectores, 1997.

Greenblatt, Stephen. *Renaissance Self-fashioning: From More to Shakespeare.* Chicago: University of Chicago Press, 1980.

Gregg, Melissa. "A Mundane Voice". *Cultural Studies* 18, no. 2/3 (March/May 2004): 363-83.

—. *Cultural Studies' Affective Voices.* NY: Palgrave MacMillan, 2006.

Guamán Poma de Ayala, Felipe, fl. 1613. *El primer Nueva Crónica y Buen Gobierno.* John V. Murra, Rolena Adorno y Jorge L. Urioste, editores. México: Siglo XXI, 1980.

Gudykunst, William B. *Theorizing about Intercultural Communication.* Londres: Sage Publications, 2005.

Guillén, Claudio. "On the Edge of Literariness: The Writing of Letters". *Comparative Literature Studies* 31, no.1 (1994): 1-24.

Gutiérrez, Gustavo. *Entre las calandrias.* Lima: Centro de Estudios y Publicaciones, 2011.

—. *Entre las calandrias. Un ensayo sobre José María Arguedas.* Lima: Biblioteca Nacional del Perú, 2014.

Gutiérrez, Miguel. "Estructura e ideología de *Todas las sangres*". *Revista de Crítica Literaria Latinoamericana* 12 (1980): 139-75.

—. *Estructura e ideología en* Todas las sangres. Lima: Fondo del Pedagógico San Marcos, 2007.

Hansen, Gregory. "Kenneth Burke's Rhetorical Theory within the Construction of the Ethnography of Speaking". *Folklore Forum* 27, 1 (1996): 50-59.

Harris, Olivia. "John Victor Murra: antropólogo e historiador de los Andes", en *Íconos* 27 (2007), 164-166. http://www.flacso.org.ec/docs/i27murra.pdf

Hart, Stephen M. *Cesar Vallejo: a Literary Biography.* NY: Tamesis, 2013.

Hoeveler, Diane Long. "Screen Memories and Fictionalized Autobiography: Mary Shelley's *Mathilda* and 'The Mourner'". En *Romantic Autobiography in England,* 79-95. Eugene Stelzig, ed. Fanhram, Surrey, England: Ashgate, 2009.

Huamán, Carlos. *Atuqkunapa Pachan estación de los Zorros: aproximaciones a la cosmovisión quechua-andina a través del wayno.* Lima: Ediciones Altazor, 2006.

—. *Pachachaka puente sobre el mundo: narrativa, memoria y símbolo en la obra de José María Arguedas.* México: El Colegio de México, 2004.

Ibañez, Hildebrando. Entrevista de la autora. Andahuaylas. 26 de mayo de 2008.

Jahanbegloo, Ramin. *The Gandhian Movement.* Cambridge, Mass: Harvard University Press, 2013.

Jakobson, Roman. *Ensayos de lingüística general.* Barcelona: Seix Barral, 1981.

Jenson, Deborah. *Trauma and Its Representations: The Social Life of Mimesis in Post-Revolutionary France.* Baltimore: Johns Hopkins University Press, 2001.

Kapsoli, Wilfredo. "Coloquio de zorros." *Cuadernos Arguedianos* 5 (2004): 9-36.

—. editor. *Zorros al fin del milenio: actas y ensayos del seminario sobre la última novela de José María Arguedas.* Lima: Universidad Ricardo Palma, Centro de Investigación, 2004.

Kemper Columbus, Claudette. *Mythological Consciousness and the Future: José María Arguedas.* NY: Peter Lang, 1986.

Kim, Young Yun. "Adapting to a New Culture: An Integrative Communication Theory". En Gudykunst, *Theorizing about Intercultural Communication*, 323-49.

Kincheloe, Joe L. "Postformalism and Critical Ontology. Part 1: Difference, Indigenous Knowledge, and Cognition". En *The Praeger Handbook of Education and Psychology*, vol. 4, 884-91. Joe L. Kincheloe & Raymond A. Horn, Jr., ed. Westport, CT: Praeger, 2007.

Lambright, Anne. *Creating the Hybrid Intellectual: Subject, Space, and the Feminine in the Narrative of José María Arguedas.* Lewisburg, PA: Bucknell University Press, 2007.

Larco, Juan, comp. *Recopilación de textos sobre José María Arguedas.* La Habana: Centro de Investigaciones Literarias Casa de las Américas, 1976.

Larrú, Manuel. "De una visión indigenista a una visión andina en la obra de José María Arguedas". *Con Textos Revista Crítica de Literatura* 1 (2010): 11-28.

Lastra, Pedro. Entrevista de la autora. Lima, Perú. 25 de abril de 2014.

Leake, Elizabeth. *After Words: Suicide and Authorship in Twentieth-Century Italy.* Toronto: University of Toronto Press, 2011.

Lévano, César. *Arguedas: un sentimiento trágico de la vida.* Lima: Gráfica Labor, 1969.

—. Entrevista de la autora. Lima, 22 de agosto de 2009.

Lie, Rico. *Spaces of Intercultural Communication.* Cresskill, NJ: Hampton Press, 2003.

Lienhard, Martin. *Cultura andina y forma novelesca: zorros y danzantes en la última novela de Arguedas.* Lima: Editorial Horizonte, 1990.

—. "La última novela de Arguedas: imagen de un lector futuro". *Revista de Crítica Literaria Latinoamericana* 12 (1980): 177-196.

—. *La voz y su huella. Escritura y conflicto étnico-cultural en América Latina 1492-1988.* Lima: Editorial Horizonte, 1992.

Lindner, Keith & George Stetson. "For Opacity: Nature, Difference and Indigeneity in Amazonia". *Topia: The Canadian Journal of Cultural Studies*, 21 (Spring 2009): 41-61.

Littlejohn, Stephen W. & Karen A. Foss. *Encyclopedia of Communication Theory.* Los Angeles: Sage, 2009.

Llerena, Laura León. "José María Arguedas, traductor del manuscrito de Huarochirí". *Cuadernos del CILHA* 13, no. 17 (2012):74-89.

López-Baralt, Mercedes: "*Wakcha, pachakuti* y *tinku*: tres llaves andinas para acceder a la escritura de Arguedas". En: *Las cartas de Arguedas*, 299-330. John V. Murra y Mercedes López-Baralt, eds. Lima, Pontificia Universidad Católica del Perú, 1996.

—."La otredad puertas adentro: Arguedas y la construcción poética de la identidad". En: *Arguedas y el Perú de hoy*, 355-362. Carmen María Pinilla, ed. Lima Sur: Casa de Estudios del Socialismo, 2005.

—. "La orfandad andina de José María Arguedas". *Actas XII* (1995) AIH, Centro Virtual Cervantes. http://cvc.cervantes.es/literatura/aih/pdf/12/aih_12_7_009.pdf

Machor, James L. & Philip Goldstein, eds. *Reception Study from Literary Theory to Cultural Studies.* NY: Routledge, 2001.

Mailloux, Steven. *Rhetorical Power.* Ithaca: Cornell University Press, 1989.

Mamani Macedo, Porfirio. *La sociedad peruana en la obra de José María Arguedas (El zorro de arriba y el zorro de abajo).* Lima: Fondo Editorial de la Facultad de Letras de la Universidad Nacional Mayor de San Marcos, 2007.

Mariátegui, José Carlos. *7 ensayos de interpretación de la realidad peruana.* Lima: Biblioteca Amauta, 2005.

Marín, Gladys C. *La experiencia americana de José María Arguedas.* Buenos Aires: Fernando García Cambeiro, 1973.

Márquez, Ismael. *La retórica de la violencia en tres novelas peruanas.* NY: P. Lang, 1994.

Martens, Lorna. *The Promise of Memory. Childhood Recollection and its Objects in Literary Modernism.* Cambridge, Mass: Harvard University Press, 2011.

Martín Hudson, Ofelia. *La nueva imagen del indio en "Todas las sangres" de José María Arguedas.* Salamanca: Universidad Pontificia de Salamanca, 1998.

Martínez, Maruja y Nelson Manrique, eds. *Amor y fuego: José María Arguedas, 25 años después.* Lima: SUR Casa de Estudios del Socialismo, 1995.

Marvin, Carolyn. "Communication as Embodiment". En *Communication as Perspective of Theory*, 67-74. Gregory J. Shepherd, Jeffrey St. John & Ted Striphas, ed. California: Sage Publications, 2006.

Mastro, César. *Sombras y rostros del Otro en la narrativa de José María Arguedas: una lectura desde la filosofía de Manuel Levinás.* Lima: Pontificia Universidad Católica del Perú, 2007.

Matayoshi, Nicolas, comp. *Arguedas vive.* Huancayo: Centro de Capacitación J.M. Arguedianos, Instituto Nacional de Cultura, Dirección Departamental de Junín: Sociedad Científica de Folklore, 2002.

Mathews, Daniel. *La paideia retrógrada: novela y escuela en Arguedas.* Huancayo: Sociedad Científica Andina de Folklore, Centro Cultural José María Arguedas, 1999.

Mazzotti, José Antonio y U. Juan Zevallos Aguilar, coord. *Asedios a la heterogeneidad cultural: libro de homenaje a Antonio Cornejo Polar.* Filadelfia: Asociación Internacional de Peruanistas, 1996.

McLuhan, Marshal. *The Gutenberg Galaxy: The Making of Typographic Man.* NY: The American Library, 1969.

Melis, Antonio. "Las muertes de José María Arguedas". *Al final del camino,* 139-150. Editado por Luis Millones. Lima: Fondo Editorial SIDEA, 1996.

Mesa Redonda sobre *Todas las sangres. Arguedas: poética de la verdad: Segunda Mesa Redonda sobre* Todas las sangres. Lima: Biblioteca Nacional del Perú, 2011.

Mignolo, Walter. *Historias locales/diseños globales: colonialidad, conocimientos subalternos y pensamiento fronterizo.* Madrid: Ediciones Akal, 2003.

—. "The Enduring Enchantment: (Or the Epistemic Privilege of Modernity and Where to Go from Here)". *South Atlantic Quarterly* 101, no. 4 (Fall 2002): 927-954.

—. "'Un paradigma otro': colonialidad global, pensamiento fronterizo y cosmopolitanismo crítico", *Dispositio* 25.52 (2005): 127-46.

Millay, Amy Nauss. *Voices from the Fuente Viva: The Effect of Orality in Twentieth-Century Spanish American Narrative.* Lewisburg, PA: Bucknell University Press, 2005.

Miroquesada Cantuarias, Francisco. *Notas sobre la cultura latinoamericana y su destino.* Lima: Talleres de Industria Gráfica, 1966.

Monasterios, Elizabeth. "Poéticas del conflicto andino". *Revista Iberoamericana* LXXIII.220 (2007): 541-561.

Montoya, Rodrigo. "Arguedas: utopía y modernidad". *Cuadernos Arguedianos* 5 (2004): 37-40.

—. editor. *José María Arguedas, veinte años después: huellas y horizonte, 1969-1989.* Lima: Escuela de Antropología, Facultad de Ciencias Sociales de la Universidad Nacional Mayor de San Marcos, 1991.

—. Entrevista de la autora. Lima, Perú, 14 de julio de 2010.

Morales T., Leónidas. *Figuras literarias, rupturas culturales: modernidad e identidades culturales tradicionales.* Santiago: Pehuén, 1993.

Moraña, Mabel, ed. *Indigenismo hacia el fin del milenio.* Pittsburgh: Instituto Internacional de Literatura Iberoamericana, 1998.

Moore, Melisa. *En la encrucijada.Las ciencias sociales y la novela en el Perú: lecturas paralelas de* Todas las sangres. Lima: Fondo Editorial, Universidad Nacional Mayor de San Marcos, 2003.

Moreiras, Alberto. "José María Arguedas y el fin de la transculturación". En *Ángel Rama y los estudios latinoamericanos,* 213-31. Mabel Moraña, editora. Pittsburgh: Instituto Internacional de Literatura Iberoamericana, 2006.

Muelle, Jorge, José María Arguedas y Mildred Merino de Zela. *Acerca del folklore.* Lima, Municipalidad Metropolitana, 1991.

Muñoz, Silverio. *José María Arguedas y el mito de la salvación por la cultura*. Lima: Editorial Horizonte, 1987.

Murra, John. "José María Arguedas: dos imágenes". *Revista Iberoamericana* XLIX.122 (1983): 43-53.

—. y Mercedes López-Baralt, eds. *Las cartas de Arguedas*. Lima: Fondo Editorial de la PUCP, 1996.

Murray, Schaffer, R. *El paisaje sonoro y la afinación del mundo*. Barcelona: Intermedio, 2013. Vanesa G. Cazorla, trad.

Murrugarra, Edmundo. "Arguedas militante político por una nueva civilización". *Perspectiva Internacional,* 27 (Enero, 2010). http://perspectivainternational.wordpress.com/2010/01/27/arguedas-militante-politico-por-una-nueva-civilizacion/

Nelson, Katherine. "The Emergence of Autobiographical Memory: A Social Cultural Developmental Theory". *Psychological Review* 111 (2004): 494.

Neuenschwander, John A. *Oral History and the Law*. Carlisle, PA: Oral History Association, 2002.

Niederkorn, William S. "A Scholar Recants on His 'Shakespeare' Discovery". *New York Times,* 20 de junio de 2002, sección de Arte.

Nielsen, Joyce, ed. *Feminist Research Methods: Exemplary Readings in the Social Sciences*. Boulder, CO: Westview Press. 1990.

Nugent, José Guillermo. *El conflicto de las sensibilidades. Propuesta para una interpretación y crítica del siglo XX peruano*. Lima: Instituto Bartolomé de las Casas-Rimac, 1991.

Ochoa Salazar, Félix. *José María Arguedas: el retorno del peregrino*. Andahuaylas: Ediciones Gritos de Sol, 2004.

O'Hara, Edgar, ed. *Cartas de José María Arguedas a Pedro Lastra*. Santiago de Chile: LOM Ediciones, 1997.

Ong, Walter J. *Orality and Literacy: The Technologizing of the Word*. Londres/NY: Methuen, 1982.

Orbe, Mark & Regina E. Spellers. "From the Margins to the Center: Utilizing Co-Cultural Theory in Diverse Contexts". En Gudykunst, *Theorizing about Intercultural Communication*, 173-191.

Ortega, Julio. *Texto, comunicación y cultura:* Los ríos profundos *de José María Arguedas*. Lima: Centro de Estudios para el Desarrollo y la Participación, 1982.

Ortiz, Fernando. *Contrapunteo cubano del tabaco y el azúcar*. Barcelona: Ariel, 1973.

Ortiz Rescaniere, Alejandro. "El individuo andino, autóctono y cosmopolita". En *Cultura y globalización,* Carlos Iván Degregori y Gonzalo Portocarrero, editores.129-138.

—. *José María Arguedas: recuerdos de una amistad.* Lima: Fondo Editorial de la PUCP, 1996.

—. "Vigencia de la obra de José María Arguedas". En *Arguedas: la dinámica de los encuentros culturales* (Tomo III), 15-19. Cecilia Esparza et al., editores. Lima: Fondo Editorial de la Pontificia Universidad Católica del Perú, 2013.

Oviedo, José Miguel. "El último Arguedas: testimonio y comentario". *Cuadernos Hispanoamericanos* 492 (1991): 143-147.

Pantigoso, Edgardo J. *La rebelión contra el indigenismo y la afirmación del pueblo en el mundo de José María Arguedas.* Lima: Editorial Juan Mejía Baca.

Parratt, John, ed. *Introduction to Third World Theologies.* West Nyack, NY: Cambridge University Press, 2004.

Pérez, Hildebrando. Entrevista de la autora. Lima, Perú, 3 de junio de 2008.

—. y Carlos Garayar, eds. *José María Arguedas. Vida y obra.* Lima: Amaru Editores, 1991.

Pérez Huggins, Argenis. *Rendón Wilka, mito y mestizaje.* Caracas: Departamento de Castellano, Literatura y Latín, Instituto Pedagógico de Caracas, 1979.

Pérez Orozco, Edith. *Racionalidades en conflicto. Cosmovisión andina (y violencia política) en Rosa Cuchillo de Oscar Colchado.* Lima: Pakarina Ediciones SAC, 2011.

Pinilla, Carmen María, ed. *Arguedas en familia.* Lima: Fondo Editorial de la PUCP, 1999.

—. *Arguedas. Conocimiento y vida.* Lima: Fondo Editorial de la PUCP, 1994.

—. "Biografía de Arguedas" presentada por la "Comisión Nacional por el Centenario del Natalicio de José María Arguedas del Ministerio de Educación" en 2010. http://www.congreso.gob.pe/comisiones/2010/CE_JMArguedas/biografia.pdf

—. "Cartas del archivo José María Arguedas de la Pontificia Universidad Católica del Perú: donaciones recientes de Fernando de Syslo, Blanca Varela, Mario Vargas Llosa, Ducio Bonavia, Haydeé Castagnola y Germán Garrido Klinge". *Antropológica* 20 (2002): 121:176.

—. "Tradición y universalidad en José María Arguedas". En Carlos Iván Degregori y Gonzalo Portocarrero, *Cultura y globalizacion,* 307-324.

—. ed. *Apuntes inéditos: Celia y Alicia en la vida de José María Arguedas.* Lima: Fondo Editorial de la PUCP, 2007.

—. ed. *Arguedas en el valle del Mantaro.* Lima: Fondo Editorial de la PUCP, 2004.

—. ed. *Arguedas y Barrantes, dos amautas.* Lima, Fondo Editorial de la Academia Peruana de la Lengua, 2013.

—. ed. *Arguedas y el Perú de hoy.* Lima: SUR, 2005.

—. ed. *Correspondencia entre José María Arguedas y Juan Mejía Baca en la Biblioteca Nacional.* Lima: Biblioteca Nacional del Perú, Fondo Editorial, 2005.

—. ed. *Itinerarios epistolares: la amistad de José María Arguedas y Pierre Duviols en dieciseis cartas.* Lima: Fondo Editorial de la PUCPerú, 2011.

—. ed. *José María ¡Kachhaniraqmi! ¡Sigo siendo! Arguedas: textos esenciales.* Lima: Fondo Editorial del Congreso del Perú, 2004.

—. ed. *Los colegios mercedarios en la educación de José María Arguedas.* Lima: Imprenta Nelsa, 2004.

Portocarrero, Gonzalo. "Las últimas reflexiones de José María Arguedas". *Márgenes Encuentro y Debate* 8 (Dic. 1991): 231-267.

—. *Los nuevos limeños: sueños, fervores y caminos en el mundo popular.* Lima: Sur, Tafos, 1993.

—. *Racismo y mestizaje y otros ensayos.* Lima: Fondo Editorial del Congreso del Perú, 2007.

Portugal, Alberto. *Las novelas de José María Arguedas: una incursión en lo inarticulado.* Lima: Fondo Editorial de la PUCP, 2007.

Posse, Abel. *Daimon.* Barcelona: Argos, 1978.

Prina, Zulma Esther. *El mestizaje en América: mito y realidad en José María Arguedas.* Buenos Aires: Encuentro, 1989.

Rama, Ángel. "*Los ríos profundos:* ópera de los pobres". *Revista Iberoamericana* XLIX.122 (1983): 11-41.

—. *Transculturación narrativa en América latina.* México: Siglo XXI, 2004.

Rebuschi, Manuel & Marion Renauld. "Form, Indispensability, and Truths". En *Truth in Fiction,* 245-86. Frank Lihoreau, ed. New Brunswick, NJ: Transaction, 2011.

Revista Iberoamericana XLIX.122 (1983). Edición especial dedicada a José María Arguedas.

Ribeyro, Julio Ramón. *La caza sutil: ensayos y artículos de crítica literaria.* Lima: Editorial Milla Batres, 1976.

Rivera, Fernando. *Dar la palabra. Ética, política y poética de la escritura en Arguedas.* Madrid: Iberoamericana, 2011.

Rochabrún, Guillermo, ed. *Mesa Redonda sobre "Todas las sangres" del 23 de junio de 1965.* Lima: IEP, 2000.

Romero, Raúl R. *Identidades múltiples: memoria, modernidad y cultura popular en el valle del Mantaro.* Lima: Fondo Editorial del Congreso del Perú, 2004.

Romualdo, Alejandro, Alberto Escobar, Gustavo Gutiérrez y Antonio Melis. *Arguedas: cultura e identidad nacional, Mesa Redonda.* Lima: Edaprospo, 1977.

Rowe, William. "Arguedas: el narrador y el antropólogo frente al lenguaje". *Revista Iberoamericana* XLIX.122 (1983): 97-109.

—. "Arguedas. Music, Awareness, and Social Transformation". En *Reconsiderations for Latin American Studies.* Ciro Sandoval y Sandra M. Boschetto, ed., 35-50. Ohio: Ohio University Center for Latin American Studies, 1998.

—. "El lugar de la muerte en la constitución del sujeto de la escritura. El expediente Arguedas". *Patio de Letras Revista Semestral de Investigaciones Humanísticas* 1 (Oct. 2006): 7-16.

—. *Ensayos arguedianos.* Lima, SUR, 1996.

—. *Mito e ideología en la obra de José María Arguedas.* Lima: Instituto Nacional de Cultura, 1979.

Saint Louis University Libraries Special Collections: Archives and Manuscripts. "Cerro de Pasco Corporation (1902-1974)". Saint Louis University Libraries Special Collections: Archives and Manuscripts. http://archon.slu.edu/?p=-creators/creator&id=47

Sales, Dora. *Puentes sobre el mundo: cultura, traducción y forma literaria en las narrativas de transculturación de José María Arguedas y Vikram Chandra.* Berlin/ Oxford: Peter Lang, 2004.

—. *José María Arguedas: Qepa Wiñaq...: siempre literatura y antropología.* Madrid: Iberoamericana ; Frankfurt am Main : Vervuert, 2009.

Salgado, Cesar Augusto. *From Modernism to Neobaroque Joyce and Lezama Lima.* Londres: Associated University Presses, 2001.

Sandoval, Ciro A. & Sandra M. Boschetto Sandoval, ed. *José María Arguedas: Reconsiderations for Latin American Cultural Studies.* Athens: Ohio University Center for International Studies, 1998.

Schaffer, R. Murray. *El paisaje sonoro y la afinación del mundo.* Barcelona: Intermedio, 2013. Vanesa G. Cazorla, trad.

Scribner, Silvia & Michael Cole. *The Psychology of Literacy.* Cambridge, Mass: Harvard University Press, 1991.

Sefa Dei, George J., Budd L. Hall & Dorothy Goldin Rosenberg, ed. *Indigenous Knowledges in Global Contexts: Multiple Readings of our World.* Toronto: OISE/UT & University of Toronto Press, 2000.

Shouse, Eric. "Feeling, Emotion, Affect". *Journal of Media and Culture,* 8, no. 6 (2005). http://journal.media-culture.org.au/0512/03-shouse.php

Silva Santisteban, Rocío. "Encuentro de zorros". *Quehacer* 106 (1997): 72-83.

Spitta, Silvia. *Between Two Waters: Narratives of Transculturation in Latin America.* Houston, TX: Rice University Press, 1995.

Spivak, Gayatri. "Can the Subaltern Speak?". En *Colonial Discourses and Post-Colonial Theory: A Reader*, 66-111. Patrick Williams & Laura Chrisman, ed. NY: Columbia University Press, 1994.

Sprengnether, Madelon. "Freud as Memoirist: A Reading of "Screen Memories". *American Imago* 69, no. 2 (Summer 2012): 215-39.

Starn, Orin, Carlos Degregori, & Robin Kirk, ed. *The Peru Reader. History, Culture, Politics.* Durham, NC: Duke University Press, 1995.

Street, Brian, ed. *Cross-Cultural Approaches to Literacy.* NY: Cambridge University Press, 1983.

Stuchi, Santiago. "La depresión de José María Arguedas". *Revista de Neuro-Psiquiatría* 66, 3 (Sept. 2003): 171-184.

Sunka, Simon. *Mail-orders: The Fiction of Letters in Postmodern Culture.* Albany: State University of NY Press, 2002.

Tannen, Deborah. *Spoken and Written Language: Exploring Orality and Literacy.* Norwood, NJ: Ablex Publishing Corporation, 1982.

Tarica, Estelle. *The Inner Life of Mestizo Nationalism.* Minneapolis: University of Minnesota Press, 2008.

Tauro, Talia. *Psicopatología y amor en la obra de José María Arguedas: dos ensayos.* Lima: Editorial Universo, 1993.

Tauzin Castellano, Isabelle. *El otro curso del tiempo: una interpretación de* Los ríos profundos. Lima: IFEA, Instituto Francés de Estudios Andinos: Lluvia Editores, 2008.

Taylor, Gerald. *Huarochirí: ritos y tradiciones.* Lima: IFEA, 2003.

Trigo, Pedro. Arguedas: *Mito, historia y religión.* Lima: Centro de Estudios y Publicaciones, 1982.

Urdanivia Bertarelli, Eduardo. *José María Arguedas en la Molina.* Lima: Universidad Nacional Agraria La Molina, 1992.

Urrello, Antonio. *José María Arguedas: el nuevo rostro del indio, una estructura mítico poética.* Lima: Juan Mejía Baca, 1974.

Van der Wouden, Ton. "Litotes and Downward Monotoncity". En *Negation: A Notion in Focus*, 145-167. Heinrich Wansing, ed. Berlín: Walter de Gruyter, 1996.

Van Dijk, Teun A, ed. *Discourse Studies: A Multidisciplinary Introduction.* Londres: Thousand Oaks, CA: Sage Publications, 1997.

Vargas Llosa, Mario. *Cartas a un joven novelista.* Barcelona: Editorial Planeta, 1997.

—. *Entre sapos y halcones.* Madrid: Ediciones Cultura Hispánica del Centro Iberoamericano de Cooperación, 1978.

—. *La utopía arcaica: José María Arguedas y las ficciones del indigenismo.* México: Fondo de Cultura Económica, 1996.

—. "Literatura y suicidio: el caso de Arguedas *(El zorro de arriba y el zorro de abajo)*". *Revista Iberoamericana* 110-111(1980, enero-junio): 3-28.

Varona-Lacey, Gladys. *José María Arguedas: más allá del indigenismo.* Miami, FL: Ediciones Universal, 2000.

Vildoso Chirinos, Carmen. *De* Yawar fiesta *a* El zorro de arriba y el zorro de abajo: *contradicciones de clase, universos culturales.* Lima: Edaprospo, 1989.

Warner, Michael. "Franklin and the Letters of the Republic". *Representations*, 16 (Autumn, 1986): 110-30.

Westphalen Ortiz, Inés, ed. *El río y el mar. Correspondencia José María Arguedas/Emilio Adolfo Westphalen.* México: Fondo de Cultura Económica, 2011.

Whitman, Walt. *Canto a mí mismo.* Madrid: Visor, 1981.

Williams, Raymond. *The Country and the City.* NY: Oxford University Press, 1975.

Yoder, R.A. *Emerson and the Orphic Poet in America.* Berkeley, CA: University of California Press, 1978.

Young, Richard E. & Yameng Liu, ed. *Landmark Essays on Rhetorical Invention in Writing.* Davis, CA: Hermagoras Press, 1994.

Yow, Valerie Raleigh. *Recording Oral History: A Guide for the Humanities and Social Sciences.* Walnut Creek, CA: Altamira, 2005.

Yudice, George. "Testimonio and Postmodernism". *Latin American Perspectives,* 18, no. 3, Voices of the Voiceless in Testimonial Literature, Part I (Summer 1991): 15-31.

Zavaleta, Carlos Eduardo. "Evolución del estilo y la estructura en José María Arguedas." *Letras* 101-102 (2001): 273-284.

Zboray, Ronald J. *A Fictive People: Antebellum Economic Development and the American Reading Public.* NY: Oxford University Press, 1993.

—. y Mary Saracino Zboray. *Everyday Ideas: Socioliterary Experience among Antebellum New Englanders.* Knoxville: University of Tennessee Press, 2006.

Zevallos, Olga. Entrevista de la autora. Lima, Perú. 4 de junio de 2010.

Zúñiga Ortega, Clara Luz. *José María Arguedas: un hombre entre dos mundos.* Quito, Ecuador: Ediciones Abya-Yala, 1994.

www.ingramcontent.com/pod-product-compliance
Ingram Content Group UK Ltd.
Pitfield, Milton Keynes, MK11 3LW, UK
UKHW062004290726
14090UKWH00022B/1382

9 786124 731075